勇攀高峰

上海“五个中心”建设前瞻研究

赵悦◎主编

经济日报出版社

图书在版编目（CIP）数据

勇攀高峰：上海“五个中心”建设前瞻研究／赵悦主编．—北京：经济日报出版社，2020.5

ISBN 978－7－5196－0672－5

Ⅰ．①勇… Ⅱ．①赵… Ⅲ．①城市建设－研究－上海 Ⅳ．①F299.275.1

中国版本图书馆CIP数据核字（2020）第064082号

勇攀高峰：上海“五个中心”建设前瞻研究

主　　编	赵　悦
责任编辑	黄芳芳
责任校对	李艳春
出版发行	经济日报出版社
地　　址	北京市西城区白纸坊东街2号A座综合楼710（邮政编码：100054）
电　　话	010－63567684（总编室）
	010－63584556（财经编辑部）
	010－63567687（企业与企业家史编辑部）
	010－63567683（经济与管理学术编辑部）
	010－63538621　63567692（发行部）
网　　址	www.edpbook.com.cn
E－mail	edpbook@sina.com
经　　销	全国新华书店
印　　刷	中国电影出版社印刷厂
开　　本	710×1000毫米　1/16
印　　张	15
字　　数	220千字
版　　次	2020年5月第1版
印　　次	2020年5月第1次印刷
书　　号	ISBN 978－7－5196－0672－5
定　　价	48.00元

编者的话

在疫情的冬天盼望春天

赵　悦

2020年的春天是在全球新冠疫情蔓延和全球金融危机的警报声中度过的。中国经历了如此严峻的考验，我们更能感受到在全球治理酝酿巨变的时代，一个大国坚持对外开放和高质量发展的特别意义。中国必须全面深化改革开放，推进国家治理体系和治理能力现代化，才能在全球大格局的演变中，从容地应对各种危机、提升自我、解决问题，实现中华民族的伟大复兴。

在这样一个难忘的春天，作为以推动可持续发展和国际合作为宗旨的社会新型智库，万里智库把研究视角放在上海这座中心城市，我们试图通过对这座东方标志性现代化国际大都市的蓝图解构，寻找特定时期如何推进中国高质量发展的城市路径。当我们把焦距进一步对准上海“五个中心”建设这一命题时，深深地感到在当前内外部环境下所肩负的宏大使命和责任。作为中国对外开放顶端的门户城市，上海面对当下错综复杂的全球经济环境，该如何成为改革开放的排头兵、创新发展的先行者，并在前无古人的道路上，探索、开拓出一条因地制宜的城市改革开放发展之路，以及如何在新时代中国特色社会主义现代化建设中做出更大贡献呢？这正是万里智库着手编写本书的初衷。

近一两年来，万里智库的专家深耕上海和长三角城市群，与有关机构陆续合作举办了“上海全球智库论坛”“前瞻、前行、前沿经济形势宝山峰会”“长三角沿江滨海城市协同创新发展论坛”等社会活动，对于上海国际文化大都市、国企改革、金融可持续发展、亚洲医学城市、航空物流保障能级、北向发展战略、长三角一体化生态示范区、上海自贸区建设等课题展开了大量的调研行动，对于上海建设中国特色社会主义现代化国际大都市的实践经验与迫切问题，积累了大量的一手资料，这为本书的编写提供了特殊的基础。

对于上海“五个中心”建设，近年来各级政府部门出台了大量的文件，也有众多的专家从各种角度做出过解读分析，因此我们并没用“国际经济中心、贸易中心、航运中心、金融中心和科技创新中心”作为五个章节去一一梳理描述“五个中心”，而是试图用另一种方式观察上海这座全球城市，我们希望从全球的视角、国家的视角、发展的视角、建设性的视角、社会智库的视角对上海“五个中心”建设提出一些新的思考和建议，跳出上海看上海、站在世界看前沿。

在梳理编辑中，我觉得“五个中心”各有侧重，相互支撑；国际经济中心是全局性的战略，它全面观测和把握上海在国际化和现代化过程中，坚持效率、协同、系统、发展、合作、共享等理念；而国际金融中心是上海最大的优势，是上海推动国际合作、贸易往来、科技创新进步的关键，它就像汽车的发动机，为上海的奔跑提供充足动力。比较而言，科技创新中心在上海“五个中心”建设中可以让这座城市不断优化、修复、学习、改进，让其他四大中心建设长期保持高效和高质量运转。与这三项相比，国际贸易中心和国际航运中心代表着上海发展的主要经济成效和特色，是上海因地制宜、优化发展的有力支撑。在对“五个中心”的研究分析中，我们不求面面俱到，更求有侧重、有特点的观察，也许各位研究者的某些想法和观点从目前来看还有待完善之处，但对于上海未来的发展规划无疑具有一定的启发意义。

我们真诚地希望，万里智库众位专家的思考和建议对上海这座现代化国际大都市、对中国万万千千的城市建设者有所启发，在共建富强、民主、和谐、文明、美丽的未来中国实践中，共同做出一份探索和努力！

序言一

坚持改革开放——国际大都市高质量发展的必经之路

高尚全

继 2018 年中国改革开放 40 周年之后，2020 年我们又迎来上海浦东开发开放 30 周年，中国坚持打开国门搞建设，深度融入经济全球化进程，为迈向新时代中国特色社会主义现代化建设、实现中国高质量发展奠定了坚实基础。可以说，开放是当代中国的鲜明标识，以开放促改革，以改革促发展是上海这座国际化大都市最大的实践收获。

1990 年 4 月 18 日，党中央、国务院宣布浦东开发开放，提出了“开发浦东，振兴上海，服务全国，面向世界”的方针，曾经负担全国财政收入 1/6 的上海，再次成为带动长江经济带的龙头。40 多年来，新中国 A 股第一股飞乐音响和 B 股第一股电真空在上海诞生，上海以资本市场、陆家嘴为显著特征的国际金融中心逐渐成形；40 多年间，中国第一个保税区“上海外高桥保税区”建立，我国第一家中外合资商业零售企业第一八佰伴落户，1983 年中国第一辆中外合资轿车桑塔纳下线，全国第一个自贸试验区“中国（上海）自贸试验区”落成……众多“第一”开放成果在这里诞生，特别是 1988 年 6 月上海市外国投资工作委员会正式成立，“一个机构、一个窗口、一个图章”的外资管理模式也开启了政府简政放权改革的先河，在此之前，外商在上海进行投资要跑遍 5 个局、20 多个机构，普通项目要盖不下 40 个章，大项目甚至多达 126 个，这 126 个图章合成了一个“大图章”。此举不仅让上海加速成为全球开发高地，也成了开放促改革的一个鲜活例证。截至 2017 年底，上海累计引进外资项目 9.14 万个，实际吸收外资 2231.4 亿美元。外资企业为上海全市贡献了超过 1/4 的 GDP，1/3 的税收和 2/3 的进出口总额，这让上海的国际经济中心、国际贸易中心地位越发坚实。

“全国改革开放排头兵、创新发展先行者”是十八大以来习近平总书记对上海一以贯之的要求。上海立足于服务国家战略，在承担中央交付的先行先试任务中不断增强全球配置资源的能力，以制度创新推动对外开放，积极探索构建开放型经济新体制。数据显示，2019 上海 GDP 总量 38155 万亿元，是 1978 年的 140 倍！ 2018 年 1 月，《上海市城市总体规划（2017–2035 年）》正式公布，建设卓越的全球城市和具有世界影响力的社会主义现代化国际大都市目标路径日渐明晰，全力建设“国际经济中心、金融中心、航运中心、贸易中心和具有全球影响力的科技创新中心——五个中心”建设的宏伟蓝图，是提升上海全球卓越城市竞争力的核心注脚。当前，全球经济面临前所罕有的巨变，继中美贸易战之后，2020 年初新冠病毒肺炎疫情的蔓延，加上国际石油市场的动荡，各种因素叠加引发全球性的金融危机和经济危机，全球经济衰退的信号不断加剧，这也给中国对外开放带来更艰巨的挑战，上海新一轮高水平对外开放不应仅仅关注贸易数据、资金流量、投资项目的增长，而是要更好地服务国家战略、更好地代表国家参与国际合作与竞争。深化“五个中心”建设的战略，不断提升城市治理体系和治理能力现代化，切实发挥好“一带一路”建设桥头堡功能，需要练好内功，解放思想，持续深化改革开放，助力好国家在全球大格局演变中，实现中华民族伟大复兴！

同时，面对复杂的外部环境，我们必须积极主动地采取各项改革开放措施，来化解各种风险。一方面，我们必须针锋相对，据理力争，坚决回击贸易讹诈和不合理要求；另一方面，则要加快完善社会主义市场经济体制，创造更加公平合理的市场环境，自强不息，增强核心竞争力。其中很重要的一个方面，就是要主动落实“两个中性”原则，即“竞争中性”和“所有制中性”并重；西方发达资本主义国家经过几百年的发展，有许多成熟的经济管理经验，这些经验都属于中性事物，不带有阶级属性，又都是成熟发达的市场经济体制的组成部分，这些经验有利于社会主义市场经济建设。在改革开放的进程中，在“五个中心”建设中，我们也应结合中国实际国情，充分地学习借鉴，不断创新。

近年来，社会新型智库在中国社会发挥着越来越重要的作用。党的十九大报告强调，要加强中国特色新型智库建设，在中国特色社会主义进入新时代的背景下，智库作为国家软实力和国家治理体系的重要组成部分，已经成为推进国家治理体系和治理能力现代化的重要力量，特别是应对当今异常复杂的世界局势，实现中华民族伟大复兴的中国梦，需要建设务实有效的智库。中国智库应该坚持自己的传统和文化，在习近平新时代中国特色社会主义思想的引领下，因地制宜，深入基层，总结实践，创新研究，为社会建设、经济发展提供具有前瞻意义的重大决策咨询服务。就城市学而言，要深入实践做典型案例研究，以科学咨询支撑科学决策，加强城市学智库建设，这是建设城市治理体系和治理能力现代化的重要内容。

委托我为本书作序的赵悦同志长期观察和研究中国经济。我与他相识多年，在 2019 年万里智库春季大会上，很多智库专家、学者对中国改革开放、高质量发展、城市战略发表了观点建议。新时代中国智库核心能力的提升，一定要体现高端、专业、特色的定位，只有这样才可以到国际舞台展示中国样板、中国方案。我也希望智库专家能不断拿出富有前瞻性的决策建议，希望各位读者也能为中国社会新型智库的发展建设不断给予支持和鼓励。

（高尚全 原国家体改委副主任、中国经济体制改革研究会原会长）

序言二

高水平对外开放的使命担当

侯云春

2020年对于世界来说，注定是复杂多变、命运多舛的一年。地震、大火、蝗灾等自然灾害频仍，中东地区、海湾地区等地缘冲突不断。一场全球大流行的新型冠状病毒肺炎疫情，更是给全球经济社会发展带来严重的冲击和影响。世界向何处去，人类如何应对挑战，是国际社会共同面对的一道考题。

近年来，全球经济增长乏力，贸易保护主义蔓延，新冠疫情更使已在下行的全球经济雪上加霜。3月16日召开的七国集团（G7）首脑紧急电视电话会议发表的联合声明指出，新冠病毒大流行是“全球范围内的健康危机，对世界经济造成了重大风险”。这次健康危机及其给世界经济带来的冲击和风险，与历史上的历次危机相比，有着很大的不同。以往发生的经济危机和衰退，大多由供给冲击、需求冲击和金融冲击三者之一引发。而在新型冠状病毒肺炎疫情下，种种迹象表明，由于疫情造成的严重健康危机影响，全球开始同时经历供给、需求和金融这三种冲击。目前，疫情在许多国家和地区正在快速发展蔓延，一些国家应对不力，大面积感染和致死的威胁与日俱增。以美股、美债为代表的多年积累的泡沫，极有可能被疫情戳破。美股十天之内四次熔断，石油价格暴跌，以及因隔离病毒导致的经济活动受限。全球人员、货物流动受到很大影响，消费和服务业遭到重创。主要国家的央行基准利率均已降至零附近，主要国家的国债利率已经降至零甚至是负值，美联储和欧央行资产负债表均处于历史较高水平，调节能力受到极大限制，救市措施的效力动能不足。在缺乏互信的情况下，各国联手应对新一轮金融危机难度上升，国际金融秩序将更加混乱、动荡和脆弱。一场空前的全球健康危机、金融危机、经济危机、社会危机乃至不少国家的政治危机正在酝酿、生成，若持续发展下去可能不亚于历史上任何一次全球性危机。另外，有专家和研究机构认为，这次新冠疫情不是类似 SARS 那样的一过性事件，需要做好长期抗疫的准备。全球抗疫情、防风险、化解危机的压力很大，维护人民生命健康、保持经济稳定增长的任务很重。

新冠病毒是人类的共同敌人。这场疫情不只是疾病，也是一场战争，是全人类与病毒之间的战争。在这场特殊的战争面前，国际社会本应团结一致，协调行动，相互支援，共同对敌。但遗憾的是，有些国家对中国抗疫做出的重大牺牲和贡献视而不见，对中国采取的抗疫措施和努力横加指责，把疫情变成国与国斗争的手段，当作限制和遏制中国发展的工具。他们之所以这样做，一方面，源于中国经济发展、科技进步、国力提升引起的世界格局的变化。2008 年发生国际经济危机后的这些年，美国 GDP 占全球比重变化不大，2008 年为 24.9%，2018 年为 24.2%，其与日本、德国等发达国家的差距还进一步拉大了。但在这期间，中国 GDP 占世界的比重由 6.1% 大幅度提高到 15.9%，中国和美国的差距，由 2007 年中国 GDP 占美国的 24.6%，到 2018 年提高到了 65.6%。中美科技水平的差距也大大缩小，中国由过去的“跟跑”变为“跟跑”“并跑”和以华为 5G 为代表在部分领域的“领跑”。另一方面，中国的发展模式获得了巨大的成功，得到很多国家的肯定和仿效，美国等西方国家在不得不承认中国模式优势的同时，深深感到不安、威胁和恐惧。未来中美之间的竞争将是常态化、长期化、多领域、全方位的。这种态势和格局，不可避免地将给我们带来很多困难，同时也必将成为我国改革开放、中华民族振兴的强大动力。

“青山遮不住，毕竟东流去。”疫情阻挡不住人类前进的步伐，疫情改变不了经济全球化发展的大局趋势，疫情更加彰显共建人类命运共同体的愿景目标和价值追求。疫情终将被战胜。全民战疫更加激发了中华儿女愈挫愈勇、攻坚克难的坚强决心和昂扬斗志，共同抗疫也必将更加拉近中国与世界各国的感情和距离。疫情过后，世界格局将会发生新的变化，全球的产业链、供应链、价值链将会呈现新的调整，全球经济技术交流与合作、国际贸易、人流物流的方式也将会有新的发展。经历这场疫情危机和大考，勤劳、勇敢、智慧的14亿中国人民，在中国共产党的领导下，一定能够更加积极进取，以高水平的对外开放促进深层次改革和高质量发展，努力实现中华民族伟大复兴的“两个一百年”奋斗目标。

上海作为中国改革开放的前沿门户，承载着国人对新时代中国特色社会主义现代化建设的厚望。习近平总书记多次要求，上海要做“全国改革开放排头兵、创新发展先行者”。当前上海紧紧围绕“国际经济中心、国际贸易中心、国际金融中心、国际航运中心、科技创新中心”这五个中心建设，重任在肩，牢记使命、勇于担当、坚持创新，在实践中总结经验、砥砺前行，不断谱写新的篇章。

我注意到2020年2月到3月，即使面对新冠疫情，上海虹桥商务区首批重大项目集中签约，总投资超过1200亿元；21个外资重点项目签约落户上海浦东新区，总投资额超过17亿美元；百亿级的中外合资项目Discovery落户宝山；世界级化妆品企业日本资生堂的研发机构落户上海奉贤；以战略性新兴产业为主的105个项目通过“云签约”方式，落户上海科创中心主要承载区之一的嘉定区，总投资额超过276亿元。一系列高水准项目在这个时候遍地开花，更加展现出上海积极打造改革开放和高质量发展新高地的凝聚力。

当然，在上海不断推进“五个中心”建设过程中，还会面临各种各样的困难，在全球经济衰退、矛盾冲突加剧的大环境下，建设在全球有影响力的经济中心、贸易中心、航运中心、金融中心、科创中心难度可想而知。但是，我们要辩证地看待危与机的关系，看到危中有机，主动化危为机。要以问题为导向，对标国际，结合自身实践，寻找差距和不足，解放思想，坚持创新，把大危机变成大发展的机遇。在这当中，智库应该起到重要的支撑作用。2019年，我参加万里智库与上海联合举办的2019上海全球智库论坛之后，万里智库赵悦秘书长提出想出版一本图书，以便更好地集纳各界专家对上海“五个中心”建设的建议，为推动上海经济发展尽一份力。我觉得，这是一件好事，也很期待万里智库各位学者朋友对上海以及其他城市开放发展提出一批有价值的学术研究成果和建议，更好地服务国家和地方经济建设。赵悦同志嘱我作序，如命草就。在此也期待万里智库再接再厉，不断创新，多出成果。同时感谢读者朋友对万里智库建设给予的热心关注和大力支持！

是为序。

（侯云春 国务院发展研究中心原副主任、万里智库学术指导）

目录

CONTENTS

引 言

上海“五个中心”的前世今生

张燕玲

作为中国民族工业的发祥地，新中国成立以来，上海一直是我国的经济中心、金融中心、贸易中心和航运中心。改革开放后，上海是首批开放城市，拥有中国大陆首个自贸区——上海自由贸易试验区。上海与江苏、浙江两省相接，共同构成以上海为龙头的中国最大经济区——长三角经济圈。正在向现代化国际大都市目标迈进的上海，肩负着面向世界、服务全国、联动“长三角”的重任，在全国经济建设和社会发展中具有十分重要的地位和作用。

上海贯彻执行习近平新时代中国特色社会主义在开放领域的实践中，又走在了全国前列，并已成功举办两届“中国国际进口博览会”，在建设自贸实验区自由贸易港、创建石油期货交易所、推广人民币国际化、推进“一带一路”建设等方面都积累了先进经验。这些恰好体现了上海经济持续发展、贸易越搞越活、航运四通八达、科技创新蒸蒸日上、国际金融中心的引领作用日益突显。

一、上海“五个中心”目标形成的坚实基础是规划核心理念引领的厚重思维根基与科学适用程序的完美融合

“五个中心”理念确立非一日之功。早在10年以前，为寻求经济增长新途径、社会发展新目标，上海从总结历史经验入手，认真研究上海的优长与短缺，逐步确立了上海相对于全国表现突出的经济、金融、贸易、航运和科技创新五

大优势，并将这五大优势作为上海市着力提升的“五个中心”核心功能，积极推动经济转型升级，在经济高质量发展中继续发挥引领示范作用。

上海“五个中心”建设理念和目标的提出和最后确认，有一个自上而下引领、自下而上推动、内容不断丰富、目标逐渐定位的鲜明的上下互动、不断升华的有机过程。

2009 年 4 月，国务院基于上海已有的发展基础和比较优势，正式发文提出并确立上海要打造包括“国际经济中心、国际金融中心、国际贸易中心、国际航运中心”的“四个中心”目标。2014 年 5 月，习近平总书记考察上海时，提出上海要加快建设具有全球影响力的科技创新中心，使得上海的战略发展目标由 4 个增加到 5 个，形成“五个中心”目标。这是国家最高决策层的战略引领。

在此期间，上海市委、市政府在各种会议上反复研究“五个中心”建设问题，多次深入研究上海市城市总体规划。上海市委市政府领导在两会期间和群众代表多次研讨，充分表达了民众的意愿，推动“五个中心”建设理念深入人心。

在 2018 年两会期间，上海代表团与网友互动活动时，7 位代表积极建言：上海加快建设国际经济、金融、贸易、航运和科技创新“五个中心”，要在新起点上“再出发”，更好地聚焦发力。

2018 年 7 月，上海十一届市委四次全会提出了两个五年目标，即经过 5 年努力，使上海“五个中心”的核心功能显著增强；在此基础上，再用 5 年左右，使上海“五个中心”的核心功能全面提升。全会指出要对照主攻方向和重点任务，围绕城市核心功能，聚焦关键重点领域，推进“五个中心”建设是“主攻五个新突破”；在制度创新、对外开放、品牌建设、创新创业、全球网络、发展平台、人才集聚、品质生活等关键领域“打造八个新高地”。既巩固提升已有的核心功能，又积极打造新的核心功能。

就这样在上下多次反复研究、各种思想不断碰撞、思想内涵不断丰富提升、战略目标越来越清晰的基础上，"五个中心"建设理念作为战略任务不但落实到上海市委和市政府的奋斗目标上，而且凝聚成广大干部和市民的思想共识，为"五个中心"建设落地生根打下了坚实的思想基础和组织基础。

二、"五个中心"核心功能提升的主要内容

（一）重振"上海制造"，增强国际经济中心的影响力

在高基数和经济下行压力加大的情况下，上海市 2019 年经济总量增长了 6%；新增就业岗位 58.9 万个；居民消费价格上涨 2.5%，总体平稳。全市居民人均可支配收入达到 69442 元，离 7 万元仅一步之遥，成为全国"首富"。

"上海制造"对于上海来说，具有深厚的历史意义，同时也是高质量和高品质的象征，更代表着我国制造业的水平，重塑"上海制造"品牌是新时期上海制造业发展的基本出发点。面对新的挑战，"上海制造"要实现宏观和微观高质量相结合。积极培育具有国际领先水平的高端装备企业，主动承接国家高新技术及核心部件制造，确立上海在国际高端制造业中的核心地位；大力弘扬工匠精神，建立高水平的质量标准体系，形成一批代表上海制造水平的优质产品。

举世震动的"特斯拉绝地重生"的传奇，是重振"上海制造"雄风、增强国际经济中心影响力的一个经典案例。当然，在特斯拉绝地重生的同时，特斯拉电动汽车的全套产业链在中国全面落地。即使从 2018 年 7 月特斯拉项目签约开始，这场 18 个月内在两个国家演绎的天翻地覆的不同惊险场景，最终还是以"双赢"的喜剧落幕。

（二）积极汇集国内外优质品牌，提高国际贸易中心吸引力

高端品牌集聚是世界贸易中心的重要指标，世界著名的贸易中心均具有很高的高端品牌集聚度。上海是我国对外交往的重要窗口。2018 年，上海货物进出口总额 5156.49 亿美元，比 1978 年增长 170 倍；上海口岸进出口货物总额 8.53

万亿元，占全国的27.9%，占全球的3.4%，居全球城市首位，确立了世界贸易中心地位，进一步优化环境、提高质量成为未来一段时间的发展重点。

2019年，上海累计实现外贸进出口总额34046.82亿元，比上年增长0.1%。考虑到中美贸易摩擦、世界经济下行、同行竞争加剧等因素的影响，这0.1%来之不易。

（三）完善航运基础设施建设，拓展国际航运中心辐射力

多年来，上海集装箱吞吐量和航空货运量，均位于世界城市的前列，国际航运的优势地位明显。2019年，上海洋山港集装箱吞吐量，1980.8万标箱，同比增长7.59%，在上海港占比达45.7%。据洋山边检站统计，2019年全年出入境（港）船舶9100多艘次，同比增加3.65%，办理出入境（港）人员21.9万人次，同比增加5.34%，从洋山口岸出入境（港）的船舶和人员双双创新高。

上海要更加充分发挥好“一带一路”桥头堡的作用，强化连接全球、服务全国的枢纽功能。完善航运基础设施建设项目，拓展上海国际航运中心的辐射力和运营力，加快新一代信息技术、绿色技术与航运的融合发展，着力提升航运的数字化、智能化、绿色化水平。

（四）加大创新生态的培育力度，全面激发科技创新中心驱动力

虽然科技创新中心的定位确立较晚，但科技创新中心非常具有新时代的特征，代表上海转型升级的方向。科技创新功能应该是上海未来城市发展的核心功能，它是上海城市发展的灵魂，是上海城市发展的“牛鼻子”，对“四个中心”和整个城市发展具有引领作用。

2019年，上海科创中心建设继续开足创新马力，在以张江综合性国家科学中心为重点区域的基础上，加快实现从基础研究到产业应用的重点突破和跨越，踏着集成电路、人工智能、生物医药三大重点领域的创新“节拍”，力争突破关键核心技术，培育世界级新兴产业集群。

（五）稳步推动人民币国际化，提升国际金融中心的支撑力

金融是经济的命脉，国际金融中心建设是上海"五个中心"建设的重中之重。提升国际金融中心的功能，在上海"五个中心"功能建设中具有纲举目张的核心和引领意义。上海集聚了国内外众多金融机构和金融资源，国际金融中心地位逐步上升。作为我国国际化程度最高的金融中心，上海肩负着人民币国际化的重要职责。推动服务业高质量发展，事关上海城市能级和核心竞争力的全面提升，事关上海更好服务全国发展大局。上海超强的先进制造支撑力、战略核心竞争力、新型产业引领力是"五个中心"建设目标实现的最有力的保障。

2019 年上海金融市场成交活跃，全年成交额 1934.31 万亿元，比上年增长 16.6%。上海证券交易所股票成交额增长 35.3%，上海期货交易所成交额增长 19.3%，中国金融期货交易所成交额增长 1.7 倍，银行间市场成交额增长 15.2%，上海黄金交易所成交额增长 33.2%。

此外，去年 12 月末，全市中外资金融机构本外币存款余额 13.28 万亿元，比上年末增长 9.7%；中外资金融机构本外币贷款余额 7.98 万亿元，增长 9.0%。

原油期货的推出，为上海国际金融中心建设，制定"上海价格"，以及人民币国际化，起到重大的推动作用。上海原油期货"国际平台、竞价交易、保税交割、人民币计价"的创新合约设计弥补了市场空白，以当前国际市场缺乏权威的中质含硫原油作为交割标的，上市不到一年跻身全球前三大原油期货合约，成为继 Brent 和 WTI 原油后的重要基准价格。

原油期货上市的同时，中国银行上海市分行率先推出原油期货综合金融服务方案，为境内外投资者提供账户、托管、结算、汇兑、融资及客户推广等领域的专业化、全方位、综合性金融服务，也为后续各大交易所国际化期货品种上市的金融服务提供了可复制、可推广的宝贵经验。

（张燕玲　中国银行原副行长、万里智库高级研究员）

第一章

“五个中心”：全球卓越城市的聚能与辐射

赵悦

上海“五个中心”建设的顶层设计与文化底层
——新时代国际城市高质量发展路径思考

从2018年起，上海加快建设国际经济中心、国际金融中心、国际贸易中心、国际航运中心和科技创新中心。这“五个中心”的战略越来越清晰地渗入到上海当期建设与未来规划的方方面面，那么“五个中心”的顶层设计有着怎样的现实需求？它将如何破解上海未来几十年再创辉煌的问题？它的背后又有着怎样的文化底层支撑呢？

我们注意到，习近平总书记2019年在上海考察时进一步要求，上海要强化全球资源配置、科技创新策源、高端产业引领、开放枢纽门户这“四大功能”。细细品读，这“四大功能”与“五个中心”恰似横向和纵向两路筋脉，给上海绘制了一份清晰的宏伟蓝图，特别是把强化全球资源配置功能放在四大功能之首，体现了上海作为社会主义现代化国际大都市的核心功能，只有更好地使用和配置全球经济、金融、贸易、科技、航运资源，推动要素自由流动，上海“五个中心”建设才能真正落实到位，才能更好体现上海代表国家参与全球化和国际经济竞争的影响力。

凝视这份蓝图，结合上海发展的现实情况展开思考，我对“五个中心”建设有如下认识：

一、“五个中心”建设是高质量发展的试验田，是上海开放搞活的新征程

如果在中国寻找一个有代表意义的对外开放门户城市，人们首先想到的一定是上海，在中国一百多年的历史舞台上，奔流不息的黄浦江畔，孕育了无数的弄潮儿，演绎了数不清的传奇故事……

1978年改革开放之初，上海的GDP总量为272亿元，占全国GDP总量的7.4%，人均GDP是全国平均水平的6.47倍；2018年，上海的GDP达到32679亿元，占全国总量的3.6%，人均GDP是全国平均水平的两倍，从这组数据的比较来看，上海虽然是中国经济规模最大的城市，但其在全国总量的占比缩小也是事实。有人说，上海是不是慢下来了？近距离看看杭州、苏州、南京，远一些看看广州、深圳，重庆……中国的城市如今都是高楼大厦、欣欣向荣，再过些年，上海还有多少领先的优势呢？我在2019年调研上海文化产业时，曾经和一位上海电视台的朋友攀谈。他说：“20多年前，上海的电视地面频道日子过得非常好，而东方卫视广告收入却不及地面频道的零头，全国各地的企业进入上海这个标志性市场，都要来上海地面频道打广告；如今时过境迁，上海电视地面频道的广告收入已经远远不及卫视的广告收入。”究其原因，一方面，是省级卫视媒体已成为全国电视媒体的竞争主力；另一方面，从经济视角来看，改革开放让兄弟省份的经济大有改观，区域间综合实力的角逐也在加剧，其他省市的投资、消费能力和30–40年前相比产生天翻地覆的变化，市场消化能力显著增长，在这样的现实背景下，上海市场的资源吸附效应和辐射优势没有以前显著了。那么，上海未来几十年的比较优势到底是什么？这个问题也需要不断探寻。

上海真的慢下来了吗？其实，中国其他省市在过去40多年凭借各自的资源、人口、规模优势，获取了巨大的改革红利，上海可能没有慢，只是大家都快起来了；而向今后几十年望去，特别是十九大以来，中国经济已经步入一个全新的战场，中国社会发展的主要矛盾发生了重大变化，市场在变，人在变，产品

在变，这种新变化也在倒逼从国家到地方的供给侧结构性改革递进，倒逼各省市高质量发展模式的加快转变，倒逼作为中国开放经济领头羊的上海谋划新的发展定位，缔造新的城市战略蓝图。

与此同时，在全球化时代，内部、外部世界的诸多不确定因素也给予中国后续发展更多难以预料的挑战。2018 年打响的中美贸易战、2020 年发生的史无前例的新冠病毒肺炎重大疫情，都在鞭策着我们对发展战略、治理能力、竞争战术的深入思考，国家和各地区治理体系建设和治理能力现代化需要更多地结合国情，结合世界发展的潮流加以改进优化。逆水行舟，不进则退，上海必须在顶层战略设计上有足够的胆魄和智慧。

就一座城市而言，它的兴起与衰落，在于是否在大时代的变局关键期准确找到发展路径，在诸多不确定中，正确把握全球城市发展的规律，以问题为导向，创新思维、解放思想、锐意改革、乘势而上、赢得主动。

当然，对于上海来说，我想这个目标也是一种责任。

因为居住北京，我经常逛位于北京的国子监，徜徉历史上儒家思想的经典典故时，注意到美国学者迈克·尔哈特曾对儒家思想做过一个注解。在他撰写的《历史上最有影响力的 100 人》一书中，他谈到孔子学说的精髓在于强调责任，而不是权利。这一注解令我沉思：就一个人而言，他强大了并不意味着要去欺负别人，而是要更多地帮助他人；就一个国家而言，越来越强壮的中国在世界面前，不是索取权利，而是肩负更多的责任；就一个城市而言，强盛而优越的上海，也要把责任放在首位，在新时代社会主义现代化建设大潮中，按照中央对上海“当好全国改革开放排头兵、创新发展先行者”的要求，勇于担当中华民族复兴的大任。

从这些角度来看，上海围绕“四大功能”，做好“五个中心”建设，梳理、优化其顶层治理体系，高水准地提升上海城市保障能级、发展能级和核心竞争力，是上海未来若干年应对复杂国际形势的迫切需要，是在耕耘中国高质量发展转型的一项试验田，是上海未来若干年继续保持开放搞活经济的新征程。

二、“五个中心”建设制度设计是上海向外对标和向内对标的思想成果

（一）上海与第一级世界城市的对标，勾勒“五个中心”体系建设的构想

应该说，上海作为中国最具实力的社会主义现代化国际大都市，在一定程度上，已经算得上“全球卓越城市”。按照英国拉夫堡大学对世界城市的能级排名研究，2016 年上海与新加坡、中国香港、巴黎、北京、东京、迪拜并列为次一级世界城市，排序次于伦敦、纽约两个第一级世界城市。

对标伦敦、纽约等全球顶级城市，上海有很多形似之处，但也有一定的差距，上海 GDP 在 2017 年是 30133.86 亿元人民币，处于国内领先地位，而 2017 年日本东京 GDP 是 9472 亿美元，约合 6.51 万亿元人民币，相当于两个上海，排在世界城市首位；纽约 GDP 是 9007 亿美元，约合人民币 57040.43 亿元人民币，英国伦敦 GDP 是 6950 亿美元，约合 47607 亿元人民币，巴黎的 GDP 是 6650 亿美元，约合人民币为 45552 亿元，站在全球顶级城市的擂台上，上海经济增速虽然可圈可点，但从经济规模上看，还要再上几层楼。

此外，当代世界城市的竞技场，不仅要比经济规模与增速，相对而言，上海在文化、医疗、教育、国际企业聚集度、品牌、创新土壤等方面也有继续爬升的空间。例如，纽约不仅是国际金融贸易中心，更是全球文化的熔炉，纽约有 2000 多家博物馆、200 多座图书馆，还有百老汇、卡内基演出厅，有街头文化，有大量的画廊、古董店、艺术品交易市场，每年召开大批有世界影响力的艺术展和论坛；伦敦也是世界文化交往的中心，伦敦不仅有大英博物馆，其国家级博物馆就有 22 个，公共图书馆 395 个，伦敦西区不到 1 平方公里的土地上，就有 40 多家剧场。在文化传播领域，纽约的 NBC、CBS、ABC 三大广播公司、

纽约时报、华尔街日报、时代周刊、道琼斯指数，伦敦的 BBC、泰晤士报、卫报、富时指数，仅从传媒与文化影响力比较，上海的“国际”内涵还需要有更多的力量支撑，因为文化软实力是吸引人才和资源的重要因素。

从企业质量的角度来看，上海也还缺少在国际舞台上有顶级竞争力的国际企业。2017 年《财富》世界 500 强企业，总部在纽约的有上百家，在上海的只有 8 家，分别为上汽集团、交通银行、中国宝武钢铁集团等；大企业在数量和质量上的差异，体现了国际交往能力、资源配置能力、市场交易决定能力的不足，如何培育大批世界顶级企业，是提升上海“五个中心”建设的一项长期课题。

再就资源与贸易配置力而言，上海在贸易资源配置力（如进出口额）、金融资源配置力（如资本市场市值）上，强于北京和其他国内主要城市，但仍旧弱于纽约、伦敦。纽约证交所 2018 年总市值为 20 万亿美元，纳斯达克交易所总市值为 9.7 万亿美元，上证所 2018 年总市值是 3.9 万亿美元。

此外，上海与伦敦、纽约相比，还缺少国际组织总部，上海虽不是国际政治交往中心，但其依托对外开放的门户地位，应该争取更多的国际经济交往资源，扩张城市对国际资源与贸易的配置力。可喜的是，近两年来，全球中央对手方协会、波罗的海国际航运工会上海中心、国际海事组织亚洲海事技术合作中心等一些国际组织陆续落户上海。目前，在上海登记注册的涉外社会组织已经有 40 多家，涵盖经济、金融、航运、教育等多个领域。从经济总量、贸易规模与结构、金融资源配置能力、国际航运等角度来观察上海，上海国际化的比较优势正在逐步优化。

（二）上海“五个中心”建设与国家战略对标，打造新时代社会主义现代化城市典范

上海的“五个中心”建设，是和建设新时代中国特色社会主义现代化、推动高质量发展的诉求紧紧连在一起的。

上海的经济建设不是照搬纽约、伦敦的发展模型，不是做成等同于西方国家的国际诸多中心就万事大吉了，而是要彰显社会主义特色，创造高质量发展特色，凸现上海韵味的城市特色，上海“五个中心”建设需要披荆斩棘，创新探索，走出一条前无古人走过的路。

走出这条路，也是中央对上海因地制宜发展实践的要求，中央财经委第五次会议明确提出：要根据各地区的条件，走合理分工、优化发展的路子，落实主体功能区战略，完善空间治理，形成优势互补、高质量发展的区域经济布局；新形势下促进区域协调发展，要按照客观经济规律调整完善区域政策体系，发挥各地区比较优势，促进各类要素合理流动和高效集聚，增强创新发展动力，加快构建高质量发展的动力系统，增强中心城市和城市群等经济发展优势区域的经济和人口承载能力。这个要求对上海而言，意味着要自我优化，因地制宜，追求卓越，在发展的无人区中做出成绩。

无人区其实有一盏明灯引路。按照十九大报告的总体要求，要实现社会主义现代化和中华民族伟大复兴，在全面建成小康社会的基础上，分两步走，在21世纪中叶建成富强、民主、文明、和谐、美丽的社会主义现代化强国，分解以上定位语，即建设“富强上海、民主上海、文明上海、和谐上海、美丽上海”是对上海顶层战略设计的检验标尺。

比较一下深圳，2019年8月9日，《中共中央国务院关于支持深圳建设中国特色社会主义先行示范区的意见》出台，深圳作为示范区，在探索如何建设成为一座充满魅力、动力、活力、创新力的国际化创新型城市中，值得中国的城市学习借鉴。

按照政策的要求，深圳要建成高质量发展高地。深化供给侧结构性改革，实施创新驱动发展战略，建设现代化经济体系，在构建高质量发展的体制机制上走在全国前列。特别是有几个关键词值得品读：

——法治城市示范。深圳全面提升法治建设水平，用法治规范政府和市场边界，营造稳定公平透明、可预期的国际一流法治化营商环境。加强法治政府建设，完善重大行政决策程序制度，提升政府依法行政能力。加大全面普法力度，营造尊法、学法、守法、用法的社会风尚。

——城市文明典范。践行社会主义核心价值观，构建高水平的公共文化服务体系和现代文化产业体系，成为新时代举旗帜、聚民心、育新人、兴文化、展形象的引领者。进一步弘扬开放多元、兼容并蓄的城市文化和敢闯敢试、敢为人先、埋头苦干的特区精神。

——民生幸福标杆。构建优质均衡的公共服务体系，建成全覆盖可持续的社会保障体系，实现幼有善育、学有优教、劳有厚得、病有良医、老有颐养、住有宜居、弱有众扶。率先形成共建共治共享共同富裕的民生发展格局。

——可持续发展先锋。牢固树立和践行绿水青山就是金山银山的理念，打造安全高效的生产空间、舒适宜居的生活空间、碧水蓝天的生态空间，在美丽湾区建设中走在前列，为落实联合国 2030 年可持续发展议程提供中国经验。

应该说，中央对深圳示范区在营商环境、城市文化、公共服务、绿色发展等领域的注解，对于上海的“五个中心”建设而言，也是一个重要参照。在“五个中心”建设中，不可持续的高消耗项目、不公开高效的营商环境、不优质均衡的民生保障都是不能走的路。

无人区其实不仅有灯，还有“四大功能”“五个中心”这样的指南针。上海市委明确提出，要对照主攻方向和重点任务，围绕城市核心功能，聚焦关键重点领域，推进国际经济中心综合实力、国际金融中心资源配置功能、国际贸易中心枢纽功能、国际航运中心高端服务能力和国际科技创新中心策源能力取得新突破，在制度创新、对外开放、品牌建设、创新创业、全球网络、发展平台、人才集聚、品质生活等关键领域打造新高地。到 2035 年，把上海基本建成与我国综合国力和国际地位相匹配的全球卓越城市，令人向往的创新之城、人文之城、生态之城，具有世界影响力的社会主义现代化国际大都市，具有全球影响力世界级城市群的核心引领城市。应当说，按照这个方向坚定前行，上海一定会建成为一座与纽约、伦敦等世界城市截然不同的顶级现代化国际大都市。

三、上海“五个中心”建设的发力点、侧重点与文化支撑

（一）上海国际经济中心建设要在规模、结构上彰显先进性

作为国际经济中心，一个城市应该具有规模性、先进性、辐射力和可持续发展的属性。

上海若要成为国际经济中心，首先要在经济总量上保持规模领先和持续增速，并在效率上凸显质量。2019 年上海 GDP 总额为 38155.32 亿元，同比增长 6%，应该说沿着这个规模和增长速度再走 10 年 –20 年，上海与纽约、伦敦等世界顶级城市的经济规模差距会逐渐消除，上海依靠其绝对经济实力必将成为名副其实的引领全球经济的城市。

除了总量，从经济结构上看，上海的“五个中心”建设要让上海经济彰显先进性。2019 年上海第一产业增加值为 103.88 亿元，下降 5.0%，第二产业增加值为 10299.16 亿元，增长 0.5%，第三产业增加值为 27752.28 亿元，增长 8.2%。可以说，上海的服务业独占鳌头；同时，在服务业的显著增长中金融业最为突出，上海全年金融业增加值为 6600.60 亿元，比上年增长 11.6%。那么，这是否说明上海的经济格局，要继续突出服务业，不突出制造业了呢？从长三角一体化发展的角度看，上海在苏州、宁波、嘉兴、南通等城市毗邻的角色扮演中，是走城市功能错位分工的道路？还是走高端服务业、制造业一起抓的路子呢？

审视纽约、伦敦，其服务业比重都超过 90%，而目前上海的第三产业比重稳定在 70% 以上，金融业、信息服务业、商务服务业、科研服务业领先增长，但是从世界发展潮流看，过度依赖服务业其实是存在一定弊病的，实体经济特别是制造业在任何城市都是一块必不可少的压舱石。

在上海制定的“四大品牌”战略中，明确把“上海制造”放到重要地位，提出既要继承发扬老品牌，也要做大做强新品牌，努力发展高端制造，不断提升产品品质、知名度和美誉度。未来几十年，做强制造业对于上海来说，比做大服务业的难度要大得多。改革开放 40 多年，中国一度被称为“世界工厂”，

但中国作为制造业大国已经步入工业化后期阶段，制造业向上增长已经触顶，再向上触及的就是工业化的塔尖——先进制造业，这一层级只有依靠科技创新才能解决。科技攻关需要的是灵感火花，可遇不可求，这条路虽然难度大，但必须走！

从这个角度看，上海在“五个中心”建设中，国际科技创新中心是解锁其他四个中心的钥匙。上海对照中央要求，要积极打造人工智能、机器人、生物制药等具有战略性和全局性的产业链，并在 2020 年上海两会的政府工作报告指出，2020 年，上海将继续巩固提升实体经济能级，着力提升产业基础能力和产业链现代化水平，深化落实投资促进政策，切实加强招商引资工作，积极推动汽车、精品钢材、精细化工等产业提质升级，大力培育集成电路、人工智能、生物医药、航空航天、智能制造、数字经济等新兴产业集群。针对下一阶段上海制造业的高质量发展，上海需要继续研究扶持政策，使上海成为先进制造业流入的洼地。

从可持续发展的角度看，上海的经济总量扩张，还必须符合“绿水青山就是金山银山”的发展观，“五个中心”离不开蓝天白云、绿树茵茵。在优化城市生态的基础上，引进工商业项目一定要提高经济密度，提高投入产出效率，持续推动经济规模和效益提升，牢固树立以亩产论英雄、以效益论英雄、以能耗论英雄、以环境论英雄的导向，成为资源节约型、环境友好型的城市典范。

（二）上海“五个中心”建设要让国企、外企、民企“三力合一”

企业是经济的细胞，经济发展要依靠的头号力量就是企业，上海“五个中心”建设，也要善用国企、外企、民企三种力量。

当前全球贸易正在经历一场历史性的洗礼，关于中国市场经济地位的话题，一再成为国际领域的争执焦点。美国前财长盖特纳曾经公开说：“中国的国家资本主义及其补贴和扭曲对中国的贸易伙伴们非常有害。”那么，面对错综复杂的国际合作环境，建设一个与世界密集交往的国际贸易中心，要不要、能不能让国有企业发挥主要作用？

从新时代中国特色社会主义现代化目标的总任务来看，从道路自信、理论自信、制度自信的视角看，在“五个中心”建设中，国有资本不可少，国企改革也不可缺。上海必须通过深化国有企业改革，率先走出一条新路，坚决营建以公有制为主体，多种所有制共同繁荣的典范，充分发挥国有资本在关键领域建设中的强大作用。

上海的国有经济在中国有比较显著的代表性，央企、市属国企在上海经济中占据重要地位。2018 年底，上海地方国有企业（不含金融）有 12941 户，资产总额 8.27 万亿元，负债总额 4.97 万亿元，均同比增长 7.4%。上海地方国资的营业收入、利润总额、资产总额约占全国地方国企的 1/6、1/4、1/5。国资系统企业如何在上海“五个中心”建设中对标国际，寻找差距，适应国际贸易合作的土壤，保持改革创新的锐气？如何发挥好国企的优势？政府如何提供更精准、便利的服务助力国企施展拳脚呢？

2019 年 9 月公布的《上海市开展区域性国资国企综合改革试验的实施方案》列举了当前国资国企的四个不足：

——国资监管机构、国资投资运营公司、国有企业之间权责边界不够清晰，国资监管系统性、针对性、有效性仍需进一步提高。

——国有经济服务国家和城市发展战略的能级能量不够高，国资布局结构仍需进一步优化。

——公司治理不够规范有效，国有企业市场化经营机制仍需进一步完善。

——企业发展内生动力活力不足，人力资本价值贡献仍需进一步被激发。

这次改革试验以问题为导向，在扩大员工持股试点范围、鼓励国有控股上市公司实施股权激励、完善国有创业投资企业市场化跟投机制、实施企业国有技术类无形资产交易制度改革等诸多领域为国企发展松绑。探索国有资本经营预算改革，从管企业到管资本，统筹考虑监管机构职能、股权运营、经营性资本委托监管、内控、追责问题，推动混合所有制改革，解决上市、持股、重组、薪酬等问题。通过一系列改革，使得上海国有资产的运行更加符合全球化合作、现代市场经济体系的要求，在“五个中心”建设中，让国资国企有能力发挥出重要作用。

外资企业对于开放的上海来说，有着悠久的历史和非常适宜的土壤。在“五个中心”建设中，外资会不会、能不能起到标志性作用，也意味着“五个中心”能否被国际认同。2019 年，上海实到外资达 190.48 亿美元，规模创历史新高，平均每天实到外资超 5200 万美元。截至 2019 年底，上海累计吸引 720 家外资跨国公司地区总部和 461 家外资研发中心落户。

2020 年 1 月 10 日，又有 60 个外资项目在上海集中签约，投资总额超过 73 亿美元，这次签约的项目中，来自世界 500 强企业的有 9 个，超过 1 亿美元的大项目有 20 个，涉及集成电路、人工智能、生物医药、汽车、金融、信息科技、文化娱乐和医疗健康等领域。

从自贸区建设、上海进口博览会等重大开放举措在上海持续落地，上海不断扩大开放的决心和商机也被外国企业所看重，不仅有像特斯拉这样标志性的项目落地，外商以上海为中心的对华投资、贸易合作正向更高水平、更宽领域、更深层次递进。在第二届中国国际进口博览会期间，我注意到服务贸易的火热趋势。在这一届上海进口博览会上，共有 64 个国家和 3 个国际组织亮相。展会现场有许多服务贸易方面的项目，比如克罗地亚、意大利推荐他们的旅游资源，斯洛文尼亚也在介绍土壤治理、修复等技术合作项目，可持续的、绿色的双向经贸合作正在成为一种趋势，从这一点看，上海未来的外资结构以及国际贸易往来，会具有更多共享、绿色、创新的内涵。

相对于国有企业和外资企业，民营经济在“五个中心”建设中，会不会、能不能发挥关键作用，是考验“五个中心”有没有内生活力的标志。民营经济特别是中小企业不乏“小而精”的创业者，它们往往是科技创新和应用的实验室、孵化器，特别是在先进制造、航空航天、生物医药、人工智能、新能源、新材料、现代农业等多领域，从小做起的创业者们发挥了重要作用，目前上海集聚了全国 50% 的 5G 人才、40% 的集成电路人才、1/3 的人工智能人才，20% 的智能网联和新能源汽车人才，他们中很多人都在民营企业里工作，是促进上海创新发展的重要主体，创造就业岗位的重要渠道，增强市场活力的重要力量。

近几年，上海在全国率先出台“民营经济27条”和推出科创板，进一步优化了营商环境，吸引了更多有质量的民营企业在上海投资兴业，推广新技术、新产品，打磨新业态、新模式。2018年上海市平均每个工作日新设企业1318户，其中超过96%是民营企业活跃度达到80%。上海已经初步形成公有制经济和非公有制经济“两翼齐飞”、国资、民资、外资“三足鼎立”，央企地方国企、民营企业、外资企业“四轮驱动”的经济发展格局。

（三）“五个中心”建设要探索尝试“去中心化”手段，大力发展平台经济

在以区块链为代表的“去中心化思潮”兴起的今天，是走中心化还是“去中心化”之路仿佛是一个悖论，但实际上二者并不矛盾，因为一个是结果，一个是手段。中心化的目标是提升对资源的聚合配置能力，而“去中心化”或者说“多中心化”是对经济模型的优化重塑，重在突出共享平台效应，有效地将平台日积月累、不断攀升的运营成本分摊到各个经济主体身上，提升经济运转效率。所以，从这个意义上来说，“五个中心”建设不破不立！要的是中心化的结果，但手段必须推陈出新，勇于颠覆打破陈旧的观念和商业秩序，更为重视对各类平台的革命性创新。

以国际金融中心为例，在世界舞台上，纽约、伦敦都是事实上的国际金融中心，这和美国英国历史上的世界霸主地位是有关联的，相比之下，法兰克福、东京、香港，包括目前的上海，可在一定意义上称之为国际金融中心，但更多地体现为区域性的“国际化”金融中心，伴随着中国保持经济稳定发展，2050年中国进入现代化中国特色社会主义强国时代，中国在全球的金融地位必将大幅跃升，而金融区块链技术的应用、数字化浪潮，颠覆传统固有的全球金融“中心化”的商业法则，给上海国际金融中心地位的提升带来了新的路径。

随着“五个中心”建设，上海必在信息化时代背景下放大自己的金融配置能力，这必须依靠创新和开放两个手段。上海是国内区块链应用场景最丰富的地区之一，蚂蚁金服、平安集团、宝武集团、中远海运、万向区块链、众安保险、中信信息等一批企业纷纷选择上海布局区块链技术研发和产业化。上海对区块链技术的探索已经延伸到金融科技、产业链协同、智慧城市治理等多个领域，一批可复制、可推广的示范性应用在上海涌现，上海还将聚焦金融科技、产业链协同、智慧城市建设等方面，探索区块链技术的应用实践，在核心技术研发、打造标杆应用、营造发展环境、集聚领军人才和促进应用安全等关键要素推进。同时。目前服务上海国际航运中心的中远海运航运区块链存证平台正式上线，服务上海国际贸易中心的上海国际贸易单一窗口等“区块链 +”多项应用成果也投入运行，这些平台充分运用区块链技术使用到数字金融保险、数字供应链、物联网、智能制造等商业环境领域，为广大企业提供国际贸易相关的公共服务。上海还计划发展基于区块链技术的国际医药供应链信息服务、基于区块链技术的保税展示展销智慧监管和服务、基于区块链技术的中小企业应用服务市场等，以“去中心化”为特征的各类商业模型将会在上海的城市试验中涌现越来越多的平台经济。

“去中心化”意味着一种创新，而创新一定意味着颠覆，颠覆一定蕴含着风险。在 2008 年全球金融危机中，我也深深感到“金融创新猛于虎”！金融创新不能是脱缰野马，金融监管必须跟上金融创新的步伐。在美国次贷危机中，华尔街的投机商用所谓的创新理念制造的次级贷、次级债等错综复杂的金融工具，最后成为撞倒美国经济的灰犀牛，这些历史教训告诉我们，金融不创新等于死亡，而创新意味着风险，我们不能因为风险高而因噎废食，墨守成规，也不能不顾风险盲目妄为，横冲直撞。因此，在大力发展“去中心化”平台经济的同时，对应的监管治理和法治建设也必须同步跟上，这也是上海提升社会治理体系和治理能力现代化的重要任务。

（四）向内聚集、向外辐射两大功能是“五个中心”建设的检验标尺

从向内聚集能力的角度来看，要提升上海配置全球资源能力，首先要吸引高端机构落户上海，推动全球功能性机构高度集聚，不断增强配置全球高端资源要素的能力。比如，上海国际金融中心建设要增强全球金融资源配置能力，提高国际化程度；国际贸易中心建设要全方位提高统筹利用全球市场的能力，大力发展高能级的总部经济；国际航运中心建设要更加注重提升高端航运服务功能。

其次，要吸引智库机构、创新人才、科技人才落户上海。增强创新策源能力最终还要靠人才，要把具有全球学术新思想、科学新发现、技术新发明、产业新方向的机构和人才吸引过来。上海已经锚定脑科学与类脑研究、人工智能、集成电路、航天航空、海洋工程等战略领域，加强重大共性技术和关键核心技术攻关突破。提高成果转化的效率，加快形成战略领先的现代产业集群和充满生机的创新企业集群，在这方面，人才问题是首位要落实的。

再从对外辐射能力来看“五个中心”，上海既要打造全球网络枢纽，全面建设各类有形和无形网络开放通道，依托金融中心、贸易网络、自贸试验区建设等通道，成为企业进入全球市场的战略基地。又要在长三角城市群中，率先建设标志性、引领性的高能级发展平台，推动高水平区域合作，更好服务长三角、服务长江经济带、服务全国，打造服务“一带一路”建设的桥头堡，增强面向国际国内“两个扇面”的集聚和辐射能力。这表明，上海“五个中心”能不能促进相关方协同发展也是一项重要使命。

上海的“五个中心”和江苏的实体经济、浙江的市场要素、安徽的配套资源如何有效对接、协同发展，是让长三角这台中国经济发动机释放持久效能的关键，在长三角一体化高质量发展的总体布局中，“五个中心”应该成为这一区域共同谋划、密切合作的重要平台。这方面，政府、智库、企业等各类市场主体、省市区县乡镇村各级政府主体，各种行业性管控部门组织，都应该解放思想，放开手脚、勇于作为，敢于创新。近年来，G60科创走廊、沿江滨海城市群

等合作机制的创新探索，为“五个中心”香飘长三角拓宽了舞台。

此外，上海的城市核心优势辐射也要为内部新兴区域转型制造机会。不只是在万众瞩目的自贸区临港新片区，在青浦、松江、虹口、宝山、崇明等区域，都有结合各自优势，因地制宜，多点突破的中心化项目跟进。上海老城区的中心功能已经发生变化，一批新一代核心功能区正在酝酿，以写字楼市场为例，戴德梁行研究部数据显示，目前上海核心区写字楼租金呈现出放缓增长的迹象，从空置率来看，核心区空置率波动上升。2018 第一季度空置率为 10.0%，未来三年内，上海甲级写字楼市场的新增供应预计将达到 380 万平方米，核心商圈和新兴商圈分别贡献 28.1% 和 71.9%，新兴商圈非常亮眼。随着上海新一轮规划出炉，上海具有国际标杆内涵的核心商务区、功能区范围已经逐渐扩散，新的中心要冲遍地开花：上海北外滩将建一栋 480 米高的新地标，形成顶级城市核心区；宝山的国家级国际邮轮示范区，召集了 Discovery 等一批优质头部企业的南大板块都在聚拢千亿级能量；青浦也借助长三角一体化生态示范区和中国国际进口博览会永久会址所在地的春风，建设“西虹桥”商务区等国际级的标杆。松江区也抓实长三角 G60 科创走廊，围绕产业链精准招商，成为向东承接上海全球科创中心和先进制造功能、向西辐射江浙皖腹地的枢纽和要冲。上海“五个中心”建设中，在执行层面，也将释放基层活力，解放干事创业的手脚，涌现一批有担纲、有梦想、有毅力、有能力的新主攻手。

（五）“五个中心”建设要彰显四个自信，特别是文化自信

国际经济中心离不开文化软实力的配套建设，一个城市有没有足够的魅力吸引人、留住人，是聚拢资金、技术、项目等其他市场要素的前提条件，文化魅力这个“+”做不好，一个城市就没有味道，没有味道的城市凭什么让科技家、金融家、企业家、创业者、年轻人心甘情愿地扎下根？因而，“文化留人”是更高层次的营商环境要素。

文化国际竞争力是“五个中心”的文化底层，脱离了文化建设，“五个中

心”就失去了灵魂。为践行对外开放的使命，上海必须打造一个世界级文化高地，大幅提升文化软环境水平，助力上海“五个中心”建设。这个文化高地绝不能是西方城市的简单文化翻版，应该是开放多元、兼容并蓄，实现东西方文化的融合，展现社会主义文化繁荣兴盛的现代城市文明。

在大幅提升上海文化软实力的过程中，需要打造一系列具有新时代中国特色社会主义内涵的国际文化新地标。以电影为例，电影是世界各民族文化交流最有效的方式，上海是中国电影的发祥地，几代电影人是上海的传家宝，上海有条件也有潜力打好“电影工业”这张国际名片，学习借鉴“迪斯尼”“环球影城”的成功经验，借助上海“五个中心”建设的地缘优势，充分结合虚拟现实、人工智能、机器人、生命科技、新材料等领先技术，使用好上海电影“大闹天宫”“神笔马良”“阿凡提”等优秀 IP 题材，大胆创新，集思广益、塑造上海元素明显的顶级电影工业科技产品和主题公园，塑造与“五个中心”相匹配的顶级文化新地标。

此外，上海一方面，要加大上海国际艺术节、上海国际马拉松等大型国际活动的力度，依托上海大剧院、上海芭蕾舞团、上海京剧院等剧场院团，争取世界顶级演出机构的重大首演剧目；另一方面，在创作平台、青年人才平台、公共文体平台、文化交易平台等领域做出探索，形成上海文体品牌出口矩阵，鼓励具有独特性、国际性、生命力的原创剧目走向国际舞台。从而形成国际文化交流、文化产品交易的中心。

一座城市文化的打造不能凭空臆想，必须建立在这座城市固有的历史和基因当中。在上海的文化发展基因当中，“航海”是最基础、最深层的要素之一，上海五个中心建设中，也特别强调了国际航运中心的建立。而世界各大航运城市，无不建有高水平的“航海博物馆”，例如英国伦敦国家航海博物馆、俄罗斯圣彼得堡中央军事航海博物馆、美国洛杉矶海事博物馆、荷兰鹿特丹航海博物馆、澳大利亚悉尼国家海事博物馆、日本大阪海洋博物馆，等等。上海可以利用中国航海博物馆在上海的优势平台，加强“海上丝绸之路”相关国家和地区的文化交流和往来。

通过打造一系列世界级的城市文化产品和品牌，上海的国际文化竞争力将会同步跨越发展，极大促动上海“五个中心”的高质量建设。

（六）“五个中心”建设要激发年轻一代的“闯业”精神

应该注意到，近年来上海年轻人流行“丧文化”“佛系文化”，一部分年轻人标榜“我丧气地活着，就是不死”“怎么都行，有也行，没有也行”，与之相对应的是，在最吸引青年人的创业创新大潮中，上海虽有非常多的职业经理人，有非常不错的商业设施和相对成熟的商业秩序，但可惜的是，没有孵化出像腾讯、阿里这样的互联网科技巨擘。

任何文化现象背后都有其制度性的因素，青年人表面上缺少创业精神，背后也有着人才培养的制度性问题，上海建设国际科技创新中心怎么能离得开青年人才呢？上海必须牢牢抓住大学这个人才翘板，大力扶持“上海高校群”建设，形成类似斯坦福、伯克利、加州理工环绕旧金山硅谷的态势，吸引青年人来上海、留上海，为上海的发展积累足够的青年人才储备。

城市能级的提升，首先离不开创业干事的激情；实现历史性跨越，这需要在内在品质上不断提升“闯”的特质。据统计，中国每分钟诞生 8 家公司，但失败率高达 80%，大学生创业失败率达 95%。这当中，多数的创业者的资金来源是依靠 3F（Family、Friends、Fools）起步的。在大浪淘沙、艰难存活的创业中，政府应该进一步配套创业保障体系，探索第 4 个 F（Follow），让跌倒的创业者能再爬起来，为创业者提供跟随式保障。围绕“五个中心”的建设，高校科研院所、大企业要包容试错，鼓励孵化扶助青年创业创新，降低创业企业商务成本、求量变到质变，使创业星星之火成就燎原之势，为上海“五个中心”建设提供不竭动力。

（赵悦　万里智库秘书长、上海市决策咨询委员会委员）

任兴洲、刘涛

上海建设国际消费中心城市的重要意义和政策建议

2019年10月，经国务院同意，商务部等14个部门联合印发了《关于培育建设国际消费中心城市的指导意见》，以指导和推进我国国际消费中心城市的培育和建设工作。

一、国际消费中心城市的主要特征和培育建设的现实意义

（一）国际消费中心城市的主要特征

20世纪末期，随着经济全球化的加快推进，资源得以在更大范围内配置，全球贸易量大幅增长，世界经济得到了持续较快发展。与此同时，许多国家的城市化进程不断加快，城市功能得到显著提升。特别是发达国家的一些大都市，例如美国的纽约、洛杉矶，英国的伦敦、法国的巴黎、日本的东京等城市，依托其本国雄厚的经济基础和较高的人均收入水平，形成了发达的国内消费市场。又以其便利化的立体国际交通网络、特色产业、高品质的商品和服务以及良好的消费环境，集聚了大规模的消费资源，吸引了世界各国大量的消费人群，进而成为国际性的消费中心城市。进入21世纪以后，中国的香港、韩国的首尔、阿联酋的迪拜以及新加坡等国的城市也跻身国际消费中心城市的行列。认真考察分析这些城市的特点可以看出，国际消费中心城市具有一些重要的特征。

第一，依托本国雄厚的经济实力和较高消费水平。国际消费中心城市都是

依托本国（或地区）雄厚的经济实力和较高的人均 GDP 水平为基础。例如，纽约、伦敦、巴黎、东京等城市所依托的美国、英国、法国、日本等国家，在 20 世纪 80 年代前后就已进入人均 GDP 一万美元的阶段；香港（地区）和韩国也在 20 世纪 90 年代前后实现了人均 GDP 一万美元的水平。居民收入水平的持续增长，使得这些国家的居民消费能力显著提升，形成了较大规模的国内消费市场，进而又成为有全球消费吸引力的消费中心城市。

第二，有良好的资源优势和强劲的产业支撑。国际消费中心城市往往具有良好的区位优势和强劲的产业支撑，都具有立体化、四通八达的现代交通网络体系，都是国际航空、航运和铁路运输的枢纽城市，或者具有自由港的优势。同时，这些大都市还拥有工业、贸易、金融、商务、科技、文化、艺术、教育、会展、体育、医疗等产业的有力支撑；往往具有享誉全球的消费品品牌和高质量的服务品牌。国际消费中心城市还具有很强的消费政策支撑。如购物出境退税、免税、消费者保护，以及知识产权保护等法规和政策支持体系。

第三，具备强有力的全球消费资源集聚能力。国际消费中心城市是全球消费资源的集聚地，具有强大的消费配置和带动功能。这些城市凭借在全球城市网络（或大区域网络）中的枢纽地位，往往是全球著名消费品牌、各类消费资源高度集聚地，也是一国（或地区）对外展示和输出本土商品品牌和消费文化的重要门户，是全球消费性服务业知名企业的总部所在地。国际消费中心城市还具有本国和国际消费购买力的强大吸纳能力，是一国乃至全球消费资源的配置中心，能够对相关产业、基础设施和公共服务的投资起到导向作用，从而带动全球消费品供给增长和服务能力的提升。

第四，是全球消费市场的制高点，具有强大的消费实现功能。这些城市具有全球影响力和高美誉度的商业设施和标志性商圈，拥有涵盖商品购物、美食、旅游观光、体育娱乐、文化创意、特色演艺、医疗健康、展览展示等较为完善的商品和服务供给。在不断满足本国消费者对国际化、高品质、时尚性的商品和服务消费需求的同时，也能够强力吸引和汇聚不同国家的大量消费者，引流国际购买力，为国外消费者提供特色化、多样性、便利化的消费选择。

第五，具有全球消费创新和引领功能。随着世界科技革命的进步和突破性发展，特别是移动互联网、云计算、大数据等现代信息技术的发展，全球正进入新一轮消费革命的新阶段。新技术、新产品、新服务、新时尚、新模式大量涌现，推动国际消费中心城市成为新消费的展览展示中心、时尚发布中心、体验应用中心和技术应用的示范中心，不仅进一步提升了城市的发展能级，而且成为引领全球消费扩张和加快升级的增长极。

分析可见，国际消费中心城市是在全球化背景下现代国际化大都市的核心功能之一，是具有丰富的消费内容、集聚的高端消费品牌、多样化消费方式、优越的消费环境，能够吸引境内外消费者的高度繁荣的消费市场，成为一些国家消费升级引领产业升级的重要途径。国际消费中心城市的形成和发展，不仅促进了全球消费的增长，而且推动了全球消费品制造业、消费性服务业的结构调整。从各国发展来看，因消费规模、国际化程度和影响力不同，国际消费中心城市又呈现出多样化和层次分化的特征，大体可分为全球性国际消费中心城市和区域性国际消费中心城市。

（二）我国培育建设国际消费中心城市具有重要的现实意义

经过40多年的改革开放，我国经济持续快速发展，综合国力不断增强，城乡居民收入持续增长，消费结构显著升级，中等收入群体持续壮大，形成了超大规模的消费市场。随着经济结构的深度调整和增长动力机制的转换，我国经济从高速增长阶段向高质量发展阶段转变，社会主要矛盾已经转化为人民日益增长的美好生活需要和不平衡、不充分发展之间的矛盾。在这样的背景下，培育建设国际消费中心城市具有重要的现实意义。

一是，有利于增强消费对经济发展的基础性作用。现阶段，最终消费支出对我国经济增长的贡献率已达60%。消费成为我国经济的主要引擎和驱动力，内需压舱石的作用越发明显。扩大消费需求是当前和今后我国长期面临的主要任务。而国际消费中心城市是消费资源的集聚地和消费实现的制高点，能够引领消费增长，有利于增强消费对经济发展的基础性作用。

二是，有利于促进我国消费进一步升级和转型。40多年的改革开放使我国综合国力不断增强，居民收入持续较快增长。2019年，我国人均GDP已超过1万美元，到了消费结构进一步升级和迈向品质消费的阶段。培育建设若干国际消费中心城市，能够促进这些城市提高国际化水平，提升消费能级，进而促进经济发展和满足城乡居民不断增长的对美好生活的需求。

三是，有利于促进形成强大的国内市场。面对世界百年未有之大变局和国际经贸环境的不确定性，我国外需压力明显增大。面对这些挑战，形成强大的国内市场，促进内需增长就显得至关重要。有效培育建设并发挥好国内若干国际消费中心城市的带动作用，就能够扩大消费需求，形成增长的新动和新引擎。

四是，有利于形成供给侧结构性改革的有力抓手。国际消费中心城市能够集聚全球著名消费品牌、知名企业总部，能够吸引聚集的国内外高收入、高素质的消费群体和高端创新人才，有利于促进供给侧结构性改革。

五是，有利于推动新一轮高水平的对外开放。党的十九大提出要构建全面开放新格局，这就需要有新的举措和抓手。通过国际消费中心城市的培育和建设，可以有力促进扩大开放，特别是能够加快消费领域和服务业领域的高水平开放。

《关于培育建设国际消费中心城市的指导意见》中明确提出，要利用5年左右的时间，基本形成若干立足国内、辐射周边、面向世界的具有全球影响力、吸引力的综合性国际消费中心城市，使其成为扩大引领消费、促进产业结构升级、拉动经济增长的新载体和新引擎。

2020年初我国暴发的新冠肺炎疫情，对我国国际消费中心城市的培育和建设也提出了更为迫切的要求。疫情结束后，尽快有序推动消费性服务业的恢复和发展都非常重要。培育建设国际消费中心城市有利于恢复和促进消费增长，促进消费性服务业健康发展。

二、上海培育建设国际消费中心城市势在必行

上海是我国的经济中心，是长三角区域经济发展的龙头，上海建设国际消费中心城市具有重要意义和现实可能性。

（一）有利于推动上海“五个中心”的高质量建设

2016年3月，习近平总书记指出，“建设具有全球影响力的科技创新中心，是上海实施创新驱动发展战略的重要载体”。为此，在上海打造国际经济中心、国际金融中心、国际贸易中心和国际航运中心等“四个中心”的既有战略基础上，2020年1月，上海市十五届人大三次会议又提出建设“科技创新中心”的任务，从而建设“五个中心”就成为上海绘制的新战略蓝图。加快建设国际消费中心城市，正是新时期推动上海“五个中心”高质量建设不可或缺的重要动力之一。

一是助推上海国际经济中心建设。国际消费中心城市以国内外消费为载体，通过聚集全球消费资源，提升全球资源配置功能，着力提高要素市场的国际化水平，进而促进上海经济发展能力的提升。二是助推上海国际金融中心建设。国际消费中心城市具有吸引大规模的消费集聚，带动相关产业发展的功能。因此，必将对金融服务业产生大量需求，进而引导更多全球金融资源在沪汇集，促进国际化程度较高的多层次金融市场体系的形成。三是助推上海国际贸易中心建设。国际消费中心城市通过提升国内消费功能，能够进一步繁荣消费市场。同时，通过与中国国际进口博览会的举办形成合力，能够聚集全球消费资源，汇聚国际有影响力的服务领域企业总部，带动大量商品和货物进出口，带动外贸规模的增加，加快形成进出口并举、内外贸并重的贸易发展新格局。四是助推上海国际航运中心建设。国际消费中心城市的发展可以带动上海国际性消费规模的增长，进而带动城市产业和服务业能级的提升，带动航运业、邮轮旅游消费的增长。五是助力上海国际科技创新中心建设。国际消费中心城市依托强大的国际消费功能和完善的城市配套设施、现代化的服务体系和良好的社会治

理体系，以及对知识产权保护的健全法律环境，形成吸引高端科技人才和科技资源在城市配置。从国际上看，国际消费中心城市都是科技人才和高端要素资源聚集的高地，也是科研成果转化地。因此，建设国际消费中心城市，将有助于上海国际科技创新中心的形成。

（二）有利于上海更好发挥长三角经济龙头和引领作用

长三角地区是我国经济发展最活跃、开放程度最高、创新能力最强、辐射能力最广的区域之一。目前，该区域的经济总量约占全国的1/4，在国家现代化建设全局中占据举足轻重的战略地位。2019年党中央国务院印发的《长江三角洲区域一体化发展规划纲要》中，明确提出长三角地区通过一体化发展，使其成为全国经济发展强劲活跃的增长极，成为全国经济高质量发展的样板区，率先基本实现现代化的引领区和区域一体化发展的示范区，成为新时代改革开放的新高地。上海作为长三角的龙头城市，紧紧抓住“一体化”与“高质量”两个关键词，增强城市服务辐射能级，推进建设以现代服务业为主体、战略新兴产业为引领、先进制造业为支撑的现代化产业体系。而培育建设上海国际消费中心城市，将成为推动上海消费市场增长和现代服务业能级提升的重要抓手，有利于中国与国际消费潮流、理念、模式创新的直接对接渠道；有利于利用长三角地区消费品制造业发达、产业链条完整和配套能力强的优势，以消费升级引领产业升级，培育和壮大独具特色、具有国际影响力的产品和服务品牌，为加快长三角产业升级和经济提质增效提供新动力（见图1）。

图 1　长三角地区城市群的布局与结构

资料来源：上海市 2035 年总体规划。

（三）有利于全力打响“四大品牌”，构筑上海新名片

顺应高质量发展的新要求，2018 年，上海市提出全力打响“上海服务、上海制造、上海购物、上海文化”的“四大品牌”，努力构筑上海新名片。新时期“四大品牌”的提出，是在尊重上海历史文体传承的基础上，着力推动四大领域的高质量发展，为发展树立新标杆、积累新能力，是上海结合自身特点选择的重点和优先发展领域，符合国家高质量发展战略的要求。上海建设国际消费中心城市，与这“四大品牌”密切相关。在建设国际消费中心城市过程中，通过上海服务，将上海制造的产品输向全国和国际市场，通过上海购物，形成“买全国、买全球”的格局，打造国际消费的制高点，并催生产业聚集效应，形成产业发展与城市繁荣的良性互动；同时，也有利于提升上海文化软实力，凸显“海派文化”海纳百川的国际影响力，增进中西文化交流融合，为将上海打造成人文之城奠定坚实的基础。

（四）有利于推进上海全方位开放，继续走在改革试验前沿

上海是对外开放的先行区。40 多年来，通过实施积极主动的开放战略，上

海对外开放水平不断迈上新台阶，形成了直接利用外资数量不断增长和以服务贸易、一般贸易和消费进口贸易为增长动力的外资、外贸新格局。以技术、品牌、质量、服务为核心竞争力的贸易新优势正在显现。同时，作为国内首个自贸试验区，上海自贸试验区自2013年9月挂牌以来，在扩大服务业开放、探索建立负面清单管理模式、构筑对外投资服务促进体系、加快金融制度创新方面取得了积极成果。在“一带一路”持续推进的背景下，建设国际消费中心城市，有利于发挥上海作为全国最大的进口消费品集散地的突出作用，进一步聚集全球多样化消费资源和消费品牌，促进国内外消费市场的一体化发展，继续开放的前沿试验，推动上海成为国际化程度更高的消费市场。

三、上海已具备建设国际消费中心城市的基础和条件

从全国来看，上海最具建设国际消费中心城市的良好基础。在综合经济实力、消费市场发展水平、消费聚集和经济辐射带动能力，以及国际化程度等方面均处于全国领先地位。

（一）有较强的综合经济实力

2019年，上海地区生产总值达到38155.32亿元，居中国城市第一位，并超过香港、新加坡等城市，在全球城市中排名继续居前（见图2）。2018年，上海服务业增加值占比达到69.9%，金融市场交易总额1645.78万亿元，金融业增加值5781.6亿元，占全国的8.4%，居全国城市之首，在全球金融中心指数中的排名第5位。2019年上海金融市场交易总额达到1934.3万亿元、增长16.6%。

（二）消费规模庞大，增长速度较快

2019年，上海社会消费品零售总额达1.35万亿元，规模稳居全国城市首位，在全国占比3.28%，对全市经济增长贡献居各行业前列（见图3）。与香港、新加坡等一些国际消费中心城市相比，上海在消费品零售规模上已处于领先位置。

居民人均消费支出中服务性消费支出占比达60%左右，接近国际水平，消费升级趋势明显。

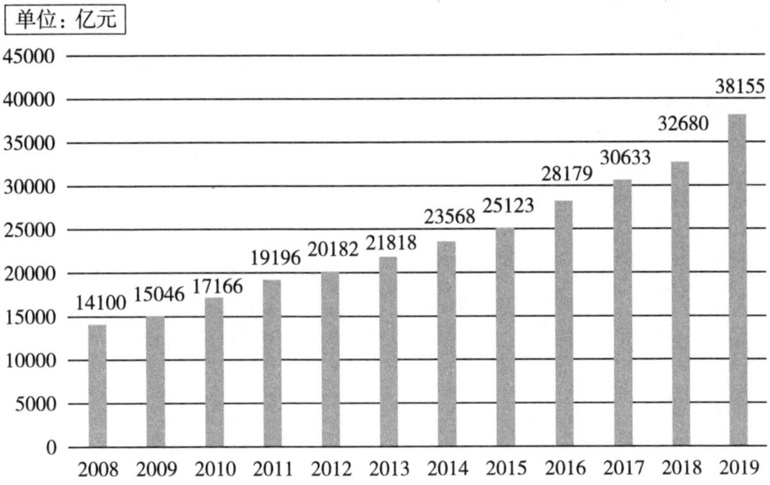

图2 2008-2019年上海市生产总值变化图

资料来源：上海市统计局。

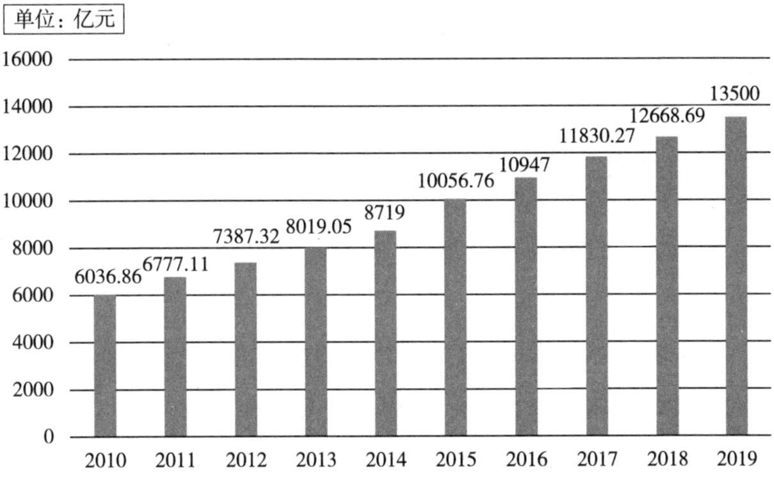

图3 近10年上海市社会消费品零售总额统计

资料来源：上海市统计局。

2018年，上海市旅游总人数达34870.58万人次，较2017年增长6.58%，旅游业增加值为2078.64亿元人民币，占全市GDP比重为6.4%，旅游业成为上海经济重要的支柱产业之一（见图4）。同时，上海文化消费市场稳步发展。2018年，上海市演出、艺术品、网络游戏、娱乐等文化市场总体健康平稳发展。其中，演出市场发展保持增长势头，观众人次达1613.5万，票房收入约18亿元，同比增加12.5%。

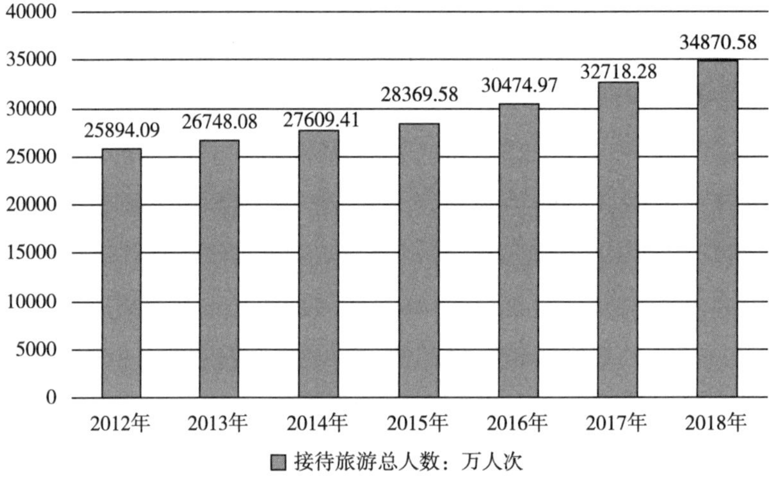

图4　2012–2018年上海市接待旅游总人数走势图

资料来源：上海市统计局。

（三）经济的外向程度高

2018年，上海市累计实现外贸进出口总额34009.93亿元，比上年同期增长5.5%。其中出口13666.85亿元，增长4.2%；进口20343.08亿元，增长6.4%。2019年，上海市外商直接投资合同金额502.53亿美元，增长7.1%；外商直接投资实际到位金额190.48亿美元，增长10.1%，创历史新高。对外投资结构优化，高附加值服务业利用外资引领增长。截至2019年年底，上海累计吸引720家外资跨国公司地区总部其中亚太区总部114家和461家外资研发中心落户。2018年，上海跨国公司地区总部贡献了10%的营业收入、17%的利润总额、12%的纳税总额和超过6%的从业人数。

作为我国最大的口岸城市，2019 年上海口岸货物进出口额 8.4 万亿元，继续保持全球最大货物贸易口岸城市地位。2018 年，上海口岸的服装、化妆品、汽车进口额分别占到全国的 70%、53% 和 37%，已成为名副其实的中高端消费品的进口集散地。上海集装箱吞吐量 4201 万标准箱，连续 9 年保持世界第一。两大机场航空货运量 417 万吨，连续 11 年排名全球第三；旅客吞吐量 1.17 亿人次，排名全球第四；国际客货吞吐量占全国 1/3 和 1/2。

上海会展经济发达，涵盖多个产业和领域。会展览业能级稳步提升，其展馆面积、展览面积、百强展数量均居全球会展城市之首。2019 年，上海举办国际展 310 个，展览面积 1502.65 万平方米，同比增长 7.02%。国际展会带动了大量国外参展人流的聚集，进而带动了食住行、游购娱及相关消费的增长。大量国外展品和资源聚集上海，带动会展产业链发展的同时，还带动了商流、物流、资金流、铁路、航空、航运、贸易、支付、通信等行业的发展。此外，上海各类国际性商务活动频繁，带动境外游客的增长。2018 年，上海接待入境旅游者 893.71 万人次，实现国际旅游收入 73.71 亿美元（见图 5）。

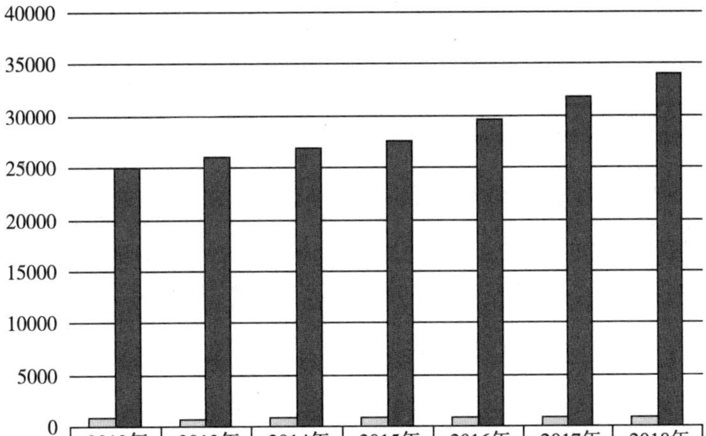

	2012年	2013年	2014年	2015年	2016年	2017年	2018年
□ 国际旅游者：万人次	800.4	757.4	791.3	800.2	854.4	873.0	873.7
■ 国内旅游者：万人次	25093.69	25990.68	26818.11	27569.42	29620.60	31845.27	33976.87

图 5　2012-2018 年上海市旅游者客源数量分布

资料来源：上海市统计局。

（四）国际消费资源集聚能力突出

2018 年，上海全球零售商集聚度达到 55.3%，位居全球第二，仅次于迪拜，已有 90% 以上的国际知名高端品牌进驻上海。上海还成为国际高端品牌中国和亚太地区总部所在地，成为一些品牌全球限量版和新品首发地。上海着力加快发展“首发经济”，深化黄浦、静安、浦东、徐汇等区的全球新品首发地示范区建设，举办高水平全球新品发布活动，支持各大电商平台打造全球新品网络首发中心。2018 年，超过 3000 个国际国内品牌在沪首发，11 家全球首店旗舰店落户上海，国际品牌首店约占全国半壁江山。上海成为国际品牌打开中国市场的重要“敲门砖”。品牌高度集聚得益于“海派文化”的包容度和上海良好的政策环境。2015 年，上海就成为全国首批离境退税试点城市之一。到 2019 年，无论是离境退税业务量还是销售额，上海均居全国领先地位。上海还提出做大“免退税经济”，争取更大力度的免退税政策先行先试，支持新设市内免税店，鼓励自主品牌进入免税店，扩大境外旅客购物离境退税网点覆盖面，提升退税便利度。

除国际品牌加速聚集外，中国本土品牌也在发力变革。上海和全国著名品牌商品云集上海。据上海市商务委的数据，上海现有老字号品牌 222 家，其中，经商务部认定的“中华老字号”企业达 180 家，位居全国第一。上海持续推进老字号重振工程、品牌保护工程、传人培养工程、数字焕新工程和国潮出海工程。

从需求主体结构看，除中国消费者之外，上海集聚了大量国外（境外）消费者，其中一半以上来自亚洲地区。主要原因是随着进口政策的不断优化，一些国际品牌商品落户上海，而且商品价格在全球范围比较，也已具备一定的竞争力。

（五）具备多元商业业态和丰富的消费场景

伴随消费规模的不断增长和消费结构升级，上海形成了多元化商业零售业态体系，包括百货店、超市、大型综合超市、便利店、专卖店、专业店（主题商城）、购物中心和仓储式商场等。多元化的零售业态满足了各消费层级、各年龄段消费群体的需求。上海的消费场景也不断丰富和创新，为消费者提供了更多的消费选择和更好的消费体验。在网络购物发达、品牌商数量庞大，支付方式灵活的背景下，上海着眼于发展食住行、游购娱相结合的“商旅文创”综合型消费场景，不断提升消费者的体验。近年来，上海“夜间经济”持续发力。夜购、夜娱、夜健、夜读、夜展、夜游等消费场景不断推出；夜间交通、市容环境、安全保障等相关配套不断完善。还探索试点 24 小时营业区，不断塑造大型夜间消费活动场景，推出了一批品牌化、标志性的商旅文体一体化项目，进一步拓展了“夜经济集聚区”的功能。

（六）“平台经济”创新发展，特色商圈多层次布局

近年来，上海深化供应链创新与应用试点，打造了一批平台经济龙头企业。支持电商平台不断丰富线上消费场景和消费内容，打造网络新品牌，精准匹配网络消费新需求。发展智能售货机等，创新消费场景。在 2020 年初防控新冠疫情期间，上海市鼓励采取无接触投放、智能柜投放等配送方式，推动了无人便利店、智能售货机等创新业态加快发展。上海市还提出培育电子消费品、汽车等领域千亿级交易平台，鼓励发展服装、医药、文体用品、钟表、家用电器、化妆品、酒类等领域百亿级交易平台。发挥上海钻石交易所、宝玉石交易中心的作用，提升钻石珠宝交易市场能级。全市规划布局了市级、区级等不同层级、不同规模、大店、名店、专业特色店、步行街各展所长、各具特色的商圈（见图 6）。

（七）消费的带动和引领作用明显

上海在全国率先建立了以服务业为主导的产业结构。2018 年，上海商贸业增加值 5002.95 亿元，占全市生产总值的 15.3%，对全市经济增长贡献率保持领

图 6　上海市级商圈及分布图

先；全市商贸业税收 2361.10 亿元，占全市税收收入的 17.1%，同比增长 15.0%，对全市税收增长贡献率达 31.3%。商贸业对经济增长的贡献度进一步提升。围绕商旅文创等消费，上海每年举办诸多大型会议会展活动。工博会、进博会、福布斯·静安南京路论坛、静安－中欧顶级品牌论坛、上海购物节、上海时装周、上海电影节、FI 大奖赛等大型互动活动，着力吸引和扩大外来消费，助力消费的增长，促进上海国际影响力持续提升。国家会展中心（上海）、迪士尼度假区等重大会展和文化娱乐设施的发展，很大程度上提高了上海在全国乃至更广范围消费发展中的引领和标杆作用。

（八）建设国际消费中心城市有明确清晰的目标

2018 年 4 月，上海市发布了《全力打响“上海购物”品牌加快国际消费城市建设三年行动计划（2018–2020 年）》，在全国率先启动了国际消费城市建设的行动计划，并明确提出了消费贡献度、消费创新度、品牌集聚度、时尚引领度、消费满意度等目标。具体指标包括：到 2020 年，消费对经济增长年均贡献率 60% 以上，商贸业增加值、税收、就业贡献稳步提高。外来消费占社会消费品零售总额比重 30% 以上；创新技术应用水平不断提升，消费新业态、新模式加快涌现，新兴消费规模持续扩大；国际高端知名品牌、国际零售商品牌集聚度稳中有升，新品牌不断涌现，老字号改革创新发展，品牌首店、旗舰店数量保持领先。截至目前，上海全球新品首发地建设取得明显成效，初步建成高端品牌首选地、原创品牌集聚地；消费服务水平显著提升，跨境消费便利度显著提高，消费环境显著改善，消费者体验度、获得感显著增强，满意度明显提升。三年行动计划和明确的目标，表明上海培育建设国际消费中心决心之大、目标之明确和计划周密。有利于目标的实现。

四、上海建设国际消费中心城市存在的问题与障碍

（一）高品质的商品和服务有效供给能力有待提升

与国际著名大都市相比，上海市多样化、高品质的商品和便利化的服务有效供给仍显不足，商品和服务同质化问题依然突出，购物环境有待改善。为此，还需要在供给侧结构性改革方面下大力气，提供满足居民不断提升的商品和服务需求。从供给结构看，上海尚缺乏有吸引力的集高端医疗、运动康复、休闲养生为一体的康健服务品牌；缺乏一批世界级旅游娱乐精品项目。例如，上海大型主题娱乐项目明显短缺。2017 年 6 月，上海迪士尼乐园开业一周年，入园人次超 1100 万，成为全球开业首年接待人次最多的主题公园，带动上海旅游产业增速实现翻倍。这表明，上海自身以及辐射带动的消费潜力是巨大的，只要供给改善，消费就会明显增长。

（二）特色产业带动消费集聚的能力明显不足

从国外的消费中心城市发展来看，依托主导产业和特色产业发展带动消费集聚和增长的特征非常明显。例如，纽约是以高端金融业（如华尔街）、特色旅游业和商务服务业等产业吸引了世界各地的消费者和商务人员的大量集聚，进而带动了消费服务业的增长。巴黎是以高品质的服装服饰、高端化妆

品产业和美酒美食产业吸引着全球的游客和消费者。首尔则以医美整形产业、影视文化产业吸引了大量国际游客（或粉丝）前往消费和观光游览。上海的金融业、要素市场和高新技术产业发展虽居全国前列，但依托产业带动消费的能力明显不足，产业特色不突出，识别度不够高。“海派文化”的影响力不够强，又缺乏北京、西安等城市所具有的历史遗迹和厚重的文化景观。因此，着力培育和彰显上海产业特色，深入挖掘特有的文化基因，形成别具一格、具有高识别度的城市符号，是上海建设国际消费中心城市中需要进一步加强的。

（三）实现和集聚消费的服务设施存在短板

随着城市化水平提升和城市基础设施建设加快，上海基础设施建设虽然取得长足发展，但与国际消费中心城市的要求相比仍有差距。特别是在旅游、文化娱乐、教育医疗等消费设施和配套支撑方面比较薄弱，直接影响着消费体验和服务效率。例如，上海城市交通拥堵现象依然比较严重，影响人们的交通出行效率和体验，城市交通短板比较突出。上海城市物流相关设施配套仍不足，冷链物流链条不完整，对食品等的保鲜运输流通有较大影响，冷链物流供给能力亟待加强。另外，在一些新型、涉外的商业服务设施建设方面仍然不足。例如，上海退税商店和退税业务办理网点数量偏少，影响了国际游客的消费体验。在健康医疗消费领域，上海医疗机构较多，但结构和布局不均衡，影响着多元化、多层次的医疗服务消费需求。上海各消费行业之间、各类设施之间的融合互动和对接不足。例如，城市主题商务休闲区域、旅游景点、交通枢纽，文化场馆（博物馆、科技馆、美术馆、剧院 / 场）等资源，与主要商业网点和商圈之间衔接存在部分脱节现象。

（四）电商平台的治理水平亟须提升

随着现代信息技术的进步和广泛应用，以及互联网的普及和电商的快速发展，电商促进消费增长的作用凸显。2019年，上海网络零售额达1896.51亿元，增长15.8%，占社会消费品零售总额的比重达到14.1%。但电商平台治理问题迫在眉睫。消费欺诈、信息不对称、假冒伪劣行为屡禁不止、个人信息被滥用等问题越来越突出。网购成为消费投诉的焦点领域。《电商法》出台后，如何进一步加强相关法律法规建设和实施细则的出台，提高电商平台的治理能力和水平是上海亟须解决的问题。

（五）营商环境有待进一步改善

上海市的营商环境在国内是位列前茅，但仍有待改善，特别是在市场准入方面。目前，我国部分服务行业准入依然面临行政审批过多、相关限制过严等问题，特别是民营资本进入文化、教育、医疗等新兴服务消费业领域仍受到一定限制。部分服务行业还存在垄断问题，准入的负面清单不清晰，影响着服务行业供给的改善和质量的提升。

（六）对外开放水平有待进一步提高

目前，我国与消费直接相关的服务行业，如健康医疗、教育文化、休闲娱乐等新兴服务行业等，对外开放步伐还需进一步加快。在实际操作和政策落实过程中，一些准入和投资的审批限制依然存在，相关配套服务存在不足，制约了服务业的高水平开放。以邮轮观光为例，目前上海口岸入境免签政策放宽，对国外游客吸引力和便利性增强。但在货物通关、检验检疫，办理入境手续等方面还需提高效率，增强便利性，并解决维修保养能力提升、免税退税程序简化等问题。此外，上海在国际化水平、外籍人口数量、入境旅游人数占常住人口的比重以及英语的普及和运用水平等方面，也与国外著名消费中心城市仍有一定差距，需要进一步提高。

五、加快建设上海国际消费中心城市的政策建议

（一）聚集优质消费资源，大力增加有效供给

1. 提升传统消费的品质和安全性。提升商业零售、餐饮美食、酒店住宿等传统消费的商品和服务品质。通过国际知名高端品牌的进驻和旗舰店开设，聚集国际优质商品资源，力争国际高端知名品牌、国际零售商品牌集聚度稳中有升，品牌首店、旗舰店数量保持领先。国内新品牌不断涌现，打响上海特色的新品牌和老字号；通过进口博览会和进口贸易、跨境电商等，采购国际优质商品优化上海消费市场供给结构，将国内的优质商品和特色消费资源聚集在上海。

2. 拓展新型消费领域，扩大消费新增长点。重点促进健康养生、教育培训、体育休闲、旅游观光等消费，针对不同消费群体提供多样化的精准消费供给。例如，针对商务人士、退休群体和中青年白领，精准设计和提供相应的旅游产品消费供给，为国外部分消费者量身定制上海及周边地区特色深度游等。提升旅游产品、精品的开发设计能力，提高旅行社、消费服务咨询机构的消费引领能力。同时，加强各消费性服务行业的融合互动。构建商品和服务消费的良好生态体系。

3. 优化文化消费供给，聚集国际文化资源。整合上海文化演出、影剧院线、博物馆、科技馆、书店、文化创意基地等种类齐全，品质较高的资源，挖掘本土特色的“海派文化”。兼收并蓄，在彰显本地文化的同时，将国内优秀的多样化文化表现形式引入上海，将世界各国特色文化产品引进上海，为中外消费者提供多样化的文化产品供给。着力发展文化市场，放开准入，创造宽松的发展环境。政府通过设立基金、适当补贴等方式，支持文化团体的发展，进一步整合文化资源，形成发展合力。

（二）强化产业带动作用，促进产业与消费互动

一是，发挥优势产业消费带动作用。发挥上海金融业、商务服务业比较发

达，钢铁、汽车制造产业和高技术产业发展，以及要素市场聚集度较高的特点，通过国内外的商务洽谈、技术交流、商品采购和商务考察来聚集人气和流量，带动金融从业者、商务人士、技术人员、采购人员的集聚和消费，促进消费资源的聚集和消费能力的提升。

二是，强化会展产业的消费带动功能。进一步完善会展服务体系，提高展会的质量和国际化水平，增加专业参展商和国际展会的数量，提供良好的市场环境，降低参展商成本。

三是，积极开发消费带动性强的特色产业。发展国际邮轮产业是上海的产业新增长点之一。上海具有良好的口岸和码头资源，有巨大的国内和周边消费潜力，发展邮轮产业大有可为。目前宝山区正在大力发展邮轮经济、建设国际一流邮轮母港，布局打造千亿规模的邮轮产业。在上游聚焦发展邮轮自主研发设计；在中游要注重邮轮总部基地建设；在下游聚焦提升港口服务产出能力。在开发建设园区载体的同时，加强与国内外大型集团和跨国公司合作设立平台型管理公司。以培育发展邮轮总部经济为方向，促进上海邮轮经济的发展。此外，乐高乐园主题度假区选址上海市金山区，总投资预计5.5亿美元，将成为全球最大的乐高乐园度假区之一。上海迪士尼度假区宣布全新的主题乐园扩建计划。这些大型主题娱乐产业的建设和发展对上海消费规模的扩大将产生强力带动作用。

（三）创新业态和商业模式，打造新型消费商圈

1. 创新商业业态，促进融合发展。顺应商业形态综合化、多样化的趋势，因地制宜发展商业综合体、购物中心、奥特莱斯品牌折扣店和会员制量贩店业态（如美国Costco）。促进传统百货店、购物中心、大型体育场馆、闲置工业厂区向消费体验中心、休闲娱乐中心、文化时尚中心、产品和服务设计定制中心等新型发展载体转变。促进各业态之间以及和线上线下的融合发展。线上消费效率高、更便捷，选择性更强，但线下的消费体验也具有吸引力。同时，推动

商旅文体联动项目建设，推动游购娱融合发展。拓宽消费渠道，丰富消费内涵。

2. 优化传统商圈，布局新型商圈。对上海已有商圈加大改造升级力度。在改造硬件设施的同时，进行业态融合和创新。加快商业街的提档升级，重点开展商业步行街改造提升工作，推动设施改造、品牌集聚、业态互补、错位发展，将中国元素、区域文化融入商圈建设，彰显中国特色。重视新老商圈的协同发展，避免同质化和“千店一面”。着力建设“智慧商圈”，打造消费体验中心、文化时尚创意中心、产品和服务设计定制中心。在不同商圈内发展各具特色、不同档次、不同风格的“夜经济”。

3. 发挥平台经济的作用，推进数字经济发展。促进 B2C 电商平台的发展，改变传统商业生态和竞争格局，促进批发零售业的转型，促进商业模式的变革。同时，上海 B2B 的大宗商品交易平台发展较快。对此，要适应数字经济发展的要求，发挥平台经济配置资源要素的功能、通过平台促进上下游协同和供应链管理。加大平台信息基础设施的投入，完善数字化交易配套和服务设施。同时，发挥线下实体商品交易市场的作用，更好发挥实体市场渠道和品牌优势。

（四）补齐消费设施短板，提高城市协同能力

1. 完善城市交通设施体系，提高治理能力。一是合理规划全市交通道路资源，合理布局和改造；补齐交通硬件设施建设的“短板”，优化和整合市内道路资源，解决资源绝对不足的问题。二是提高道路交通治理能力和管理水平，更多用经济调节方式和市场手段解决车与路的矛盾。三是着力发展地下轨道交通，缓解地面上的交通压力，向地下空间要效率。

2. 促进上海各类交通工具和消费设施之间的协同。一是协同和优化交通工具之间的转换，提高效率，提升便利性和安全性，用系统论的方式加以解决。虹桥机场与虹桥高铁站的衔接是为人称道的，但两大机场之间，与其他交通工具之间的衔接需加强。二是重视并解决交通站点和航空港、酒店、会展场馆与各大商业设施（商场）、金融网点与商圈之间的衔接和顺畅通达问题，进行优化

调整。三是完善交通网络，畅通国内外旅客抵离通道，优化城市商业设施布局，促进大型商业设施与市政交通互联互通。同时，加强物流设施以及文化体育设施建设。补上消费设施“短板”。

（五）优化消费环境，保护消费者合法权益

1. 优化营商环境，深化“放管服”改革。一是加快政府职能转变，由审批型政府向服务型政府转变。为所有在沪的国内外市场主体提供便利的服务，提供必要的公共产品。二是深化“放管服”改革，进一步放宽消费性服务领域的市场准入，释放微观主体的活力和创业兴业的动力，探索优化食品经营许可条件，放宽发行书报刊的审批要求，支持地方探索“一照多址”登记，开展简化烟草、乙类非处方药经营审批手续试点。消除所有制歧视，发挥民营经济在消费性服务业供给方面的积极作用，最大程度减少政府对微观经济活动的过度干预。三是提高政府行政管理能力，由事前审批管控向事中事后监管转变，提高运用大数据、信用制度等进行监管的水平和效能。

2. 营造公平的竞争环境，维护市场秩序。发挥市场配置资源的决定性作用，强化竞争政策的深入实施，营造各类所有制主体公平竞争的环境。特别是使民营企业具有平等获得社会资源的机会，平等享受法律保护的权利，遏制各种类型的市场垄断行为。同时，发挥好政府必要的监管、提供公共服务、维护市场秩序和保障社会公平的作用。

3. 创造安全放心的消费环境，健全消费维权体系。严格执行消费者权益保护法，维护消费者合法权益，畅通消费投诉渠道，加强政府部门对商品质量、食品安全、市场秩序的综合监管和治理，积极倡导企业实行无理由退货制度。打击侵权假冒行为，保护知识产权；全面推进诚信体系建设，建立健全重要产品追溯体系，营造安全放心的消费市场环境。优化城市生态环境，提升城市环境治理水平。美化城市环境，实现绿色发展。

（六）进一步扩大对外开放，打造服务业开放新高地

一是，进一步扩大服务业领域的外资市场准入。积极稳妥推进健康医疗、教育文化、休闲娱乐等消费领域和相关服务业的开放。允许外商在演出经纪、中国公民出境旅游业务等行业的投资，可逐步允许外商独资经营。有条件地允许外商投资音像制品制作业务，对国际跨国连锁企业，可逐步实施在沪范围内“一照多址”。对外商投资企业的许可证及相关资质申请与内资企业一视同仁，切实保障外商投资企业依法享有的国民待遇。深入探索跨境交付、境外消费、自然人移动模式下的服务贸易市场准入制度。

二是，加大金融服务业对外开放力度。开展银行业存款类金融机构绿色信贷业绩评价；支持设立人民币跨境贸易融资和再融资服务体系，为跨境贸易提供人民币融资服务；支持扩大知识产权质押融资，探索推动无形资产融资租赁业务；加快大宗商品现货市场建设，支持金融机构为大宗商品现货提供相关金融服务等。

三是，提高游轮母港和码头的游客出入境管理便利化水平。扩大过境免签的城市范围、延长过境停留时间，优化境外旅客购物离境退税服务，促进国际消费便利化。为境外游客入境旅游消费提供条件。落实上海邮轮口岸出境和进境免税店增加销售商品品类和扩大经营规模；加大对境外旅客购物离境退税支持力度，探索扩大离境退税标的物范围，争取放宽退税代理机构资质条件；对来沪参加国际会展的境外机构给予更宽松的展览政策。

四是，放宽国际人才引进政策。打造国际优秀高端人才在沪集聚。扩大双边免签证国家的范围，提高免除签的便利化程度。比如老人、游学、医疗、美容、庆典等入境签证需求提供便利；在试点示范基础上，创新进口检验检疫制度，为上海化妆品等商品进口以及国际买手店等新业态发展提供政策保障。

（七）完善消费政策，保障政策落实

1. 完善促进消费的税收政策。重点结合消费升级和吸引国际消费研究推进消费税改革，进一步降低部分消费品的进口关税，减轻高端消费品进口税负。

加快海南等地免税政策在上海的复制推广，扩大国际游客退税试点地区并进一步简化退税程序。对于商业服务业领域的中小微企业给予税收减免政策。降低流通企业成本费用，推动工商用电同价。对连锁零售企业总分机构汇总纳税政策进一步落实。

2. 完善消费的金融支持政策。对提供高品质消费供给、成长性好的企业，应加强信贷支持。扩大消费性服务业企业上市直接融资渠道。对消费者提供必要的金融信用支持。

3. 对传统流通企业创新转型升级给予支持。在城市规划、基建配套、用地保障等方面给予政策支持。完善城市街区商圈、社区便民服务中心、闲置厂房改造为商业综合体和商业设施等用地保障，在城市规划、基建配套、用地保障等方面给予支持。加强城市商圈改造和建设用地保障。积极探索利用城市更新、工业园区转型及集体土地等土地资源的新方式，进一步提高城市用地使用效率。

4. 完善消费性服务业发展的标准和统计体系建设。运用大数据、区块链构建国际消费中心城市的发展指标。

5. 促进全市各政府部门工作的协调和协同。国际消费中心城市建设是一个系统工程，涉及方方面面的政策和支持措施。政府各部门必须强化工作协同，凝聚资源，形成合力，共同促进这一建设工程的顺利推进！

（任兴洲　国务院发展研究中心市场经济研究所原所长、万里智库高级研究员；
刘　涛　国务院发展研究中心市场经济研究所研究员）

编者按：换个视角看经济，如果从城市群的角度去观察上海“五个中心”建设，可以发现上海作为长三角地区的中心城市更要发挥出优势功效，向内凝聚资源、向外辐射发展；从这一点来看，中心城市与城市群的协同发展实际上在构筑一个特大型的“中心圆”，圆内产业链条纵横交错，不断演化核心热点，形成高质量一体化发展的态势。本文从高效率治理体系的角度，通过从更大领域的比较分析，对上海“五个中心”在长三角城市群的总体制度设计提出了思考。

冯奎

以高效率治理体系促进中心城市与城市群发展

长三角经济总量已占全国1/4，未来的分量还要增加。长三角发展的动力源在于长三角拥有若干强大的中心城市及其都市圈。仅以经济总量而言，上海2006年在全国率先成为万亿元城市，其“五个中心”的积极建设也在推动上海成为全球卓越城市。此外，迄今江苏、浙江两省分别有苏州、杭州、南京、无锡、宁波等城市先后突破万亿元GDP门槛。2020年，安徽的合肥市也将加入“万亿俱乐部”。长三角拥有全国最重要的经济中心上海，万亿元城市的数量最为集中，超过全国总数1/3，这是长三角最强大最重要的竞争优势。

未来长三角如何实现更高质量一体化发展？重点在于进一步发挥上海、南京、杭州、合肥等一批超大城市、特大城市、大城市的作用，以中心城市及都市圈带动城市群，以城市群促进区域一体化。为此，就必须深入研究如何构建高效率治理体系，促进中心城市和城市群发展。

一、我国中心城市和城市群发展及治理体系现状

从第十二个五年计划实施以来，特别是党的十八大以来，中央就加快城市群建设做出了重大部署，提出重点发展“19+2”的城市群。有关部门也明确提出发展一批国家中心城市。

（一）中心城市和城市群发展总体情况

1. 中心城市发展迅速，成为引领区域发展的重要经济增长极。我国经济发展动力极化现象日益突出。北京、上海、广州、深圳等超大、特大城市发展优势不断增强，杭州、南京、武汉、郑州、成都、西安等特大和大城市发展势头较好，形成推动高质量发展的区域增长极。从数据来看，我国九大国家中心城市的 GDP 总量从 2011 的 9.12 万亿元增长到 2019 年的 20.23 万亿元，占全国经济比重从 2011 的 18.69% 增长到 2019 年的 20.53%。

以上海为中心城市代表的长三角地区，近年来通过深化改革开放，已经成为对外开放的主要高地，特别是上海推动国际经济中心、国际贸易中心、国际金融中心、国际航运中心、科技创新中心“五个中心”的建设，加速了这一区域的开放搞活，形成了对标全球发达都市群，创新区域高质量发展的态势。

2. 以长三角、珠三角、成渝为代表的城市群已具备世界级规模；多数城市群仍处于培育发展阶段，部分中心城市辐射带动作用有限。中国七大城市群（京津冀城市群、长三角城市群、粤港澳大湾区、成渝城市群、长江中游城市群、中原城市群、关中平原城市群）以全国 14% 的土地面积和 54% 的人口数量创造了全国三分之二的经济总量，经济集聚效应明显。其中，以长三角为代表的成熟城市群已具备世界级规模。与此同时，也应看到我国内陆地区，特别是缺乏中心城市辐射带动的城市群发育迟缓，如哈长、辽中南、北部湾、山西中部、黔中、呼包鄂榆、滇中等城市群，近年来在全国经济和人口中的比重呈现下滑趋势。

（二）中心城市和城市群空间形态出现新特征

1. 向大型化、中心化、跨城化演变。随着人口和产业不断向重点城市集中，城市规模不断扩张。近年来户籍制度门槛大幅度降低，新生代劳动人口加快流动，部分城市的人口规模迅速增长，陆续成长为人口超过千万以上的重点城市，城市走向大型化的趋势更为凸显。中心城市向超大规模发展，在区域内的首位度迅速提高，日益成长为区域内的经济中心、文化中心、娱乐中心和交通枢纽。

城市的大型化和中心化，又进一步推动了城市的跨城化发展。特别是在经济基础和基础设施相对完善的长三角、珠三角地区，城市的跨城化发展在更大的区域范围内实现了资源的优化配置和生产空间重组，提升了区域整体的发展质量。

2. 都市圈逐步成为联结中心城市和城市群的重要环节。城市群高质量发展需建立在城市群内城市间具备较强的社会经济联系的基础上，通过大城市的辐射作用，带动城市群内中小城市协同发展。然而，从客观条件来看，目前除长三角、珠三角等发育较为成熟的城市群外，其他城市群内城市间的社会经济联系还不够密切。

2019 年 2 月，国家发改委发布《关于培育发展现代化都市圈的指导意见》，指出都市圈是城市群内部以超大特大城市或辐射带动功能强的大城市为中心、以 1 小时通勤圈为基本范围的城镇化空间形态。都市圈是介于大城市和城市群之间的空间尺度，在当前城市群内部各城市在经济规模、产业能级和发展阶段上存在着明显落差的情况，以大城市为核心的都市圈是更具科学性和可行性的城镇化空间发展方向。通过以中心城市为重点，带动都市圈范围内中小城市协同发展，将是联结中心城市和城市群、推动城市群走向高质量发展道路的基础性阶段。

3. 长三角、珠三角等成熟城市群在空间形态上形成密不可分、自成一体的都市连绵区。对于城市群发育较为成熟的优势地区，例如长三角核心区，已由两个或两个以上的都市圈相互联结交融，形成在城市化空间上连绵成片、难以分割的都市连绵区形态。未来随着“优势互补”区域经济导向的具体政策落实和全国范围内系统性推进生产要素自由流动，兼具比较优势和规模效应的长三角都市连绵区，将进一步实现高素质人口和高技术产业的规模化、高能级集聚，具备更为广阔的“优化发展”前景。截至2018年，长三角都市连绵区已达1.1亿人口，GDP为1.97万亿美元，美国的波士华都市连绵区共计4800万人口，GDP为3.4万亿美元。预计未来以全中国为广域经济腹地的长三角城市群，将进一步成长为全球舞台上比肩波士华大都市区的全球超级经济圈。

（三）促进城市群协同发展的治理体系初具雏形

1. 协同治理体系建设已见雏形。城市群在规划、建设的同时，治理方向的短板加速补齐，基本适应中心城市、城市群等新型空间规划、建设的需要。

治理主体多元化进程加快。政府、企业、社会组织、智库研究机构、媒体、公众等各类主体积极参与城市群治理。

治理机制的精准化程度提升。在社会发展等领域，机构协作机制范围扩大。在生态保护等领域，生态补偿机制加快实施，如浙江安徽两省生态补偿机制已付诸实践。

治理目标协同力度增强。主要针对交通、生态、社会民生领域的重大热点、难点问题，城市群内部加大集体行动的力度与频次，效率明显上升。交通领域重点是打通“断头路”；生态领域主要是共抓大保护；社会民生领域主要推动生活便利化。

2. 促进中心城市和城市群发展的政策体系正在形成。围绕中心城市和城市群发展，我国陆续构建了一套城镇化空间发展的规划和政策体系。

全国层面的城市群布局规划基本完成。“十三五”期间，我国规划了19个城市群，基本上覆盖我国全部重点区域。在城市群内部，由中心城市推动的城市间协同发展规划也正在陆续推进中。总体来看，我国的城市群布局规划正在从宏观层面的战略规划向地区层面的执行规划下沉。

都市圈发展的引导性文件已经出台。2019年2月，国家发展改革委出台

《关于培育发展现代化都市圈的指导意见》，针对城市群内部的都市圈发展落实了重点任务部门分工，为中心城市及城市群增强承载力指引了重点着力方向。

3. 以都市圈国土空间规划为标志的跨区域协调进入新阶段。目前，部分城市群正以更具可操作性的都市圈作为现阶段国家城镇化国土空间规划的基本蓝图，通过以都市圈为抓手，着力推动跨区域政策协同，为城市群高质量发展奠定基础。

在都市圈空间形态下编制协同发展规划。部分地区正在陆续推行以都市圈为重点的国土空间规划，如在京津冀协同发展的战略框架下，北京市与环京县市正在积极试点推进协同发展规划。

按都市圈理念推进跨城发展的政策试点。试点集中于跨城交通设施领域，如上海和苏州之间的轨交对接、深圳地铁外延至东莞、北京地铁外延至燕郊等。

二、中心城市和城市群治理中存在的主要问题

（一）城镇化空间布局亟待调整优化

中心城市及中心城区大城市病突出。近年来，伴随城市化的快速推进，过去以增量为主的粗放扩张的发展方式逐渐显露弊端，国内众多一线城市由于规划不当、城市空间有限、基础设施建设滞后等原因，陷入人口过度膨胀，交通日益拥堵，大气污染严重，房价持续高涨，城市管理运行效率低等问题的怪圈。与此同时，“摊大饼”式的病态发展模式在多个城市复制，大量居民集中在城市中心城区，“大城市病”愈演愈烈，引起全社会广泛关注。迫切需要直面问题、做好部署，推出重大治理举措，切实推动中心城市经济社会与人口资源环境协调发展。

节点城市和微中心发展严重不足。我国城市群与国际比较的差距并不在中心城市，而主要在微中心和节点城市上，以东京为例，50 万 –100 万级（人口）城市 5 个，20 万 –50 万级城市 18 个，5 万 –20 万级城市 84 个，而北京的相应数字分别为 2 个、7 个和 8 个。节点城市在城市群发展腹地中起到关键支撑作用，

是城市群的重要的增长极。依托卫星城的规划建设以及发展的差异化定位，不仅有利于降低"大城市病"带来的中心城市衰落的可能性，同时也有利于形成功能分工合理、城市体系健全，城市间有机协作的城市群落，实现区域竞争力的整体增强。

TOD、SOD、IOD、AOD 等先进发展模式尚未真正作为新城发展的基本原则。在饱受了城市无序蔓延带来的交通拥挤、能源危机、环境恶化等恶果后，西方发达国家开始探索城市可持续发展体系，催生了如 TOD、SOD、IOD 和 AOD 等较为先进的城市经营模式。TOD 即公共交通导向的城市开发模式，强调发挥公共交通效能，驱动新城可持续发展；SOD 即社会服务设施建设引导的开发模式，借助大型社会服务设施以及商业型设施的配套，吸引要素集聚；IOD 即产业引导的城市开发模式，这一理念的关键在于产业的专业化分工与区域协同发展；AOD 即规划理性预期导向的开发模式，是一种城市经营的新手段。伴随我国城镇化进程的持续深入以及大城市规模的不断扩大，新城建设也将进入新一轮高峰期，国外先进的城市开发模式对于我国城镇化空间的优化具有重要的借鉴意义。

（二）传统治理体系面临严峻挑战

基于行政区的治理模式仍占绝对优势，缺乏多层级的城市群治理体系。以行政区为基础的传统治理模式已经难以适应跨行政区的社会经济发展需求，城市治理亟待实现从城市层面到区域层面的"尺度跃升"。然而，当前我国城市群治理除了求助于中央政府的协调之外，主要还处于倡导地方政府间合作的阶段。城市群治理的制度化、体系化安排依然不足，尤其是中间层和治理载体的缺失，导致中心城市与广域的城市群难以有效衔接。与此同时，城市群治理的政策体系也流于形式，政策力度亟待提升。

治理的临时性色彩较强，稳定的治理机制没有形成，协同治理能力仍然薄弱。当前我国城市群内跨行政区的政府部门常态对话机制和工作衔接机制尚未建立；政府与市场之间、政府与社会之间协调困境仍然存在；中心城市与城市群缺乏相应的制度化对接体系，存在协同治理的制度瓶颈。实质性、持续性合作实际上并未有效达成，许多区域公共问题没有得到有效解决，区域公共物品供给仍然不足，从而使得城市群治理能力问题依然比较突出。

市场力量培育不足，市场主体参与公共资源配置的渠道、途径和机制欠缺。公共资源配置模式的单一与低效造成了公共服务供给的碎片化，尤其是行政边界地区公共资源配置存在明显短板。与此同时，发挥政府的主导作用并不意味着排斥市场机制，应进一步拓展区域内市场主体参与公共服务供给的渠道，充分发挥市场的优势和竞争的力量，克服政府单一治理的不足，实现公共服务供给的多中心的制度安排，促进公共服务供给质量、效率的提高。

三、以高效治理体系促进中心城市和城市群发展的意义

（一）中心城市与城市群是实现经济高质量发展的压舱石，在国家发展战略中发挥重要支撑作用

未来我国 70% 人口增量将集中在都市圈，都市核趋于稳定，外圈层是未来新增人口的集中承载地。通过对 30 个都市圈未来 GDP 及占比预测，到 2028 年，GDP 将由 2018 年的 41 万亿提升到 78.6 万亿，占比由 45.5% 提升到 78.6%。

中心城市和城市群发展不仅仅是地方事务，也是国家重大区域发展战略落实的关键载体。构建高效率治理体系，将是进一步激发中心城市和城市群发展潜能、提升我国城市发展水平和经济发展质量的重要抓手。

（二）中心城市与城市群治理在国家治理体系现代化变革中占有突出地位，但目前仍面临制度性瓶颈和阶段性约束

随着社会经济活动跨越行政边界，当前的行政区治理模式已经难以匹配产业和人口大规模流动时代的治理需要，亟须实现国家治理体系的现代化变革。在国家治理体系中，中心城市和城市群治理将是重要的基础性环节和改革的关键突破口。但截至目前，中心城市和城市群治理目前仍然面临制度性瓶颈，我

国的城市群治理框架尚未完整构建，缺乏实质性、系统性的协同治理政策落地。同时，城市群内大中小城市发展水平差异明显，中心城市和城市群之间缺乏高效的衔接环节，在当前阶段直接由中心城市治理跨越到城市群协同治理尚缺乏科学合理的社会经济基础和治理能力储备。

（三）现阶段都市圈是中心城市和城市群有序衔接的重要环节，都市圈治理是推动城市群高质量协同发展的关键抓手

随着城市经济发展和城市资源外溢，中心城市的社会经济活动已经跨越了城市行政区边界，基于行政空间的治理模式无法满足跨行政区发展的经济空间治理需求。都市圈是介于中心城市和城市群之间、以社会经济联系为基础构建的空间尺度。在当前发展阶段，基于社会经济真实联系所构建的都市圈区域是更具科学性和可操作性的城镇化空间演进方向。

基于对中国区域经济发展基础、要素条件和经济空间的研判，我们研究认为，现阶段都市圈具备真实有效投资需求、潜在人口增长潜力和经济要素集聚效率。我们建议以都市圈区域为重点，以都市圈治理为抓手，构建高质量的发展动力系统和高效集约的城镇网络体系，将是推动我国城市群走向高质量协同发展的重要环节。

四、以高效治理体系推动中心城市和城市群高质量发展

（一）加强顶层设计，现阶段着重完善都市圈治理体系主体架构，以高效治理体系激发中心城市潜在动能和辐射能力

一是中央引领设计，地方探索实践。建立中央部门引领、省级政府监管、市县级政府广泛参与的组织架构，推进构建“中心城市—都市圈—城市群”的三层次区域治理体系的体制。在这一区域治理体系内，积极开展都市圈和城市群内重点发展领域的试点工作。目前，国家新型城镇化试点只有城市和小城镇

进行单独试点，这一试点模式未能带动城市协同发展，未来可分阶段开展都市圈和城市群在财税、核算、协调等方面的试点改革。

二是合理开发，有序推进。我国幅员辽阔，各大城市群和城市群内部城市在经济规模、产业能级和发展阶段上客观存在一定落差。如关中平原、北部湾等城市群发展水平整体不高，中心城市带动能力不强，城市数量少且联系不够紧密等，一味扩大规划空间、“拔苗助长”“强制入群”不但违背城市群发育阶段性规律，同时也不利于形成科学化、精确化的区域治理体系。因此，需要对城市群进行分级分类管理，建议当前阶段，部分城市群以中心城市为重点，先行推动都市圈区域的治理组织框架和政策体系落地，为下一步的城市群治理奠定良好治理基础。

（二）都市圈内以节点城市和微中心为重点，完善区域一体化的规划和政策体系，为城市群内城市间有机链接和协同发展奠定良好基础。

构建现代化的公共治理体系的关键环节是打破传统上以行政区为基础的行政区治理模式。都市圈内中心城市与周边中小城市共同形成了高度融合的网络状城镇体系，具备真实有效投资需求、潜在人口增长潜力和经济要素集聚效率。都市圈发展有利于突破阻碍生产要素自由流动的行政壁垒和体制机制障碍，推动形成统一的区域市场，落实区域成本分担和利益共享机制。

我们建议在都市圈内以节点城市和微中心为重点，重点推进和落实区域一体化的规划和政策体系，为城市群内城市间有机链接和协同发展奠定良好基础。以上海为例，在其“五个中心”建设的过程中，要从都市圈协同治理政策体系的角度，进一步释放开放动力，重点推进两大机制协同：

一是都市圈一体化规划协同机制。在财政政策方面以中心城市和城市群为重点，建立区域联动开发主体机构和部门架构，进行联立式的共同规划编制，统筹设计长期国债、重大基础设施等项目。

二是都市圈产业协作发展机制。促进城市功能互补，鼓励建立联合招商、共同开发、利税共享的产业合作发展机制。围绕都市圈和城市群内以共建产业园为主体的产业协作，落实区域共享式的财税制度改革，探索设立区域联合发展基金（共同基金）。

（三）推动中心城市、城市群治理体制机制改革创新

以中心城市为核心、以都市圈为抓手、以城市群为愿景，构建系统性的区域协同治理政策体系，将是我国的国家公共治理体系走向现代化的题中之义和关键环节。

一是加强都市圈公共基础设施及服务协同。未来我国中心城市和城市群建设需统筹交通规划，现阶段着力推动都市圈内基础设施互联互通，鼓励发展以轨道交通为主导的，多层次、多模式、多制式的轨道交通系统，推动多种交通方式零距离换乘。同时，推动在就学、研发、医疗、信息基础设施等公共领域的合作协同，建立重大工程项目选址协商机制。

二是加快落实都市圈土地指标统筹改革力度。要加快改革土地制度，建设用地指标要进一步向中心城市和城市群等经济优势区域倾斜。都市圈作为衔接中心城市和城市群的重要环节，现阶段需结合一体化规划编制，根据真实的社会经济发展需求优先配置建设用地指标，创造集约化、高质量的城镇化发展新区域。

三是深化户籍制度改革，构建基于常住人口的区域公共服务体系。在户籍制度上，要加快消除区域间户籍壁垒，促进人口有序流动和合理分布。同时，针对中心城市、城市群的实有常住人口，统筹推进本地人口和外来人口市民化和社会融入，逐步实现常住人口在住房、教育、医疗、社保等方面基本公共服务均等化。

（四）推动构建协整高效、立体联动的都市圈和城市群应急管理体制机制，作为现代化公共治理体系安全线和防火墙

我国当前立足单个城市的治理体系与治理能力难以适应大规模人口流动和密切社会经济联系时代的公共安全保障需要。亟须构建协整高效、立体联动的区域公共安全保障机制和应急管理机制。为此，需着重从下述两个方面着力：

一是设立以地方政府为主体、以中心城市、都市圈和城市群为区域联动单元的应急响应体制。在应对公共卫生和灾害联防、重大公共安全事件联动、区域金融风险联控上，地方政府职能部门能够快速响应，联合发挥安全线和防火墙作用。

二是构建区域性的公共资源应急调配机制。在应对突发性公共灾害时，需要打破传统上以行政区划和行政等级为基础的公共资源调配机制，构建更加快速、高效的区域性公共资源应急调配机制，通过快速、高效、集中调整公共应急资源，避免灾害和风险扩散化。

（冯奎　中国城市和小城镇改革发展中心研究员、学术委秘书长，民盟中央经济委副主任，万里智库高级研究员）

刘志勤

让上海成为东方的“太阳城”

上海一直被誉为亚洲的“东方明珠”，是因为上海所展示的东西方文化巧妙融合得美轮美奂，和上海展现的古老和现代的文化完美合体，让上海成为名副其实的“东方明珠”。

改革开放四十多年，上海已经完成了新角色的转换，成为引领亚洲乃至经济发展的主要力量，成为最新科技创新研发的中心，其表率作用就像太阳之光一样指引着中国的改革开放道路。上海已经成为东方的“太阳城”。

中国改革开放四十多年，最大的成果莫过于中国的城镇化建设取得了举世瞩目的变化。目前，已经有超过 60% 的人口进入城市，成为城市居民。而城市本身为了接待数以亿计的人入住城市，也发生了巨大变化。

上海是中国城镇化建设变化最大，最具特色的超大型城市，为中国其他地区的城镇化建设提供了特别经验和发展模式。

如今的上海，已经从东方冒险家的乐园，脱胎换骨，摇身一变，成为一个美丽、韵味十足，充满青春活力的新型大都市。

一、上海的“脱胎换骨”与“摇身一变”

说起上海，人们总会想起老上海的模样：拥挤狭小的弄堂，阴暗脏乱的棚户房。除了外滩边上一排西式建筑和南京路上的商店以外，旧上海几乎没有真正的都市风光。而这一切，却正是老上海的“胎”与“骨”。如何改变上海，让上海发生“脱胎换骨”的大变化，是对上海改革开放的最大考验。

正是邓小平同志特别重视上海的发展对全国的示范作用，所以党中央决定加快和推动大上海的开发，开放的力度与步伐，特别是全面推进浦东新区的开发，打开了中国城镇化大变革的新局面。其历史意义重大，对中国后来的三十年改革起到了领头羊的作用。

浦东新区的崛起，带动了整个上海的崛起，也推动了全国城镇化的迅猛发展。正是在上海的引领下，全国各地掀起了一股新的城市建设现代化的高潮，老城市焕发青春，新城市如雨后春笋，使中国大地换了新颜。

上海在过去七十多年中，为中国的经济发展和中国的城镇现代化发展，始终扮演了无法超越的角色。

在新中国成立前夕，中国共产党就决定以夺取上海为契机，实现工作中心由农村转移到城市，上海就成为培养城市管理干部的大学校、大课题、大基地。从这里走出千百个熟悉城市运作管理的干部，为全中国城市工作的顺利转型立下汗马功劳。

而在20世纪90年代初，上海浦东新区的开发开放，让上海再次华丽转身，为全国的城市改革开放提供了更多的经验，对中国城镇化建设的贡献更是显著。

但是，这一切都是过去的成绩，都是过去的辉煌。中国已经进入中国特色社会主义发展新时代。新时代对上海的发展提出新的标准和新的要求。

二、新时代上海发展建设的几个诉求

（一）上海建设必须以“防疫”，防突发事件为核心，居安思危是大城市建设不可忽略的领域

这次新冠肺炎疫情的暴发，给城市建设者和城市管理者提出一个严肃的问题，如何在保证城市舒适、方便的同时，能够最大限度地提供完善的疫情防控

体系？这个体系包含着基础建设的硬件，如道路、楼房、医院和各种应急设施，而最重要的是危机发生时的警报预警系统，能够在第一时间、第一地点为居民提供可靠的服务。将来的上海应当是一座安全的城市。这里所说的安全系统，不仅仅是起到逃生和避难的作用，而是拥有可以短时间内吸收、安置、容纳和治理数十万人口的疏散与救护，这的确需要精心规划。

不少城市规划者，包括许多普通民众都会认为，像新冠肺炎病毒蔓延这样的疫情不会成为“常态”，至少也是十年不遇的小概率事件，所以城市规划和城市建设，不用小题大做，不用考虑如何防疫这类特殊事件的发生。可见，麻痹大意、侥幸的心态是十分有害的。城市规划者和建设者，必须把疫情防控放在第一位去考虑，才能在最危急的时刻给居民提供必要的帮助和保障。

上海城市建筑密度很大，人口密度也很大。实际上并不利于大规模的疫情防控，一旦出现传染病蔓延，很难进行有效控制。所以，从现在开始，上海要从小娃娃开始，开展疫情相关的教育活动，比如教会孩子从小知道如何应对特别事件，知道如何保护自己和他人的安全。

全球蔓延的新冠肺炎病毒给我国的城市建设提出了一个新的挑战和新的城市建设战略。这次疫情大暴发告诉我们，城市不只是要有高楼大厦，不只是要有楼亭馆所，它更需要的是让居民安全，生活安心的场所。这次疫灾的发生，告诉我们一个城市的核心问题应当是“防疫系统”是否完善、周全和可靠。

城市的“防疫系统”是否完善，影响着这个城市的生命线。一个城市经济社会的发展再快，物资供应再丰富，但是如果没有完好的“防疫体系”的存在，那么一场几十年不遇的一次疫情蔓延，就足可以在短短的几天内让这个城市前几十年取得的成果付之东流，让一切回归到零点。这个教训，上海不能不防，不能不备。

正如习近平总书记一再强调的：“我们要把关心人民的生命安全和身体健康放在第一位。”上海未来的城市发展必须围绕这个核心，围绕如何实现这两个“第一位”来建设好上海这座大都市。

（二）上海需要建设世界顶级“生化科学研发中心”（以下简称“中心”）

上海借新冠疫情防控的战略机遇，优先发展“中心”，完全符合天时、地利、人和、物需之则，应当抓紧部署。

天时，即全球面临疫情威胁，渴望能够有现成的科研机构迅速拿出科研成果，以解燃眉之急。可惜，世界上的专业研发机构虽然很多，但是科研力量分散，无法集中天下有技之人，集中研发相关疫苗和有关的药物，大大降低了新冠病毒肺炎患者的治愈率。目前国际上的相关科研机构分布主要在美国，其次在欧洲，还有日本、澳洲，中国还在追赶之中。

地利，即中国作为这次新冠肺炎病毒的主要受害者，深刻体会到拥有一个顶级的“中心”是何等的重要。中国有14亿人口，疫情防控必须是最重要的事情之一。中国必须建立多个类似的“中心”，在关键时刻可以为拯救人类、拯救世界做出伟大贡献。

人和，即中国拥有一定数量的优秀科研人员，不少人已经成为国家生命安全的英雄。他们将成为这个科研中心的中坚力量，能够研究出我们急需的药品和疫苗。

物需，即在上海建立的“中心”，是国家发展的需要。中国要全面建成小康社会，要实现中华民族伟大复兴的历史使命，随时有能力抗击突发事件十分重要，要做到在任何时候都处于“有备而来”和“严阵以待”的备战状态。

（三）上海可以建成中国首个“生物科技金融中心”

上海有雄厚物资及金融支持“中心”的研发事业，所以上海更需要借势发展“生物科技金融中心”，确保“中心”的事业顺利推进。

具体建议包括：

其一，设立“生物科技银行”，专门提供有针对性的融资便利和客户服务。

其二，加强与国际同行业的合作，提供国际资本参与度，确保上海“中心”

成为一个国际性科研中心，为人类战胜未来的未知疫情提供最好、最有效的科研成果。

其三，为中国、为世界，特别是为众多的发展中国家培养相关的人才，形成庞大的专业人才队伍。在疫情暴发时，能够立即组成具有极高战斗力的“抗疫部队”，奔赴疫情第一线，为消灭疫情做出特别贡献。

上海要建立一个“生化科研研发中心”，结合“生化科研金融中心”与“绿色金融中心”，成为推动上海国际金融中心的双引擎。

（四）要把上海建设成“最安心的城市”

人们对美好生活的追求，说到底，就是一个“安心”的问题。现在人们的物质生活已经比较容易实现“满足”，或者达到了“饭来张口，衣来伸手”的标准，但是，这一切并不说明人们就生活在让人“安心”的环境中。人民在实现物资极大丰富的时候，心理和心灵未必达成真正的平衡，内心深处会潜伏着许多让人“不安全”的因素。例如，孩子上学、老人护理、家人健康等各类问题，常常困扰着千万个家庭和社会公民，形成“不安心”一族。

城市虽然高楼大厦林立，高速公路纵横，商场高档消费红火，饭店灯红酒绿，但是这些表面繁华，是掩盖不了人民对“安静和谐”的追求与向往，希望拥有一个属于个人的宁静港湾。

面对现代化的上海，不是每一个人，每一个家庭，都会感受到“安心”。而“安心”已经成为许多上海人的梦想，成为梦寐以求的目标。寻找一个可以让人“安心”的生活，几乎成为上海人“奢侈”的祈求，成为可望而不可即的水中月亮。

如何让上海成为一个让人“安心”的城市呢？至少要做到以下三点：

一是，上海要首先成为一个让人能够“心想事成”的城市。这一点对一个城市的基本功能提出了很高的要求，城市提供的服务，必须能够满足城市居民的最高标准，不能有丝毫的失误。这是判断一个城市是否真正令人“安心”的重要标志。除了满足市民教育、就业、创业、养老等基本需求之外，还要让上海成为让居民心灵的归宿之地。让“上海不是故乡，但是胜似故乡”，成为人人向往的胜地。

二是，上海要做到“城中有市，市中有城”。“市”是“城”的灵魂，是活力所在，也是吸引外资进入上海的主要因素。上海的金融市场还需要多元化、多样化发展，不断充实中国金融服务的实力。金融产业是上海的核心和支柱，应当扩大金融服务经营范围，增加外资投入比重，保持作为亚洲最大、最重要的金融中心的地位，为未来发展奠定更坚实的基础。

三是，上海要发挥“一江加一河”的“双龙戏珠”的发展优势，一面强化黄浦江现有的发展规模，同时推动苏州河文化带的特色经济，让上海成为世界级经济金融文化中心。

上海要增加“天然”“自然”的成分，让上海成为一个拥有田园风光的大都市。在整个浦西区，缺少一条横贯东西的水系经济带，使得浦西的生态环境逊色不少。虽有苏州河，但是它的历史底蕴和文化，被掩盖在黄浦江的光芒之下。我们应该思考如何开发、开拓苏州河，来增加新的商机和发展空间。这样形成上海特有的“江河经济区”，对上海的未来发展或许会有巨大的推动力。

我们正面临新时代的挑战，这也是空前的机遇。上海的任务光荣而艰巨，上海的责任伟大而沉重。但是我们别无选择，因为历史的机遇不会等待。我们坚信，一个崭新的、充满朝气的上海“太阳城”将永远屹立在世界的东方。

（刘志勤　人大重阳金融研究院高级研究员、万里智库高级研究员）

第二章

金融之都：上海国际金融中心的开放与创新

编者按：在上海“五个中心”建设中，国际金融中心建设是重要一环，也是上海实现新时代高质量发展的主要优势。

作为我国国际化程度最高的金融中心，上海肩负着金融市场开放、资本市场改革的重要使命，同时，以上海证券交易所为标志的中国资本市场最前沿，其在金融改革开放处于极为重要的地位，关乎金融服务实体经济、金融创新、金融风险防控的重要任务，有鉴于此，我们特别整理中国人民大学副校长、万里智库学术指导吴晓求先生对资本市场改革的一篇文章，正如文中提到的：“中国资本市场前行的彼岸就是全球新的国际金融中心，我们为此必须努力。这个新的国际金融中心，就是成为人民币计价资产交易的交易中心和财富管理中心”，借此文对推动上海建设国际金融中心、深化金融服务业高质量发展、提升城市金融保障能级和核心竞争力提出进一步的思考。

吴晓求

如何发展好中国的资本市场？

“如何发展好中国的资本市场”这个题目本身实际上已经告诉大家，我对发展好中国资本市场是忧虑的、不乐观的。到 2019 年，中国资本市场的发展只有短短 29 年时间，但与中国经济的发展水平、市场化程度和开放水平相比较，中国金融的市场化和开放，应该说还有不小的落差，资本市场的发展没有跟上中国经济发展的步伐。我们要探究究竟是什么原因制约着中国资本市场的发展，如何发展好中国的资本市场?

一、中国为什么要发展资本市场？

29年过去了，实际上我们对这个问题的理解还是比较肤浅的。这种理论上的肤浅，从根本上制约了中国资本市场的发展。在过去相当长的时期里，我们都是从实用主义的角度去理解在中国为什么要发展资本市场，没有从现代金融体系的形成和中国经济持续稳定发展的制度基础的角度，去理解在中国为什么要发展资本市场，也没有从金融演进的规律、金融结构变动趋势的角度去把握中国资本市场的发展。也就是说，我们对资本市场的理解是非常实用主义的，我们一些政策也很短视，有些政策甚至是逆规律的。这些深层原因导致了中国资本市场一方面经常出现大的波折；另一方面，又停滞不前。因为我们在理论上并没有把资本市场发展看得特别重要。说到金融时，大体只会提到商业银行，很少有人认为资本市场发展在中国金融改革、开放过程中具有特别重要的作用。在一些地方政府的理念里，上市公司只是装装门面，在总结每年工作时，在讲到资本市场时，也只会讲我们这个地方有多少家上市公司，从资本市场上今年融资了多少，其他的就不再讲了。可见他们都把资本市场理解为融资的平台。实际上，这是对资本市场一个极大的误解。

金融体系有六大功能①。一是，资源配置或融资的功能；二是，财富管理或者风险管理；三是，支付清算功能。还有信息提供、激励机制设计、资源储备与股份分割，等等，这些都是现代金融的功能。当然，最重要的前三项是金融的基础功能，即融资、支付和财富管理。所以，我们经常会把融资功能放在特别重要的位置。实际上，在资本市场缺乏或不发达的金融体系中，融资功能既发达又重要，商业银行承担了其中最重要的融资功能。如果仅仅从融资角度看，我们没有必要也很难从理论上得出要发展资本市场的必要性。因为资本市场的融资能力，至少在中国，远比强大的商业银行体系逊色得多。但是，为什么又

---

① 参阅：兹维·博迪（Zvi Bodie），罗伯特.C.莫顿（Robert Carhart Merton）：《金融学》第24-30页，中国人民大学出版社2004年10月第1版

要发展资本市场呢？这里面一定有传统金融体系所不能取代和不能比拟的功能，而且这个功能在金融体系中又特别重要，这个功能对推进一国金融结构的演变和金融体系的现代化具有重要推动作用，甚至是国家金融体系现代化的引擎。这个功能就是基于风险分散的财富管理。古老的商业银行难以使国家金融体系实现现代化。金融体系现代化核心标志是什么？当然是这六大功能都非常强大，如果仅仅是融资功能强大，我们只能说这样的金融体系是传统金融体系。如果一个金融体系这六大功能都很强大，一般认为这个国家的金融体系已经进入到现代金融体系。

金融功能的演进主要表现为以融资为主过渡到融资和财富管理并重，并继续演变为以财富管理为主的一个变动的趋势。伴随支付业态的现代化以及信息提供、激励机制的完善，意味着国家金融体系在向现代化方向演进。

什么样的金融业态，可以推动金融结构的演变？一定是与商业银行不同的金融业态。这种与商业银行不同的金融业态，首先具有分散风险的功能。现代金融的标志性功能之一就是分散风险，通过分散风险的功能，完成孵化新技术到促进新产业的成长，商业银行是不具有这个功能的。与此同时，这种金融业态还有财富管理的功能。经济发展是社会进步的重要基础性力量。经济规模和人均 GDP 达到一个拐点的时候，人们对金融的需求会发生突变。在经济落后的国家，很难产生出资本市场。如果人均 GDP 只有 200 美元，像 1978 年中国的经济发展水平，发展资本市场是很困难的。因为人们的收入扣除现期消费之后，剩余的部分很少，这时没有什么金融需求，银行储蓄可能是一种主要的选择。

对一个大国来说，其经济总规模达到一定水平，同时人均 GDP 或人均收入也迅速增加，其收入的边际投资倾向会快速地上升，人们对金融的需求会要求金融体系提供流动性好、收益与风险相匹配的多层次的金融资产。什么样的金融业态，可以创造多样性的金融资产呢？商业银行以及类银行金融机构是创造不了的，必须通过一个平台才能创造出来，这就是资本市场。

分析表明，资本市场发展是经济发展和人均收入水平提高之后的结果。中国资本市场或者说中国的股票市场产生于20世纪90年代初。从经济逻辑来说，那时还难以得出发展一个强大的资本市场的结论。当时，人们主要是从改革的角度，从建立社会主义市场经济体制的角度，来思考发展股票市场。12家企业发行股票并上市交易，进而建立了两个交易所。当时我们的市场规模小，受制于经济规模和人均收入水平。

到了进入新世纪后，特别是加入WTO后，中国经济获得了快速的发展。2018年人均GDP已经超过9000美元，经济总规模超过了90万亿人民币。在这样的大背景下，我们具备了大力发展资本市场的经济基础。我看过一个统计，如果按同一中高收入标准，美国大概有9900万人，中国有一个亿人。也就是说，同样富裕的人群，中国的人数是超过美国的。在这种条件下，我们有发展好资本市场的经济条件。

从融资功能到分散风险、财富管理，这一金融功能的演变趋势，其实就是发展资本市场的基本逻辑。从这个意义上说，我们过去对资本市场理解是短视的，也不知道发展资本市场是现代金融体系形成的基础条件。我们必须从建立现代金融体系的角度来理解发展资本市场的意义。资本市场从广义上说，不仅包括股票市场，还包括债权市场，也包括股票市场前端的各种创业资本或风险资本业态，它们连接于股票市场，与资本市场有高度的契合性。没有前端的多元化的创业资本业态，后端的股票市场是难以发展起来的，两者相辅相成。如果我们沿着这个思路探索下去，就会发现资本市场真正的功能不是融资功能，而是产业结构升级换代，是企业成长的重要力量。

在资本市场发展早期，通过IPO增加上市公司的数量，扩大资本市场的规模，是正常的。从这个意义上说，早期的资本市场从形式上的确主要表现为融资功能。但即使如此，虽然从形式上看表现为融资，其实质仍然表现为为社会提供多样化的可自由选择的组合资产，这是资本市场的本质。通常我们只看到了表象，只关注迷人的那一面，而忽视本质，以为资本市场通过IPO为企业提供了一种融资选择，就认定这是资本市场的核心功能。实际上，更为重要的是，通过资本市场这样一种金融机制，丰富社会可以交易和组合的金融资产，进而可以有效改善全社会的金融资产结构，由原来的主要由商业银行提供的没有流动性、也不能分散风险的非证券化金融资产为主的金融体系，过渡到证券化金融资产比重不断提高、规模不断扩大的金融资产结构时代。这种变化的力量来自哪里？来自资本市场。

如果我们从这样的角度去理解资本市场，就一定会重视资本市场的发展。21世纪初，我与我的几位同事一起写了一本书名为《构建现代金融体系：中国的探索》，其中提出资本市场是现代金融的核心和基石，没有发达的资本市场，中国是不可能建立起现代金融体系的。在金融体系中，如果没有分散风险的功能，没有财富管理的功能，没有孵化新技术变成新产业的功能，就不是现代金融体系。资本市场是汪洋大海，在汪洋大海中有不同功能和吨位的船舰，有航空母舰，比如说工商银行就是这汪洋大海中的航空母舰，还有驱逐舰、巡洋舰、护卫舰，以及很多小渔船。如果没有汪洋大海，这些舰船是没有用的，它们会失去战斗力。汪洋大海中各种各样的小船就是我们每一位投资者。他们是汪洋大海中的帆船，这个帆船可以寻找机会。汪洋大海虽然有惊涛骇浪，但如果有先进的技术和丰富的经验就可以规避风险，现在的技术已经知道哪天会发生台风，从而可以有效地规避台风所带来的巨大风险。同时，我们还有港湾，台风来了可以进港湾避风险。资本市场虽然有风险，但是由于识别风险的技术提高了，现代金融体系的发展会更有效率。

资本市场是现代金融的枢纽，是现代金融的基石和平台。有了资本市场，我们就可以把国有企业和民营企业，逐步改造成现代企业。资本市场是现代企业制度的基本平台，离开了资本市场就不可能建立起现代企业制度，包括现代商业银行。2004年和2005年，工、农、中、建纷纷上市，进而改造成现代商业银行。这四大国有银行就是借助于资本市场才有了今天的状态。若没有资本市场，它们不可能建成现代商业银行；若没有资本市场，工、农、中、建这样的大商业银行存量风险可能仍然巨大，或许仍处在资不抵债的状态，可能仍然还是传统落后的商业银行。

资本市场还有一个重要的功能，就是有利于企业透明度的提高。信息披露和透明度有利于改善企业的治理结构和风险水平。现代企业制度的重要标志之一是透明度。没有资本市场，企业的信息是不真实的。企业经常有两套账、三套账，对付上级是一套账，对付税务部门是一套账，对付股东和实际控制人又是一套账，他们有很多账本，信息混乱，我们能说这是现代企业制度吗？肯定不是。有了资本市场以后，法律会强制性地要求其如实披露信息。信息披露的强制性是任何一家上市公司所必须遵守的法定义务。企业要成为上市公司，只能有一套账，必须把真实的信息告诉市场，无论是即将发生的，还是已经发生的，无论是财务的还是重大事项都必须充分披露，所以，信息披露是资本市场对上市公司的法定义务。

中国有一个重要的缺陷就是透明度有待提升。提高社会的透明度，是中国社会现代化的重要任务。我们很多问题都是来自信息不透明。只要信息透明了，社会的稳定机制就有了。资本市场天生就要求信息的透明，透明度是资本市场的灵魂。中国的上市银行现在如此强大，与资本市场有密切关系。我为什么对中国金融持相对乐观的态度？就是因为这些配置和占有中国金融体系 70% 的上市商业银行，是比较健康的，主要指标都达标。不要以为这些商业银行天生就这么好，是因为资本市场提供了优化资源和配置风险的平台，也是因为资本市场创造了一系列新规则。与此同时，我们制定了高标准的商业银行的监管准则，即中国版的巴塞尔协议Ⅲ，银行监管严格按此标准进行。所以，中国金融体系总体上看是健康的、稳健的，短期内不会出现重大的金融危机。上市银行的健康得益于资本市场，得益于我们有一个与时俱进、符合现代金融理念的监管准则和体系。

这就是资本市场的价值和力量。它推动了中国金融的现代化，推动了中国社会的进步。不要认为资本市场发展了，中国金融风险也增加了，这是不正确的理解。如果说资本市场发展了，风险大幅度增加了，我们何必要发展这个市场？理论分析和实践告诉我们，资本市场的发展实际上是在改变风险形成的机制，客观上会减轻金融体系的风险。资本市场有配置风险的功能，风险随时都在释放。如果没有资本市场，表面上看起来很美、很安全，实质上是风险在不断地累积，风险表现为存量化的风险，存量化的风险是难以配置的，流量化的风险是可以配置的。所以，资本市场的发展使中国金融风险由存量化变成流量化，从而使风险得以配置，风险可以管理。资本市场的价格波动实质上是在释放风险。表面上的平静并不意味着风险不存在。

经济增长特别是高速经济增长都会遗留风险，即遗留给金融体系。金融看似风光，实际上它把全社会的风险承接下来了。实体经济通过融资将潜在的不确定性传递给金融体系，经济一旦减速，金融风险就会暴露出来。传统金融没有有效办法化解风险，缺乏分散风险机制，所以风险就会累积，累积到极限就是金融机构的破产，如果这种破产使社会信心受到了严重影响，就会演变成严重的，乃至全面的金融危机。

美国是金融市场最发达的国家，也是金融危机发生最多的国家，但是美国的金融体系最具竞争力，也富有弹性。每一次金融危机都是其金融能力的整合过程，其免疫力和能力比危机前还要强大。美国金融体系有很好的风险免疫能力，有强大风险过后的再生能力。中国金融改革的目标是什么？就是要建设一个风险过后有强大再生能力的现代金融体系，而不是风险之后倒下了再也起不来的金融体系。中国金融改革的目标就是要形成一个有弹性的金融体系。所谓有弹性的金融体系，就是风险来了以后，会有办法规避它，即使出现了金融危机，也是一种风险释放机制。金融危机对金融体系来说是一种风险的出清，出清之后应具有更强大的生命力。

为此，就必须进行结构性改革。中国金融体系结构性改革的重点在于发展资本市场，而不在其他。中国金融和资本市场如果不从理论的深度、高度去理解，是难以得到发展的。理论上有深刻的理解，实践中就可能采取适当的政策顺势地推动事物的发展。我们对资本市场有太多误解，我们对现代金融的理解也很落后，以至于什么是风险都缺乏科学的理解，以为股票价格的上涨是风险的累积，以为股票的下跌是风险的释放。实际上恰恰相反。股票价格一上涨，我们就紧张，股票价格一下跌则释然。这样的认识是基于这种对风险的理解。所以，从理论上深刻理解中国为什么要发展资本市场，是发展好资本市场的认识前提。因为理论水平决定事物的高度和深度。

二、中国要发展一个什么样的资本市场？

这个问题实际上是一个方向问题。如果以为我们要发展的资本市场只是企业融资的平台，是国有企业可以插队上市的资本市场，那就扭曲了我们所要发展的资本市场。有段时间国有企业上市是可以插队的，这是不公平的。资本市场本质上是一个公平的市场，不认身份，只认投资价值和成长性。它有一套完整的准则，在这个准则面前所有企业都是平等的，达到上市标准就可以上市。在中国，企业要上市是要排队的，上市在中国成了一种稀缺资源，所以，上市要排队，有排队，就有可能有插队现象，这是不公平的。

不少人认为，资本市场是企业无成本融资的平台。这种理解在中国非常流行，但实则荒谬。资本市场的融资是昂贵的，回报率一般要超过债务融资的成本。如果上市公司净资产收益率长期不能覆盖债务融资的成本，企业怎么发展？市场哪里还有成长性？所以资本市场的股权融资是昂贵的融资。可是在有些人看来，这是廉价的融资，因为不要还本，从根本上忽视了投资者利益。资本市场的本质不是为融资者大开绿灯、大行其道，而是要保护投资者的利益。也就是说，在规则和标准层面，企业上市后要有预期，要有成长性，让什么样的企业上市，不在于它辉煌的历史，也不完全在于今天，而主要在于未来。今天是辉煌的，甚至达到了历史的顶峰，定价会很高，未来成长性可能有限，除非企业有极强的再生能力，极强的创新能力。有成长性的企业都在不断创新，华为就是一个典型，到达顶峰的那天就已经成为历史，所以要不断地攀登高峰，不断地创造辉煌。

在现实生活中，很多企业不是这样的。有些企业创造一个时代的顶峰，或者一个阶段的顶峰，就再也不能持续下去了。因为他们没有不断创新的意识，也没有这种能力，没有这种人才，没有这种视野和使命。不断创造辉煌的企业，是要有使命感的，要有危机感和历史感，他们知道今天的辉煌即将成为历史。很多企业总是停留在过去辉煌的回忆之中，这种企业是难以成长的。所以，让什么样的企业上市，很长时间我们都没有搞清楚，才会出现中国资本市场上那种非常奇怪的现象，如分额度、分指标、插队上市和扶贫上市，等等，这些元素和现象与资本市场的本质要求没有任何关系。无论是个人投资者还是机构投资者，他们投资这个市场的目的当然是获得与其风险相匹配的收益，希望通过投资使财富有所增长，他们的责任不是来救企业的，试图通过发行股票救起来的企业是没有成长性的。这种理念和政策客观上严重损害了投资者的利益。保护投资者利益，源头要从发行上市的标准角度去思考，要让未来有成长性的企业上市。投资者来到这个市场，不是来救济的，是要获得收益的，其收益率至少要超过国债和企业债的收益率。如果连这个目标都达不到，资本市场不可能发展起来。所以，在中国，建立什么样的资本市场这个目标实际上还没有理清楚。我们在政策层面上太重视融资者的利益，却忽视了投资者的利益。

正是从这个角度看，我对科创板给予了很高评价。在注册制基础上的科创板，意味着我们终于找到了发展资本市场的本来含义。科创板对上市公司有特殊的要求，既有产业的要求，也对上市标准作了重新调整，没有必须盈利的要求，亏损企业也可以上市。应该相信市场会对企业基于它的产业属性给予合理定价，只要信息公开和透明，定价就会趋于合理，要相信投资者作为一种集合，其行为是理性的，不要以为投资者都是非理性的。我为什么不提投资者教育？是因为这种提法有一个潜台词，市场外面的人似乎比市场里的投资者更理性、更聪明，实则不然。我们总是把投资者，无论是机构投资者还是个人投资者，都看得很傻，监管部门总认为自己很聪明，这不符合逻辑。对市场的理解，投资者是聪明的。他们知道什么是风险，只要满足一个条件，上市公司和市场充分披露信息就可以了。监管最重要的职能就是保证市场上所有的信息特别是上市公司的信息是真实的、充分的，这是资本市场透明度的核心要点。资本市场的灵魂是透明度而不是其他。有了透明度，资本市场就生机勃勃；没有透明度，资本市场就变得无序而不可预期。一个没有预期的市场是不会有未来的。市场预期的前提就是信息的充分披露和透明度。

有时候我很难过，我们的一些监管政策时常背离资本市场的常识和规律。比如，为什么不让险资进入市场？对于世界各国发达的资本市场而言，险资是重要的机构投资者，保险资金一定会在资本市场上配置一定比例的资产，这是投资的常识。虽然险资也会配置企业债、公司债、金融债和国债，这是固定收益投资，大体能够计算出每年的收益率，如果只配置这些固定收益证券，那是不够的。保险是以其资产未来的成长性为前提的，没有这个前提就难以实现保险的功能。所以，险资必须配置那些流动性好、有较高成长性的资产。不要指望保险资金都去储存房子，都去买地，这是多么落后陈旧的投资理念。我们国家的房子如此之贵，与我们没有发达的资本市场有密切关系，也与这种理念有密切关系。怎么能说险资进入资本市场就成了妖怪。至于险资的资金来源是否违规，那是另一个问题。资金来源是否合法，有中纪委、人民银行、银保监会去管。在资本市场上只要是机构投资者都应该欢迎，只有这样这个市场才会发展。机构投资者的到来，有利于改善投资者结构，有利于改善市场生态，对上市公司也是一种压力，有利于促进上市公司治理结构的改善。机构投资者影响很大，专业能力很强。个人投资者买 500 股、2000 股，能对上市公司产生什么影响和压力？虽然都是股东，但是小股东的力量非常有限，影响不到上市公司的决策。机构投资者的增加，有利于上市公司治理结构的改善。

发展什么样的资本市场？从科创板我们找到了正确的方向。从科创板可以看到，这个市场不再注重规模了，不再注重企业的辉煌历史，甚至也不太关注今天的状况。今天的辉煌既可能是未来的延续，也可能是衰退的开始，一切都得看企业的精神和治理结构，看企业的团队是一个什么样的团队，如果是有理想、有情怀、不断创新的团队，像任正非那样的团队，投资者尽可放心，因为它永远在路上，永远在前进，永远有一种危机感。资本市场不关注企业的重要性，而关注企业的成长性。涉及国计民生的大企业，国家可以出资发展它，不见得一定要到资本市场去上市。国计民生的企业，价格是确定的，什么都被管住了，这种企业要上市的话也是没有成长性的。对于这类企业，国家可以从财政政策、产业政策、税收政策上去扶持它。成长性企业的未来是不确定的，也是难以限量的。所以，科创板正从理念上改造了中国的资本市场。

的确，我们过去相当长的一段时期选择上市企业时偏重于企业的重要性，而忽视了成长性，从而一些具有很好成长性的企业都到海外上市了，包括联交所、纳斯达克、纽交所。由于中国一大批创新性企业去了海外市场，海外市场才有很好的成长，大家可以看看，腾讯翻了多少倍？十年前，我们会让腾讯这类企业上市吗？我们会让阿里巴巴上市吗？不会。因为我们有貌似严格实则落后的上市标准的约束，监管部门会说公司治理结构也达不到要求，财务标准也达不到要求，企业又没有什么辉煌历史，几乎什么都达不到我们所谓的上市标准，当然就不能在中国市场上市。我们不少煤炭企业、钢铁企业和传统产业的企业达到了标准，所以都纷纷上市了。这些企业能有什么成长性？这说明我们的上市标准要调整。科创板就是一个突破口，一种新的尝试，因此，要从发行标准开始改革中国的资本市场。

我们的市场有一个特点，是我很忧虑的地方。企业上市了，大股东和原发起股东似乎都有减持的内在冲动，不想长期持股，想套现，美其名曰：改善生活。这很麻烦，大股东减持改善生活，投资者以为公司出问题了，影响了市场预期。一般说，大股东减持，从历史数据看，公司的未来都不太好。有一家做影视的上市公司，大股东减持套现后，买了一些字画，心思没有用在主业上，股价一路走低。要知道，企业上市只是手段和机制。企业成为上市公司后真的要有理想，如果只是奔着套现而来，这家企业、这个市场就不会有什么前途。

三、如何发展中国的资本市场?

如何发展中国的资本市场。这是非常具体的问题，而非理论问题。首先为什么要发展资本市场。理论上要正本清源，要深刻理解资本市场在中国金融体系现代化和中国经济持续增长中的重要作用，对这个问题，要深刻理解。第二，还要重复一下中国资本市场的彼岸在哪里？也就是我们要发展成一个什么样的资本市场？我们的目标是什么，是要很清楚的。如果我们发展资本市场只是为了融资，我想这个市场就可以不要了，更遑论如何发展了。如果我们的目的是为社会提供丰富而多样化的财富管理平台，那就有了市场发展的逻辑起点。把这两个问题说清楚了，我们再讲讲具体的政策和措施。

我们要修改我们的规则。从证券法、公司法、刑法到股票发行与上市条例、并购重组的规则、交易规则、退市准则和信息披露等整套规则体系都要调整和修改。虽然科创板规则有了变化，但中国资本市场整个规则体系没有变，仍然维持了传统工业化时期的上市标准。中国经济社会开始进入到后工业化社会，新的主导产业也开始发生重要变化。中国资本市场要有科技创新的理念，要有后工业化的概念，要有信息社会的思维。我们在这方面的理念是不先进的。所以，从刑法、公司法、证券法到股票发行的条例、交易规则、并购重组、信息披露、退市准则等都要修改。这是一个非常复杂的修改过程，意味着对资本市场的理解有脱胎换骨式的变化。当然有人会说，中国是一个大陆法系的国家，我们要制定一个能够很好地促进资本市场发展的法律体系很难。纵观世界，大陆法系的国家，资本市场都很难发展起来，资本市场在整个金融体系中似乎都处在辅助性地位，金融机构特别是商业银行的作用非常强大。有一位著名学者告诉我：“你心目中的中国资本市场只是你的一种理想，只是一个梦想。”他说：“中国有非常具体的现实国情制约着你的梦想，你的梦想是难以实现的。”比如说，法律结构、法律特征就有重要的制约作用。中国的公司法中规定的同股同权，一股一权，就是一个硬约束。很多高科技的企业具有特殊的股权结构和排他性条款，以确保公司稳定，防止资本的侵蚀。资本有时候是短视的，不要把资本看得那么高尚，它本质上是逐利的，多数是短视的，很难有长远的战略。在资本侵蚀下，有些公司会很短命，这就需要在公司治理结构方面做特殊条款的约束，阿里巴巴就是一个典型。

如果说公司法里不讲同股同权，一股一权，那怎么办？这就需要调整和修改相应的法律规定。香港联交所最近在调整有关公司治理结构方面的规则，它错失了阿里巴巴的上市。我们在这些问题上，视而不见，很是僵化，有时候我们该坚持的原则不坚持，不该坚持的却在坚持。我们必须正视现实，实事求是。法律是为经济社会发展服务的。很多高科技企业有其股权结构的特殊性，企业有很多创新，知道未来是什么，知道新技术发展的方向。新资本进来后，可以稀释原有股份，但并不是无限的、没有约束的。资本源源不断地进入，总有一天原创始人会变成少数股东，制度一定要想办法让这些少数股东或掌握公司命脉、把握公司未来的这些人，要掌控公司的航向。如果法律不调整，那些资本大户来了，可能会扭转公司的发展方向，于公司长期发展不利。所以公司法、证券法都要修改。要有一些特殊条款，这涉及中国法律结构的调整，对立法机构是重大的挑战，对中国法学界也是一个重大考验。

中国经济学界包括金融学界，在整个学界里是最市场化，最与时俱进的，也是最了不起的一个群体。他们不但适应了中国的变化，而且始终站在时代的前列。中国不少学术领域与经济学界、金融学界相比是有差距的，实事求是的态度、与时俱进的能力比较差，没有什么创新意识和能力。中国经济 40 多年发展闯过了多少无人区，经济学家都出了很多好主意。有人说，中国没有经济学家，把中国经济学家说得一塌糊涂，这不符合事实。当然中国经济学的学术规范要提高，但中国经济学者的贡献是很大的。他们首先解放了思想，似乎比任何人文社会科学领域都要解放思想，继而才有今天中国经济学界的繁荣，才有中国经济继续沿着市场经济道路前行。我也呼吁我们的法学家们，真的要认真思考这些问题，调整中国法律的结构，以推动中国经济社会的前行。

还有一个很重要的标准需要调整，就是上市标准，科创板已经有先例了。我们不要太注重企业的历史，太注重企业的现状，太注重企业的规模，太注重其在国民经济中的重要性，这些因素都不太重要，我们要回归到企业成长性的视角中。

刑法要修改，违规违法的处罚标准要提高，50万元罚款的时代应该结束了。我们必须构建一个对投资者利益负责、处罚机制严格、处罚标准高的资本市场，要让违法者终身不能翻身。在一个相当长的历史中，在中国资本市场上，虚假信息披露、假并购重组、操纵市场、内幕交易的违法行为盛行于市。因而必须大幅度提高违法者的成本，这就要修改刑法。现在技术很发达，比较容易查证。一旦出现这些违法行为就要让违法者终身不能翻身。当然，我们也不要制造冤假错案，必须从事实为依据，以法律为准绳。

我们要建设一个和谐社会，让大家安定、安心、安静、安全，法律是重要的保障。现代社会是法制社会，制定了法律就要严格地执行。我们的法律是比较成体系的，但是法治水平相对低。很多时候规则有了，但是按规则办事的水平低、执行差。中华民族崛起的中国梦，是伟大的战略目标，落实到资本市场，就是要让投资者有稳定的预期。“不忘初心、牢记使命”，初心就是为人民谋幸福，使命就是为中华民族谋复兴。这是一个伟大的使命，一个我们为之奋斗的目标。我在想，让大家有幸福感，很重要的是要让大家心里有预期、很踏实。如果投资者没有预期，心里总是不踏实，是很难有幸福感的。幸福来自安全。贪官污吏不安全理所当然，他们要安全，我们大家就不安全。法律要让投资者、企业家们通过自己的创造，自己的能力创造出的财富是安全的。我也看到过一些信息，有些地方的企业家移民的倾向越来越大，对此我内心充满了忧虑。我希望我们所有人对我们的国家都充满了一种预期，充满了希望。没有这个预期，经济好不了，金融开放也难以推行。金融开放的一个重要前提是人民币可自由交易，如果大家都不安心，人民币自由化改革是推行不了的，外汇储备会很不安全。如果我们所有人对中国充满希望，有安全感，我们随时可以推进金融开放。个别案例让我有一些担忧。但我对我们的国家始终充满着期待。

在规则的改革中，还有信息披露、并购重组和退市制度。长期以来，我们重视 IPO，不重视并购重组对上市公司的价值，不理解并购重组对资本市场成长性的作用，误以为资本市场的成长是通过 IPO 规模的扩大而实现的。IPO 的增加只是平面上扩张，不是市场深度的拓展，也不是市场的成长。市场真正能成长的力量，除来自上市公司自身发展、创新外，很重要的来自并购重组。世界 500 强企业成为跨国公司多数都是通过并购重组实现的。通过对上游资源、下游产品或者横向扩张进行并购重组，提升企业的市场价值。企业的并购重组行为要鼓励。有人总怀疑并购重组是虚假重组，进而另类看待。虚假并购重组是另外一个问题。但是从政策导向看，要鼓励资本市场的并购重组。2019 年 10 月，监管部门专门修改了并购重组规则，特别赋予创业板企业并购重组功能，这是一个进步。我们开始触及资本市场的灵魂了，重视并购重组就是一个重要表现。

资本市场之所以与商业银行不同，就在于资本市场有对存量资源再配置、再重组的能力，企业通过并购重组迅速扩大规模，继而提升市场竞争力，提高市场定价的能力。并购重组是市场定价提升的重要元素，是资本市场成长的重要推动者。企业价值的提升，除了科技创新、自身再生能力提高外，并购重组是最重要的机制。发展国家资本市场成长重要力量来自并购重组。我们必须遵循资本市场的规律，调整并购重组规则。

要大幅度提高退市的效率，不要鱼目混珠、混淆视听。我们有一些资质很差的上市公司，价格反复大幅度波动，美其名曰是市场机会，实际上是在扰乱市场的价值观，扭曲市场的定价功能，这类企业必须迅速退市。市场要有一个吐故纳新的机制，淘汰落后的机制，以维持市场的正常秩序，市场才能找到适当的定价标准。无效率的退市制度，扰乱了市场定价标准，客观上无形增加了定价后面的变量，出现了一些不应有的变量。

总之，只有通过改革，只有遵循资本市场的规律，我们才能发展好中国的资本市场。

四、中国发展资本市场有哪些障碍？

中国资本市场多年处在停滞的状态。2008 年，在金融危机时，道琼斯指数跌到 7000 多点，花旗银行的股票价格为 0.98 美元，跌破 1 美元，现在已经涨到了 70 多美元了，道琼斯超过了 27000 点。我们的股市虽然期间有过大幅波动，但几乎还是原地不动。有学者说，中国发展资本市场的基因就不行，没有与资本市场相匹配的文化基因，文化基因与资本市场格格不入，资本市场的内在要求太现代化了，我们做不到。虽然我不同意这种看法，但这种观点提醒了我们，在中国发展资本市场会非常困难。始于 1978 年的改革开放那么艰难，我们都做到了，冲破计划经济的束缚，走市场经济的道路，我们做得很好。从过去的以阶级斗争为纲到以经济建设为中心，我们也很成功。难道现在发展资本市场就做不到吗？

基因论的观点引起了我很多的思考。我是资本市场发展的积极推动者。理论研究告诉我，没有发达的资本市场中国金融会处在落后状态，中国经济也难以有持续发展的动力。没有发达的资本市场，我们就没有一个让存量资产有效成长的机制。增量的增加很难让一个国家、让人民富裕起来。增量机制很重要，存量机制更重要。长期累积下的存量资产，社会要有一种机制，让存量资产具有成长性。美国社会为什么那么富有？是因为其金融体系中形成了一个有效的存量资产成长机制。纽交所、纳斯达克市场是非常重要的存量资产成长的平台。

细细想来，从科学理性的角度上说，我们的确要思考有哪些因素从客观上制约了中国资本市场的发展。第一个因素，可能是法律体系或法律结构的制约。它在很大层面上制约了资本市场的发展，使那些有成长性的公司在中国市场不能上市。因为这些创新型公司达不到现行的上市标准，而那个所谓的上市标准又是落后的、传统的。

第二个制约因素，可能是文化传统。一个民族的文化是在漫长的历史中形成的。我们这一代人和我们上一代人相比较，相较于资本市场的要求来说，显然进步了一些，更有利于资本市场的发展。我相信我们的下一代、下二代会不断进步，一代更比一代强。思维观念在进步，文化也要演进。进入到现代社会，如果你特别厌恶风险，可能会失去机会，因为风险背后是机会。在一个正常社会中，不会长期呈现风险小而收益大的失衡状态，收益与风险是动态均衡的。现代社会的特征就是风险与收益在多层次、多结构中形成动态均衡，社会给了你选择的层次和机会，创造了所有的选择空间。有些人会选择低风险投资，当然收益也会低。有些人选择一个高风险投资，收益可能也会高。现代社会的特征是创造了机会，而不是创造了风险。所以，从历史演进的角度看，不能只从我们这一代或者我们上一代的文化特征，去演绎中国的未来。中国未来在于年轻一代，他们思想活跃，这是中国的希望所在。我们的文化不会一成不变。喜欢机会的人会越来越多，资本市场也会适应这种要求。

第三个制约因素，有人说是语言。有人说英文的交易成本低，中文的交易成本高，因为中文远比英文难。客观地说，英文相较于中文来说，要容易很多。让一个既不懂英文，又不懂中文的外国人，问他哪个更难，他一定会说中文太难了。语言太难表明中国历史源远流长，文化非常丰厚。但同时这种语言特征可能会带来较高的交易成本，这似乎有一点道理。因为市场是要交易的，交易是金融的核心功能，没有交易的金融本质上不是金融。通过交易发现价格，通过交易去完成风险分散和财富组合。英文的招股说明书相对容易，要让外国人做成中文的招股说明书，可能很难。但是，中国发展起来了，一方面，中国人懂英文的人越来越多；另一方面，懂中文的外国人也会越来越多。这样，交易成本也会减少。从这个意义上说，我并不认同语言的差异是我们发展资本市场一个特别大的障碍。

如果还有其他的制约因素，那就是政策和规则层面上的。关于政策和规则，上文已有提及。

在资本市场最低迷的时候，我常会感叹：难道我们的土壤真的不适合发展资本市场吗？如果把资本市场看成水稻，难道我们的土壤只是旱地而不能种水稻吗？我知道，旱地只能种麦子。水稻比小麦的要求要高很多。在北方的土地上把麦种一撒，过几个月小麦就长起来了。水稻很复杂，不仅要插秧或抛秧，还必须锄草，必须透风，要有很好的透风系统，要有足够的阳光和温度，要有足够的水量。有时候我在想，难道我们真的只能在这个土壤上种麦子吗？真的不适合种水稻吗？有人说，既然是旱地就别种水稻，麦子不是很好吗？不吃大米饭又有什么关系？可是有人就是想吃大米，所以，水稻还是要种的，只不过要花大力气去改善土壤。一年改不了，两年、十年、二十年，最终还是会变成肥沃的水田。稻子就会慢慢长起来。这需要时间，可能比英美国家所需要的时间长很多。我们要有耐心，要有毅力，我们就一定能实现目标。

五、中国资本市场的彼岸在哪里？

中国资本市场是从哪里来的？要到哪里去？关于前者，历史已经告诉了我们。1990 年，我们为了闯出一条路，建立了两个交易所，我们知道中国资本市场是从改革中来的。但是我们到哪里去？彼岸在哪里？如果不知道到哪里去，那就没有方向感，法律、政策、措施、各种改革就难以到位，而且经常会起相反的作用。所以，必须解决到哪里去的问题。除了我们一定要建设一个具有成长性、能够让投资者有很好预期的、投资者利益得到保护的市场以外，还必须知道更遥远的远方。这个遥远的远方，这个中国资本市场前行的彼岸就是全球新的国际金融中心。我们为此必须努力。这个新的国际金融中心，就是成为人民币计价资产交易的交易中心和财富管理中心。纽约市场是美元计价的全球最重要的财富管理中心。中国的市场，上海也好、深圳也好，它们共同构筑了中国的资本市场，在一个可以预见到的将来，它们的功能应近似于纽约市场的功能，成为全球重要的财富管理中心。这就是中国资本市场的彼岸。

彼岸找到了，我们就知道从现在出发到彼岸我们必须做什么。这个彼岸是不可能轻易到达的。前行的途中有很多困难，有很多障碍，要翻越一座座大山才能到达那个彼岸，前面不是一马平川，前行的路上有无穷座高山，有无数湍急的河流，阻碍我们到达那个彼岸。到达那个彼岸是中华民族崛起的核心标志。不要以为，国际贸易规模超过了30万亿人民币，全球第一，就不得了了，也别以为，GDP达到90万亿元人民币就多么了不起，即使达到美国同样的规模又怎么样？如果中国的金融是落后的，我们就不是一个有竞争力的国家。经济最后的竞争支点体现在金融能力的竞争，全球资源配置能力的竞争，化解金融风险能力的竞争。

从时间循环和大历史同期看，这个全球新的国际金融中心也会轮到中国了。2014年12月31日，我到全国人大常委会去给全国人大常委会组成人员做了一个关于中国资本市场未来发展的讲座。全国人大常委会每次在修改重要法律的时候，都会请相关专家去讲一讲，刚好那时正在修改证券法，讨论、争论很热烈。为了做那个讲座，我研究了全球资本市场的发展历史和移动轨迹。历史的演进表明，在全球资本市场漫长的发展过程中，新的国际金融中心正在向中国移动。从16世纪的威尼斯，到17世纪的阿姆斯特丹，再到18世纪的伦敦，再到19世纪后半叶开始的纽约，全球金融中心随着国际经济格局的变化而移动。英法七年战争，为什么英国赢了，法国输了，很重要的一条就是英国有发达的金融市场，可以有效集合资源打赢那场战争，进而巩固了英国在全球的霸主地位。19世纪末期美国开始崛起，国际金融中心向北美移动。国际金融中心的这种漂移过程与经济规模、经济竞争力、国际贸易都有密切关系。100多年来，虽然历经了1929到1933年的经济危机，但从整体看，美国经济是持续发展的。100多年的经济成长成就了美国今天的霸主地位。是什么力量在起作用？人们可以概括出很多因素，像法制、教育、人才、开放等，但不可忽视的是金融的力量。金融的力量有金融市场力量，更有美元的力量。美国金融的力量本质上是美元的力量。我们要认真总结美国国家的发展。今天，我们仍然要保持开放的态度，要善于学习他人的成功经验，成功国家一定有成功国家的秘诀。2019年，中国人均GDP只有9000美元，离发达国家基础标准还差3000多美元，离最富裕的国家更遥远。所以还要继续虚心学习、借鉴发达国家的经验。

最近我去非洲访问了埃及、埃塞俄比亚和津巴布韦。去之前有朋友说："你怎么敢去津巴布韦，听说那个地方很乱。"我说："去看看真相。"去之前，刚好前一天有新闻媒体报道，说津巴布韦人推着一车钞票去买两个土豆。我真的是带着这样一个印象踏上非洲大陆的。大家都知道，埃及是一个文明古国，也是一个区域性的大国，但它现在社会不稳定，衰落迹象很明显。埃塞俄比亚是一个非常开放的国家，历史上这个国家很贫穷，但是最近走向开放，埃塞总理还获得今年的诺贝尔和平奖。他很好地处理了与周边国家的关系，结束了战争。一个国家的发展，除了社会要稳定，周边环境也要和谐。津巴布韦对中国人来说更是一个神秘的国家。我去之后先了解津巴布韦的货币情况，事实与新闻报道完全不同。他们实施了货币改革，发行了新津币，新津币当然也在贬值。我受邀到津巴布韦大学做了一场演讲，来了几百位津大的学生和老师。给我印象最深的是，2019 年虽然他们的人均 GDP 只有 2100 美元，但是他们的素养很高。演讲结束后，中间安排了茶歇。主持人提示大家："请老师和嘉宾走右通道，请学生们走左通道。"然而，在嘉宾和津大老师没有离开座位之前，我没有看到一个学生站起来奔向茶歇处喝咖啡。这可不是事先训练的，我也不是什么大人物。等我们喝上咖啡后，才看到津大的学生们从左通道缓慢出来，非常有序地排队，而不是蜂拥而至的状态。我问津大的副校长，为何学生们这么有秩序？他说："老师没有起来，学生是不会起来的。"我想，在中国可能没有一所大学的学生能做到这点。茶歇时，津大的学生排了很长的队，一直排到大礼堂拐弯处，他们安静地取咖啡，也不会插队。从这里我感悟到，我们虽然取得了很多伟大成就，创造了人类历史的奇迹，但我们还有很多方面要向别人学习。虽然我们现在有点钱，但是我们的文明素养不高。与我同行的人大重阳研究院王文院长后来把这个故事写成英文版，刊登在环球时报上。我想，各个国家、各个民族都应该相互学习、取长补短，我们不要总是传授我们的经验。我们要把身段放一放，谦虚一点，多学习其他民族的优秀文化。

我们不但要向美国、日本、欧洲等发达国家学习先进的理念、经验和文化，也要向非洲人民学习，当然，我们也有很多值得别人总结、学习的地方，学习我们如何从一个贫穷、落后的国家发展成小康、正在迈向现代化国家的一些经验。当然，还包括中国人的勤劳、智慧。

对中国来说，我们要做的事还有很多。我们要努力到达心中的彼岸，实现中华民族崛起的中国梦。为此，我们必须坚持改革开放，坚持解放思想、实事求是，坚持走社会主义市场经济道路。只有这样，我们才能到达心中的彼岸。中华民族的崛起不是一个口号，它有实实在在的内容，每个人都要为此而努力。

（本文是中国人民大学副校长、万里智库学术指导吴晓求教授于2019年10月23日在清华五道口金融学院的演讲稿，略作修改）

张燕玲

强化开放枢纽功能，打造我国国际化程度最高的金融中心

上海定位于国际金融中心由来已久。1991年1月，中国改革开放总设计师邓小平在上海视察时便提出："上海过去是金融中心，是货币自由兑换的地方，今后也要这样搞。""金融很重要，是现代经济的核心，金融搞好了，一着棋活，全盘皆活。中国在金融方面取得国际地位，首先要靠上海。"

此后，1992年南巡讲话、2000年加入WTO、2009年国务院明确上海建设国际金融中心的目标、2013年上海自贸区成立等一连串事件，一步步推动上海金融中心向更高层次发展。

一、上海国际金融中心是我国国际化程度最高的金融中心

（一）金融机构资源配置齐全

近两年，上海的股票、债券、期货、黄金等金融市场国际排名显著提升，上海证券市场股票筹资总额位居全球第二，股票市值和股票交易额分别位居全球第四、第五，银行间市场债券存量排名全球第三。

中、外资金融机构的集聚效应显著增强。除银行、证券、保险等金融机构不断汇聚外，各类总部型金融机构接连落户上海。上海现拥有持牌金融机构1605家，各类外资金融机构占比达30%。上海浦东是外资金融机构进入中国市场的桥头堡。目前，这里不但聚集着我们熟知的上海证券交易所、上海期货交

易所、中国金融期货交易所等，近两年又打造了上海国际黄金交易所、上海国际能源交易中心、上海保险交易所、中国信托登记有限责任公司、中央国债登记结算有限公司上海总部。

要素市场的完备，让上海在全球金融市场的“分量”稳步提升。从“上海金”到“上海油”，“上海价格”的国际影响力越来越强。近年来，证券“沪港通”、黄金国际板、“债券通”等相继启动，银行间债券、外汇、货币等市场加快开放，人民币海外投贷基金、跨境金融等试点顺利推出。

（二）金融产品不断丰富

国际金融中心的标志，最为重要的是产品制定标准、价格的制定标准。上海国际金融中心，关键是中国是否真正掌握人民币金融产品定价权，首先就是中国自己制定人民币指数。国内所有金融产品中，上海拥有最完善的金融要素市场，各种人民币产品都在上海发布。作为上海国际金融中心标志性产品，都看上证指数、人民币指数、上海银行间同业拆借利率和债券市场利率，这些都是人民币产品标准。彭博、路透都要看这些标准。而这些标准也是我们还要继续巩固和发扬的产品。

上海国际金融中心可以参与叙做国际市场美元、欧元、日元等金融产品，同时做大做强人民币产品才是上海金融市场的核心工作。上海应该集中精力把人民币产品做好，包括人民币跨境业务，跨境业务做好了之后，才能进一步做好离岸业务。离岸产品是竞争最激烈的业务，离岸的标志不仅包含可以做各种货币，因为离岸包含了各种货币产品，并且是以国际标准展开竞争的。上海要朝着国际产品的标准，将人民币衍生品做到与美元、欧元、日元等衍生品同样标准。

（三）金融科技是机遇，也是挑战

科技网络的登台让世界经济进一步全球化、扁平化，以互联网公司领头的金融科技对传统金融机构的冲击迅速而猛烈。

过去的金融中心是有形的中心，金融机构高楼林立，金融人才比肩接踵，具有明显的羊群效应。然而，在互联网的攻势下，高度整合的新金融模式和商业生态系统，正在快速抹平传统金融中心的优势。

上海自贸区是金融科技创新最集中、最高产的温床。成立5年来，共发布了9批111个金融创新案例，跨境人民币业务、投贷联动等方面在全国率先试点，支持互联网金融等新业态、新模式的探索与发展。

2019年1月，经国务院同意，人民银行等八部门联合印发《上海国际金融中心建设行动计划（2018–2020年）》（以下简称《行动计划》）指出，上海国际金融中心的建设目标和建设路径以及战略重点和推进举措，是进一步加强科技与金融的深层次融合，探索研究金融科技应用创新，打造科创企业投贷联动示范区，加强金融中心与科创中心联动，支持更多风险资本在上海聚集，支持更多创业者、企业家在上海创业创新，培育一批具有核心竞争力的科创企业，通过科创板撬动创新产业发展。

根据国家的战略部署，中国的数字货币可能近期将在国际上首发。虽然已经确定试点城市是杭州和深圳，但是作为国际金融中心的上海，在中国数字货币发行和国际推行中，绝对不能仅仅是一个置身事外、坐享其成的看客。而应积极参与进去，有上海这样的国际金融中心积极参与，对于中国数字货币的发行和推行将具有重要的引领和示范作用。

（四）人民币国际化，国际金融中心

选择上海建设国际金融中心，首先基于上海一直是中国的金融中心，历史上也曾经是整个远东的金融中心。市场承认的国际金融中心必须有历史积淀、有业绩，这是内生性、外部性的结合。

作为国际金融中心，与纽约、伦敦相比，上海仍显逊色。金融市场大而不强，国际影响力欠缺，金融磁场效应引力不足，且与国际市场联动有限。从上

海金融中心建设所需要素的现状看：虽然有市场，有机构，但是最为关键的离岸人民币资产定价权，还并未真正完全掌握在自己手里。

在西方经典模式下，金融中心成了风险中心。以华尔街为代表的经典金融中心在过度金融创新中玩过了头，最后害人害己，自食其果。显然，上海要建设全球金融中心，既不能重蹈美国覆辙，任由金融在自由市场经济的道路上狂奔，又不能过于倚重行政权力，固步自封。

（五）上海国际金融中心的国际话语权逐步建立

上海既要将触角伸向全世界，更要成为全球金融资源的引力场，以一系列制度创新推动开放。未来上海将打造成金融的超级枢纽，这种高度的国际化框架，历来被视为“五个中心”建设的关键所在，亦是上海这座经济中心城市、全球城市的核心价值所在。

只有构建起这样的通道，才可能在全球范围内获得影响力和话语权。这是上海“五个中心”的关键之处。

到2020年年底，随着上海国际金融中心实现“6+1”格局，也就是建设“六大中心”，即人民币资产管理中心、跨境投资服务中心、金融科技中心、国际保险中心、全球人民币资产定价、支付清算中心、金融风险管控与压力测试中心；形成“一个系统”，即基本确立以人民币产品为主导、具有较强金融资源配置能力和辐射能力的全球性金融市场地位，基本建成与我国经济实力以及人民币国际地位相适应的国际金融服务体系。只有达到这样的目标，上海国际金融中心才能在世界范围内占据一定的重要地位，也才能真正拥有与其地位相适应的国际影响力和话语权。

二、上海自贸区是上海金融中心创新实践的排头兵

上海“五个中心”的核心是金融中心，贸易中心和物流中心的支付又带来大量资金流入，催生全球支付结算中心、金融中心的壮大。金融中心是为其他

四个中心服务的，创新至关重要。金融中心创新要有试验田，上海自贸区就是试验田。上海自贸区从 2013 年 9 月挂牌以来，创新实践成功地产出了很多可复制、可推广的成果。

“政府职能转变、负面清单制度和准入前国民待遇、贸易便利化，单一窗口管理模式、金融开放成功尝试 FT 账户”被称为上海自贸区“四大发明”。

(一) 上海 FTU 是自贸区金融创新发展的一个典型

上海建设国际金融中心首先要开门迎接全球的金融机构，要制定符合国际惯例的金融制度，创新更多全球领先的金融产品，更要有领先的监管能力；既要与国际接轨，又要防控金融风险。打好金融基础是关键，而账户体系设置就是金融基础工作的重要组成部分。

大家都知道经济活动的体现是账户资金的增减流动，账户是资金流动的承载主体。对于自贸区来讲，一个好的账户体系要适应国际投、融资的业务发展需要，保证企业本外币资金合规、自由流动，要免去烦琐手续，提高资金运作效率，降低企业运营成本，使企业享受高效金融服务。

全球所有的自由港都是国际或地区金融中心，金融在经济中的地位排名基本上都在前三名，份额都超过总量的 10%（上海早已达到），如纽约、伦敦、迪拜、新加坡等。各金融中心对货币资金使用都体现在账户体系的设置上，基本上对非居民存款、借贷业务、贸易结算、投融资和其他合法资金自由进出。如果国家有一些特殊政策，完全可以用账户隔离开来。以新加坡为例，用 ACU（Asian Country Unit 亚洲货币单位）来严格区分本国金融市场本币新加坡元的运用情况，鼓励各种货币的境外资金在其离岸市场（包括新加坡元）自由流动。所以 1997 年东南亚金融危机对新加坡经济打击并不像其他东南亚国家那样严重。

2013 年上海自贸试验区设立后，在人民银行上海总部牵头推动下，根据“先行先试”探索具有中国特色的自由贸易区模式，通过加大改革力度、优化贸易环境、建设高水平的贸易基础设施，以让上海成为国际贸易首选地的原则，推动制度创新。上海首先搭建了与在岸的账户系统相分离的账户体系。2014年6月，作为首个进入自贸区的金融机构，中国银行自贸区分行试点在分账核算单元开立规则统一的以人民币账户为主账户，外币账户为子账户的自由贸易账户体系（FTU）。自由贸易账户的账号以FT为前缀，由此又称FT账户。

这种账户体系安排是因为自贸区是特殊监管区域，人流、物流、资金流都要有特殊安排，目的是扩大开放、对接国际化市场，最大限度实现资源自由流动。

自贸区的基本原则是“一线放开、二线管住”，管得住才能放得开。FT账户就很好地达到了这个要求，是经得住检验的。

任何事物的发展都是要站在前人的肩膀上。上海自贸区是中国目前“1+3+7+1+6”共计18个自贸区的头部。其他自贸区的建设，尤其是处于起步阶段的新区，可以充分学习借鉴上海模式和经验，借鉴、复制、拿来主义也是一种创新。2019年1月1日海南省FT账户体系正式上线，12月31日天津市FT账户系统联通上线。

（二）FT账户的基本描述

为方便理解，在此简单描述一下FT账户的基本情况。FT账户提供的金融服务包括：经常项下的结算、资本项目的结算、投融资、要素市场投融资等。在“电子围网”的场景下，在很多金融改革试点，均可办理创新业务，如金交所的国际板、部分清算所的衍生产品等。

FT是本外币一体化，基本可兑换账户，一个账户可用于经常、资本、贸易、投资等业务使用。它是利用两种货币、两个资源办理内外贸一体化的账户，既可用于内贸，也可用于国际贸易及国际贸易中各种形态。

具体可以从以下六方面来理解FT账户：

1. 概念——自由贸易（FT）账户是金融机构以分账核算为基础，根据客户需要在自贸区分账核算单元开立的规则统一的本外币账户。

2. 原则——“标识分设、分账核算、独立出表、专项报告、自求平衡”20个字，核算的资金、业务与自贸区外账户的资金及业务有效隔离和区分，为符合标准的客户提供更加便利的本外币资金跨境结算、资金汇兑服务。

3. 分类——根据适用对象不同，FT 账户细分为五类，即 FTE 区内机构自由贸易账户、FTN 境外机构自由贸易账户、FTU 同业机构自由贸易账户、FTI 区内个人自由贸易账户和 FTF 区内境外个人自由贸易账户。各类账户的开户主体都有具体明确的规定，一目了然。

4. 功能——FT 账户可以办理经常项下和全国范围内允许开展的资本项下的跨境资金结算，以及按规定开展投融资汇兑创新及相关业务，大大增加区内企业金融服务便利性。

5. 特点——实现了跨境金融领域的国民待遇原则和公平竞争原则，使区内和境外机构享受同等金融服务。

6. 监管——通过合理的债务安排，账户内资金划转实现全流程监测；人民银行通过内嵌宏观审慎管理工具进行总量调节，并加强事中、事后监管，便利自贸区内企业更高程度参与国际贸易、投资往来。

（三）FT 账户上线之后带来的金融创新

FT 为金融创新提供了坚实基础。从上海的经验来看，FT 账户体系上线后，自贸区的金融创新产品层出不穷，比较典型的有跨境人民币双向资金池业务、外汇资金集中运营管理业务、跨境电子商务人民币支付结算业务、境外银团人民币借款、自贸区跨境并购融资业务、三方联动跨境银租保业务、境外上市公司股权收购、境外证券市场投资等业务创新。

FT 只是金融基础设施，打个比喻，它只是金融高速公路，金融产品则是各种各样的车。车要怎么开，能开得多快，怎么组合着开，这需要遵守交通规则，也就是金融监管制度和政策。用普通公路的交通规则去管理高速公路，车肯定跑不起来，也跑不快。另外，FT 账户还有一定的局限性，所以金融创新还需要金融监管制度和政策的配套调整支持，及时周密的政策法规支持，才能使营商环境最具代表性的账户体系建设不断完善。

三、对自贸区金融创新和上海金融中心建设的建议

习近平主席“赋予自由贸易试验区更大改革自主权，探索建设自由贸易港”的指示，是自贸区尤其是未来自贸港的发展目标，并决定了它们的金融开放程度将与世界上最开放的市场比肩。

为此提出以下几点建议：

（一）自贸区金融创新空间很大，不要搞重复创新

从我国各自由贸易试验区的方案里都可以看到以下类似描述：“加快金融开放创新，充分发挥金融支持自贸试验区建设的重要作用，出台金融领域的一揽子政策措施，以服务实体经济、促进贸易投融资便利化为出发点和落脚点，以制度创新为核心，大力推动自贸试验区金融开放创新。进一步扩大人民币跨境使用、探索资本项目可兑换、深化外汇管理改革、探索投融资汇兑便利化，扩大金融业开放，为贸易投资便利化提供优质金融服务。”

这里面包括的创新空间非常大，建议不要重复创新。上海已有的成功经验可以照搬，将精力用在认真吸收、消化、提升别人经验和本地区特殊的环境业务需要的产品开发上。政策如果不统一，必然引发政策套利，而直接采用已被实践证明的成功系统，既节约开发成本、节省时间，又可以免去新上线系统试错的风险。

我非常赞同上海市前市长应勇在两会记者会上所做的推广，“FT 是自贸区金融改革的一大创新，FT 将复制推广，扩大使用范围，拓展功能，为经济发展发挥更大作用。”

（二）本外币一体化账户管理是大势所趋，应抓紧推进

2019 年 6 月 13 日，在第 11 届陆家嘴论坛上，中国人民银行行长易纲表示：

“人民银行将坚决落实党中央国务院部署，大力支持上海加快国际金融中心建设，在上海自贸试验区新片区建立本外币一体化账户体系，实施更加便利的跨境资金管理制度。”

易纲行长所支持的“建立本外币一体化账户体系”和“加快上海国际金融中心建设”是中国进一步开放金融制度建设和金融基础设施建设国际化的良好实践。

改革开放以来，我国本外币资金的数量和体现形式发生了天翻地覆的变化。1979年以前，经营外汇业务的只有中国银行一家，外币业务只有甲乙丙三种账户，开户对象都是外国驻华使领馆和外国自然人，转账主要使用支票。80年代初，出口企业有了外汇额度留存制度（1985年已有此制度，但能享受的单位极少），创汇单位将收入的外汇全额售给中国银行（当时的外汇外贸专业银行），国家按创汇额和规定比例分给创汇单位一定数量的外汇额度，用汇时到中国银行用人民币和额度，按国家公布的内部折算价，买成现汇汇出。1994年外汇体制改革，取消外汇留成，实现经常（向）项下可兑换，银行对“经常项下”有条件结售汇。资本（向）项下从2006年8月24日开始实行QFII（合格境外机构投资者）和QEII（合格境内机构投资者）投资的过渡制度，到2019年取消额度限制，这是资本市场开放的具体体现。

目前，我国银行的账户体系是人民币结算账户和外币结算账户相互独立的两个管理体制，两套管理办法。人民币账户是执行中国人民银行颁布的《人民银行结算账户管理办法》(中国人民银行2003年第5号令)，而外汇结算账户执行《境内外户账户管理规定》(银发［1997］416号)，外汇结算账户又分为经常项目外汇账户和资本项目外汇账户两大类。虽然本外币账户都是执行央行的命令、文件和监管，但分别遵循央行不同司、局的相关管理要求，管理的内容和角度也不一样，造成在开、变、销实务操作中存在差异。特别是2009年7月，跨境人民币业务启动后，由于跨境人民币业务的特殊性（主要是资本项下业务），需要通过专用存款账户进行管理，人民币结算账户服务的外延不断扩大，成为交易主体跨境人民币业务的结算载体。

账户是资金流动的承载主体，各类账户的开、变、销政策及办理程序是经济活动中一个重要基础设施。本外币账户一体化管理是优化营商环境、便利中外企业及金融机构操作、更好服务实体经济、向金融服务国际化靠拢的需要。中国银行上海分行对我国金融国际化基础建设工作做出了很多很好的尝试。

下一步，上海自贸区新片区的政策开放金融领域非常值得期待，也必将与上海国际金融中心建设相辅相成，互为补充。

2019 年 8 月 6 日，国务院发布了《中国（上海）自由贸易试验区临港新片区总体方案》，新片区金融改革主要体现在三个突破上：“对标国际通行规则，推动金融制度创新；立足服务实体经济，推动重点产业发展；聚焦资本项目开放及贸易投资自由化，包括对符合条件的企业，在资金使用、汇兑等方面提供便利化突破。”

（三）上海国际金融中心要与国际一流金融中心对标，才能吸引全球离岸资金

2020 年是上海基本建成与我国经济实力以及人民币国际地位相适应的国际金融中心，迈入全球金融中心前列的目标实现年。为了这一目标的实现，“上海始终把金融中心建设放在全球经济全球格局深刻变革的大趋势下，放在国家全面深化改革扩大开放的大局中，放在国家对上海发展的战略定位上统筹谋划，深入推进。”（上海市原市长杨雄 2013 年语）。上海金融中心作为后起之秀，首先要与全球主要国际金融中心在机构和产品要素上对标，展现中国高水平开放的活力。

金融要素市场进一步开放，外资机构将不断涌入，既说明中国经济的前景被世界各国持续看好，也说明国内加强国际金融中心建设是大势所趋。2019 年 12 月 20 日，两个外资控股金融机构诞生，分别是首家外资控股合资证券公司——野村东方国际证券有限公司在上海正式开业，和首家外资控股理财公

司——汇华理财有限公司筹建，由东方会理资管出资55%，中银理财出资45%。

目前，国际上也需要中国这样一个政治稳定、经济规模巨大、资产溢价相对低的市场提供金融避险产品。BIS资料显示，截至2019年二季度，美国非金融部门债务总计约52.5万亿美元，其中美国政府债务存量在2019年底进一步上升至23.2万亿美元，比三年前特朗普执政时上涨了3.2万亿美元。美国企业债务增长速度持续超过经济增长速度，已突破16万亿美元。市场不仅担忧美国利己主义，也同样关切美国的债务负担。

（四）人民币国际化是上海迈入国际金融中心的实力体现

完善上海国际金融中心建设是人民币国际化的关键一步，同理也可以说，人民币国际化是上海作为国际金融中心的实力所在。2020年是上海国际金融中心的验收之年，一个公开、透明的，开放、便利的人民币全球金融市场将展现给世人。

作为人民币国际化的金融中心，要坚持以人民币产品市场建设为核心，不断拓展人民币产品市场的广度和深度，丰富人民币产品和工具，完善人民币跨境支付清算系统，提升人民币在岸价格国际影响力，加快推动上海成为全球人民币基准价格形成中心、资产定价中心和支付中心。

金融开放成功的标志是向世界提供了一个全新的以人民币为主要产品的全球先进的金融市场，是解放了自己并迎来客人，是大家能够自由进出的国际金融市场，是可以充分利用其配置金融资源的国际市场，是自如运用国际规则和市场产品平衡收益、锁定交易敞口风险的金融市场。

结语

上海经验为全国市场化改革、改善资源配置效率、快速融入世界经济贸易投资体系、改进宏观环境稳定赋能。

根据中美第一阶段协议，2020年4月1日，我国将取消证券、保险、基金管理和期货服务的外资股比上限和歧视性审批许可。同时，对于电子支付、银行、信用评级和不良债务服务，中国承诺做出相应的开放政策以允许外资机构顺利进入中国市场并开展业务。

在2019-nCoV新型冠状病毒肺炎仍然肆虐全国的紧急关头，央行等多部门联合发布《关于进一步加快上海国际金融中心建设和金融支持长三角一体化发展的意见》称，近期出现的新型冠状病毒肺炎疫情，对我国经济的影响是暂时的。深化金融供给侧结构性改革和扩大金融业对外开放是我国长期坚持的政策导向，是长远的，不会受到疫情影响，改革的步伐只会越来越快，开放的大门只会越开越大，风险治理能力也会越来越强。

很明显，这是在向全世界宣告，无论任何艰难险阻都不能阻挡我们深化改革开放的前进步伐。中华复兴的伟大目标不会变，在2020年之内建成与我国经济实力相匹配的上海国际金融中心和以金融支持长三角一体化发展的艰巨任务也一定会胜利实现！

（张燕玲　中国银行原副行长、万里智库高级研究员）

钮文新

创新升级上海金融监管

为了算出全国金融市场交易总额这一数据，我打开中国人民银行货币政策执行报告，把各个金融市场及其细分市场数据一点点加总，然后再查找报告中没涉及的金融市场（比如期货市场等）交易数据进行加总。如此重复几次得出数据，当然很不准确，但可以肯定，2019 年，中国金融市场全年交易总额数据绝不超过 2500 万亿元。

为什么要统计这个数据？因为我们看到，2019 年上海金融市场成交全年成交额居然能达到 1934.31 万亿元。如果我们就把全国数据定为 2500 万亿元，那我们可以得出一个基本概念：上海一个城市的金融市场交易额“至少”占到全国总量的 78%。有了这个概念，上海算是中国的金融中心，而且此未来的目标定位则是国际金融中心之一，而目前上海在全球金融城市的综合评价中大致应排在第五位。

金融实验区建设的关键：无可替代

2020 年 2 月 14 日，人民银行、银保监会、证监会、外汇局和上海市政府发布的《关于进一步加快推进上海国际金融中心建设和金融支持长三角一体化发展的意见》（以下简称《意见》），更为上海提供了加速的引擎和保障。从内容看，《意见》立足于更好地发挥中国（上海）自贸试验区临港新片区金融改革创新引领作用，更好地发挥上海在金融对外开放方面的先行先试作用。

按照《意见》的具体条款完全可以预期，未来上海作为国际金融中心之一，必会大幅提升金融业对外开放水平、扩大外资金融机构市场准入，同时各式各样的金融或准金融机构、各式各样的金融或准金融品类、产品派生、技术手段、服务方式等也必将进一步升级，并日益趋于完整、丰满而高效。

实际上，《意见》出台的当口我们看到，上海已是中国外资金融机构最多的城市。截至2019年年底，上海外资金融机构的数量超过510家，涵盖银行、证券、基金、保险、资管等几乎所有金融领域；而2018年以来，上海累计向国家金融管理部门上报了五批48个对外开放项目，一批具有标志性意义的金融项目已在上海率先落地。

更重要的是，中国绝大多数重要的金融交易场所都在上海，而国际金融中心的关键意义就在于：通过全球性交易主体的集体参与和交易，准确体现出所有资源、资本、货币等商品的价格或价值。未来，上海的金融市场一定会有这样的功能。比如，石油交易所建立之后，随着国际供求双方以及投资投机主体的完善和健全，它势必对国际油价走势构成影响，势必反映国际石油市场的变动因素，进而达到让中国市场参与到石油价格的国际定价当中。黄金以及所有重要大宗商品也都是如此。

无论我们是否愿意承认上海金融市场的国际地位，至少有一点毋庸置疑，上海资本市场必将成为国际资本为中国资本品定价的、最为核心的场所，是指引中国核心资本价值的航标，担负着中国资本主权定价的基本职能。这一点，无论香港、纽约、伦敦都不可同日而语。

正是基于这样的认知，有一个重要的定位问题需要说清楚。如果我们承认中国经济已经融入全球经济，如果中国制造业资本已经毫无疑问地属于全球资本不可或缺的组成部分，那虚拟中国制造业资本价值的金融市场，必定是全球性的资本市场，它是中国资本品全球市场定价机制的核心组件，它体现着中国资本品在全球资本市场中的价值与地位。科技资本同样如此，外汇市场则更是如此，它一定是人民币主权定价中心，是引领全球人民币定价的核心市场。正因这样的认知，位于上海的中国金融市场，完全可以理直气壮地定位自己：我们是全球金融市场的中国区块，我们有自己的属性，我们有自己的特质，我们有自己明确的服务领域，而根本无须类比纽约、伦敦。

所以，把传统国际金融中心的概念用于上海并不合适，明显有些落伍，而让上海金融中心效仿或类比老牌金融中心，并不利于中国全球性金融中心的独到规划，更不利于上海金融中心建设在全球取得独立而不可取代地位。

经济巨变之下的全球金融风险

百年不遇之变局在经济方面的表现极其明显。上海作为中国经济与全球经济最为重要的连接点，也作为中国最重要、最前沿、最充分的开放阵地，不仅需要明晰这一演变，而且要有多重预案，以及公开透明的法规、措施，以中国经济真实承受能力为前提，在激励金融开放和金融行为约束之间找到平衡。

第一，世界经济格局深刻演变。如果说布雷顿森林体系解体前，世界经济是“产业资本主导时代”，那么布雷顿森林体系解体后，世界经济进入“金融资本主导时代”；2008 年金融危机的发生，世界经济客观上结束了 40 年“金融资本主导时代”，而进入一个“否定之否定时代”，这恐怕就是“百年不遇大变革”的经济基础。

在这个“否定之否定时代”，产业资本需要回归经济舞台的中央，金融资本则需回归为产业资本服务的本源之位。但事实是：从奥巴马到特朗普，都在为美国经济“再工业化”不遗余力，但实际收效有限，而金融资本和产业资本对全球资源的争夺导致发达国家内部矛盾激烈。比如，全力支持产业资本的特朗普，上台后遭到金融势力强力泼污，甚至屡遭弹劾，其真实内涵不过是美国产业资本和金融资本争夺经济主导地位的表象。

这样的矛盾大大提高政府成本、降低政府效率，同时，金融和产业资本的市场效率也会受到压抑。这或许正是新时代的基本矛盾，也是重要的时代特征，未来还会不断发酵。

第二，无以复加的债务杠杠率。2008 年金融危机，使得 40 年“金融资本时代”戛然而止。其关键原因在于世界已看清：“金融资本时代”身后是不断积累的债务，而 2008 年金融危机，就是债务极致化的产物。据国际金融协会统计，目前全球债务 255 万亿美元，相当全球 GDP 的 300% 以上。

产业资本是财富创造的基础，而“金融资本时代”的债务往往是财富再分配的工具。由于厌恶风险的人性，必然导致越来越多的金融资源更加倾向短期金融套利，从而逐级推动金融“脱实向虚”，产业资本不断萎缩、经济空心化，金融危机频频发生。据统计，1945 年到 1970 年，世界总共爆发金融危机 39 次；而 1970 年到 1997 年，世界总共爆发金融危机 139 次，其中 44 次发生在发达国家，99 次发生在发展中国家。

所以，现实情况是美国、欧洲、中国、日本——全球经济主要发动机一并走在债务危机的钢丝绳上，这必然严重制约全球经济增长。如果不能有效破解，不仅让经济增长希望渺茫，而且随时都会将世界导入新的金融危机，一旦再爆发危机，其程度一定远超 2008 年。

第三，消费受到私人债务率过高的制约。IMF 数据显示，发达国家居民杠杠率大致为 75%；中国央行数据显示，中国居民杠杆率 2019 年 10 月已达 53%，其消费增长率已降至 5.5%，这反映国人消费越发保守。在此前提下，大幅提升消费可能性近乎为零，唯一消费动力则是就业增长。目前，美国失业率降至 3.5%。尽管有学者担心失业率过低会推高劳动力价格，不利于产业资本发育，但无论如何，消费增长要靠就业增长，它比加杠杆消费显得更加可靠。

第四，产业迭代“青黄不接”。传统产业利润已无法满足资本胃口，整个世界都在期待新科技带来新迸发、创造新暴利。但遗憾的是，产业资本并无足够技术储备，大量新技术尚停留下实验室里，这使得全球经济发展“暂且处于新旧动能青黄不接阶段”。比如人工智能，各国政府都在大力地推进，特朗普 2019 年 2 月 11 日甚至签署了《维护美国人工智能时代的领导地位》的行政法令，但问题是人工智能难以跨越人类对自身的生存担忧，尤其是底层群体，他们普遍担忧工作机会受到冲击。所以，包括美国在内的所有发达国家，其劳动阶层的焦虑情绪不断上升，并以各式罢工、示威活动加以宣泄。据丹麦盛宝银行的统计分析，人工智能可能在2020年遇冷。原因是它的“投入产出比”根本没能达到曾经的期许，这势必导致资本市场对人工智能投资的萎缩。

综上背景，我们或许可以领悟到：第一，过高的债务杠杆率已经打断了实体经济投资和私人消费的可持续性，这是全球经济低增长、甚至陷入停滞的根源，而这个趋势不可能在短期内恢复；第二，债务危机时刻危胁着全球金融安全，所以，防止再发生债务危机已经成为各国经济、金融政策的首选目标，而实现经济增长则处于次要位置，至少在债务杠杠不能有效降低到正常水平之前，经济增长需要耐心等待；第三，国际间必然爆发剧烈的产业资本争夺、股权资本争夺甚至就业市场争夺，而与之相应的贸易战、技术战必然过渡到金融战、汇率战，最终演变为：实体经济控制战；第四，为适应百年之变，并确保自己能够赢得领先的经济未来，发达国家打破传统，长期实施“超常规、极致性经济政策”，这恰恰是“异常时代的正常状态”，不仅顺理成章，而且反映了全球经济政策的历史性变革。

历史性的理论创新

每个时代都有代表性的经济理论。从西方近代经济理论发展的历程看，按照次序，其主线大致是：1933年之前，以亚当·斯密为代表的古典主义经济学（自由主义经济学）理论是主流经济学理论，时代以此为据而演进；1933年之后，以“罗斯福新政”为起点，美国开始接受凯恩斯主义经济学理论，开启了一个新的经济时代，而政府主导成为这个经济时代的基本特征；1972年布雷顿森林体系解体之后，经济“滞涨”现象否定了凯恩斯主义经济学理论，而新自由主义经济理论开始主导经济行为，同时开启了金融资本主导经济的时代，直至2008年金融危机。

回首过往10年，金融资本行为开始受到限制。以“沃尔克法案”亦称《华尔街改革与消费者保护法》为代表，金融审慎监管的理念开启。尽管2018年特朗普签署《经济增长、放松监管和消费者保护法案》，似乎否定了“沃尔克法案”，但从实际内容看，所谓“再度放松金融监管”不过是“重新梳理必须审慎监管的金融机构之标准”，为小型金融机构释放出监管空间，但“金融审慎监管”理念却坚如磐石。

尽管如此，我们必须看清一个重要经济格局：“再工业化”已成发达国家当下经济政策的主要方面，但未来，绝非金融资本或实体资本谁会独占经济舞台中央的问题，而是二者如何水乳交融、共生共荣的问题。2017年6月，美国财政部发布《一个创造经济机会的金融体系——银行与信用联盟》的报告；2017年10月，又先后发布了针对资本市场监管、资产管理及保险业监管的改革建议。从这些报告中我们可以明确看到，金融监管的改革目标均体现着抑制空转、服务实体经济的核心内涵。其“度”之关键在于：不是去分辨谁重谁轻、谁该取代谁，而是如何形成“两类资本”的合力，更为有效地“创造经济机会”。

这明显是对金融资本主导经济——金融资本主义时代的“扬弃”，也代表着一个新时代的经济特质。但问题是：这个时代经济政策、经济行为的理论基础是什么？新凯恩斯主义经济理论。其实，用新凯恩斯经济学理论（简称“新凯理论”）取代新凯恩斯主义的提法更为准确。因为“新凯理论”的一个重要特点就是：不机械、不教条，博采众长。更为可贵的是，作为“新凯理论”研究的前提假设更加讲求贴近实际，实事求是，不仅坚持凯恩斯理论的“基本内核”，同时也吸收新自由主义理论的“合理内核”，从而使理论对实践更具指导意义。

20世纪80年代，凯恩斯主义式微，“新凯理论”进入研究阶段，在凯恩斯和新自由主义的基础上，重新给定一系列理论假设。比如，凯恩斯认为市场不存在出清，而新自由主义主张时刻出清，但“新凯理论”则认为，“非完全出清”才是市场常态；凯恩斯认为工资、价格刚性，新自由主义认为工资、价格弹性，但“新凯理论”则认为“工资、价格粘性”才是市场常态。原因在于，凯恩斯主张政府主导，新自由主义主张充分竞争，但新自由主义认为“当今世界垄断竞争是主体”；在垄断竞争前提下，工资、价格变动更多取决于垄断集团的利益考量，所以变化很慢，呈现粘性。诸如此类。

华尔街非常痛恨“新凯理论”，因为它推翻了新自由市场主义神殿，而让金融必须接受更严格的监管，同时可能使金融资本失去对经济的“绝对统治地位”。但2008年，正是依据“新凯理论”的救援行动，才使美国金融体系免遭破产崩溃，并将美国经济拉出危机之外，这也是华尔街无可争辩的事实。所以，尽管“新凯理论”的各种实践存在不小的阻力，但作为当前经济理论最重要的前沿课题，正在成为全球经济新时代最核心、最重要的经济理论依据，并对宏观经济政策产生重大而深刻的影响。

比如，基于垄断竞争前提，“新凯理论”从微观上论证了“工资、价格粘性”。正是这一论证，使得我们对传统“通货膨胀”有了崭新认知：尽管工资、价格变动与货币供给之间存在动态关系，但工资、价格变化更多取决于垄断厂商对利益判断。值得注意的是，2008年金融危机发生和发展过程中的两位美联储主席——本·伯南克和珍妮特·耶伦都是“新凯理论”的研究者和实践者、代表性人物。在他们的金融行动中，除强化金融监管、大力约束“私下签约”的金融衍生品无度发育之外，还大胆启动了“货币资本化”进程，通过“扭曲操作”向金融市场大量注入长期基础货币，并借此培育长期资本市场，而以长期股权资本的增长，有效压低金融和实业企业的过高的负债率（杠杆率）。

事实证明，一系列重大政策变革，并未引发“恶性通胀”，反而推动美国经济稳定增长，失业率屡创新低，以事实证明了“价格粘性”的实际存在。美国金融危机救市三人组——伯南克、盖特纳、保尔森共同证实，导致2008年金融危机的三大风险——经济和金融过度依赖极易引发挤兑的短期融资风险、期限错配导致的“高杠杠”风险和金融系统向影子银行转移过多风险——在一系列“新政策”的作用下获得明显改观。比如，压力测试显示美国银行体系的优质资本金已经非常充足，这大大减少了金融系统对短期流动性的依赖。从2008

年到2015年，证券贷款从平均每日的2.5万亿美元降准至1万亿美元；曾带给贝尔斯登和花旗银行大麻烦的几类高风险融资工具，已被彻底清除，至今都未出现；金融危机之前，无抵押短期负债占金融体系资产总额的1/3，而现在仅为1/6，大幅降低了50%。

综合金融创新与金融凸前的重大风险

中国已经是全球第二大经济体，金融规模已经位居全球前列，而上海作为中国的经济、金融试验区，明显带有引领中国向发达经济体挺进的职能。但我们必须清醒，罗马不是一天建成的。无论上海的发达程度如何，它都无法摆脱中国作为一个发展中国家的现实约束；无论上海金融何等发达，它都无法摆脱全球经济、金融新趋势的约束。但是，基于金融资本主义仍有庞大的势力，它们依然试图沿着金融资本主导经济的道路推进金融发展，所以，上海作为国际金融中心，金融的发展和创新极易凸前于中国现实经济基础的情况，偏离当今世界新的发展趋势，而这必将带来重大的金融风险。

不用说中国，就算是发达国家也无法承受这样的风险。比如2008年，美国发生的金融危机其实就是金融凸前所致。经济基础是大量美国人根本买不起房子，金融业却偏要通过金融创新让买不起房的人买房，这样的金融创新体现的就是金融凸前，风险巨大。再如欧洲货币市场，当欧元区因债务问题引发经济基本面不及以往之时，金融衍生市场，尤其是货币衍生品市场超越经济基本面的凸前问题就形成了，大量创新型衍生工具，给金融投机豪客创造了巨大机会，这是巨大的金融风险。它迫使欧洲金融监管当局不得不出手干预，加大货币衍生品市场的监管力度，甚至开启“托宾税”降低这些衍生品市场的流动性。

正是因为金融凸前问题经常发生，又鉴于上海作为新兴的国际金融中心，因而建议上海提请中央，批准上海实施特殊的金融制度——分业经营、综合监管的金融体制。

一般而言，金融创新大都呈现一个重要特征：想方设法提高杠杆率。杠杠一般表现为：第一，保证金交易，小资金被放大为大资产；第二，短期负债不断滚动，维系长期资产的稳定，所谓负债与资产期限错配，而且负债期限越短、资产期限越长，杠杆率越高。从当代金融的发展看，金融风险往往表现为负债与资产期限错配而带来的流动性风险。

为了覆盖期限错配风险，商业银行、投资银行、保险公司往往联手控制风险。比如次级贷款通常是 10 年期债务，而次级贷款抵押债券一般为 1 到 3 年，但关键问题是：银行放贷之时大都依赖短期流动性周转而不断放大贷款规模。如何规避这样的风险？于是，商业银行负责放贷、投资银行和商业银行联手将贷款打包成资产抵押债券，再由保险公司为之提供债务违约风险担保，然后由投资银行出售给投资者。这一连串的包装，使得银行、证券、保险都变成了一根绳上的“蚂蚱”，都成了次级抵押贷款支持债券关联方，只要底层产品出了问题，一连串的风险就会发生，而且说不清这是银行、证券、保险哪个层面的风险，而是整体金融的风险。

这个案例告诉我们：针对金融创新的综合性趋势，金融风险识别、评价、防控必须满足综合性特征，其重要性不管怎么强调都不过分。所以，哪怕是在金融分业经营的前提下，建立一个强有力的综合监管制度——从体制到机制都显得非常重要，这恐怕也是未来金融监管发展的大势所趋。

建立综合金融监管制度

上海的金融就是全球的金融，上海的金融市场就是全球的金融市场。作为金融中心，作为全球各路资金的聚集地、疏散地，包括中国在内，全球金融市场上的一切金融行为、金融现象、金融产品未来都必将在上海呈现。正是基于这样的特点，上海金融监管必须有别中国其他地区，而不仅仅是央行设立一个副部级总部在上海就可以解决问题的。

鉴于中国目前各个所谓地方金融监管机构均为自上而下的垂直管理系统，北京的各项监管政策和措施一般都是针对全国，而很难估计或顾及上海的特殊性，而且因为它们各有隶属，经常各自为战，所以很难形成统一的、强有力的综合监管力量。

正因如此，建议上海向中央提出请求，改革上海金融监管体制。具体而言：第一，在上海市委、市政府领导下、建立一个副部级的、可直接向国务院金融委汇报的上海金融综合发展与监管委员会（以下简称：上海金监委），并使之成为上海最权威的金融综合监管机构，让上海成为中国乃至全球金融综合监管的实验区。

第二，由主管副书记或副市长担任主任，央行上海分行行长担任常务副主任、上海银保监局、证监局局长担任副主任、上海市政府金融办主任担任秘书长，并从各自单位抽调一批人员，专属上海监委，然后分设内部机构。

第三，上海金监管委成立后，中央应考虑弱化上海原有各监管机构的职能和人员配备，将职能转移到上海金监委，并基于综合发展、综合监管理念重新设置上海金监委内部机构。比如，金融市场综合调研司、金融市场综合政策司、金融市场综合协调司等。

第四，上海金监委必须基于国际金融市场监管定位，结合国际金融动向及其在国内的反映，分级制定相应的监管政策或政策建议；定期并及时向中央、国务院，以及北京各职能部门通报情况，并接受北京各职能部门和重要智囊机构的建议和意见，摒弃现行金融监管条块分割的格局，使中国金融监管以上海为节点变得融合高效，为中国金融监管，乃至世界金融监管的发展做出积极探索。

金融综合监管在全世界没有先例可循，必须指望中国自己的独闯和独创，但这样的探索和尝试势必使上海全球金融中心中国区的地位更加重要，作用更加凸显。一方面，可以更加突出金融安全作为国家安全重要组成部分的重要性；另一方面，可以和国际接轨并行不悖。更重要的是，它代表着中国金融正在迎合“百年不遇大变局”的时代特征。

当然，理想很性感、现实很骨感。所以建议制订过渡性方案：上海可以考虑设立“中国全球金融市场综合风险识别、评价、防控中心”，先以此作为综合监管体系建立的研究基础，并向中央、国务院提供金融综合监管建议；同时，也可借此之机，为中国培训金融综合监管的人才队伍。

金融监管凹陷的历史性教训

在前文中我们大致讨论了“金融凸前”——金融创新脱离经济基本面需求所带来的重大金融风险。但从历史看，发展中国家更多会因为“金融开放凸前于金融监管”（或者“金融监管凹陷”）而导致重大金融风险。这方面的教训，1997年亚洲金融危机期间表现得非常典型。

20世纪80年代，大量加工贸易移向中国，以致亚洲四小龙、四小虎——这些当年的亚洲经济明星光亮减退，经济增长日渐式微，尤其是它们曾经赖以发展的贸易顺差逐渐变成逆差。不错，它们面临经济转型的重大考验。如何转？转向何处？如何才能弥补贸易逆差导致外汇储备缩减？新自由主义经济学家们给出的建议是：打开国门，开放资本账户，用资本账户的顺差对冲经常账户逆差。

泰国政府率先接受了这样的建议。在一系列开放政策的作用下，外资的确来了，但它们并没有流入制造业，而是去炒房、炒股、炒地皮，这当然导致泰国住房市场的异常火爆；同时，房价、股价上涨带来的财富效应又激发了泰国年轻人巨大的消费冲动，全世界的名牌消费品一股脑涌入，处处充斥着经济繁荣的景象。为了延续这样的繁荣，泰国坚持固定汇率制度，确保外资自有流入流出而不受汇率变化的影响。

这当然构造了巨大的经济泡沫，股价、房价、外债等方向所表达出的金融资产价格，完全失去了财富创造的支持，构成了严重的“金融凸前”。还有一个更加严重的问题：泡沫化的经济已经导致固定汇率制度之下的泰铢严重被高估，加之货币投机最大可以使用200倍杠杆，所以泰国金融危机便从货币开始了。

泰国发生货币危机。但是，在外资大量外流以致股市、楼市暴跌之际，泰国中央银行为维系固定汇率开始向市场大量抛售外汇储备，不够就借，但应该借多少才够用？泰国没人知道，东盟各国几乎都不知道自己的国家有多少资本要外逃，更不知道自己需要多少外汇才能挺得住。为什么？在开放过程中，这些国家的金融监管形同虚设。所以，当国际货币基金组织拒绝“无偿援助”之时，它们挺不住了，放弃了固定汇率，宣告了泰铢保卫战的完败。

我们没必要再去过多分析，“金融凸前 + 金融监管凹陷”曾经是发展中国家的通病，而对于未来的上海、未来的中国，金融凸前恐怕在所难免，尤其是国际经济风云变幻为中国经济增长和发展路径平添巨大变数之时，“金融凸前”问题势必更加明显，但此时此刻，必须依托监管和监管的“适度凸前”去化解、去平衡“金融凸前”带来的重大风险。正因如此，上海的金融监管需要强化，需要一个专门的“一线机构”去弥补中央级金融监管对上海金融监管的顾及不足，从而形成对上海、对中国国际金融中心的“双重防护”。

（钮文新　万里智库高级研究员、《中国经济周刊》首席研究员）

董希淼　黄娇

上海如何建成国际一流金融中心？

中共十九大提出要以新发展理念建设现代化经济体系，对新时代中国经济发展提出了新要求。金融体系在现代经济中起着促进要素流动、优化资源配置等作用。在新时代建设中国现代化经济体系，要以开放的金融体系和国际一流金融平台作为支撑。上海市以其区位优势、开放水平，尤其是强大的辐射效应，成为我国国际金融中心建设的城市之一。

自 1992 年中共十四大提出建设上海国际金融中心的目标以来，历经 5 个五年计划，上海在国际金融中心建设中取得长足进步。2020 年 2 月 14 日，中国人民银行会同“两会一局”、上海市政府发布《关于进一步加快推进上海国际金融中心建设和金融支持长三角一体化发展的意见》，助推 2020 年基本建成上海国际金融中心。下一步，应该把握好历史机遇，从五个方面采取措施，加快推进上海国际一流金融中心建设。

一、上海国际金融中心建设取得历史成就

近年来，上海在建设国际金融中心方面取得了显著成就。从国际金融中心构成基本要素来看，上海在国际金融中心主体架构、金融对外开放水平及人民币价格形成能力、经济辐射效应等三个方面取得显著成效。

上海的国际金融中心主体架构已经基本确立。

主要表现在，现代金融市场体系、金融机构体系、金融产品和基础设施服

务系统在不断完善。具体来看，一是金融要素市场汇聚，市场体系进一步完善。目前上海已经形成了一个由债券、股票、保险、货币、黄金、外汇、商品及金融期货等构成的全国性现代金融市场体系（表 1 所示为上海现代金融市场体系的形成进程），拥有上海证券交易所、期货交易所、中国金融期货交易所、外汇交易中心、黄金交易所、钻石交易所等具有较大影响力的金融要素市场，如黄金交易所交易量居全球第二位。二是金融机构进一步聚集，金融机构体系更加健全。从国内来看，设立中国人民银行上海总部，多家商业银行和保险、证券机构将总部设在上海，主要商业银行先后在上海成立分支机构，中国保险投资基金、中国互联网金融协会等金融机构落户上海；从国际来看，外资金融机构不断聚集，将机构总部设在上海。金砖国家新开发银行、人民币跨境支付系统（CIPS）、全球清算对手方协会（CCP12）的落户，让上海金融业国际影响力显著提升。三是金融产品种类增加，市场参与主体增多。债券市场已全面涵盖境外央行类机构及其管理产品，QFII 和 RQFII，基金等中长期机构投资者。四是金融基础设施进一步优化。各金融主体之间用于清算、结算、支付交易等系统是金融市场的核心支撑部分。上海清算所中央对手交易机制发展快，初步建立本外币、多产品、跨市场的中央对手清算业务体系。随着人民币跨境支付系统投产，上海已初步建成以 CIPS 系统为核心、境内商业银行跨境代理清算为基础、离岸人民币清算行制度为重要组成部分的人民币跨境支付和清算中心。

表 1　上海现代金融市场体系的形成

名称	成立时间	种类	2019 年成交 / 清算金额（亿元）
上海证券交易所	1990 年 11 月	股票	543844
		债券	2209804
		基金	68590
上海期货交易所	1999 年 5 月	金属 / 能源化工 / 衍生品等期货产品	2250188
中国金融期货交易所	2006 年 9 月	股指期货	548000
		国债期货	148200
		股指期权	13

续表

名称	成立时间	种类	2019 年成交 / 清算金额（亿元）
中国外汇交易中心	1994 年 4 月	同业拆借	1516373
		质押式 / 买断式回购	8196287
		现券买卖	2137441
		利率互换	–
		人民币外汇	–
上海黄金交易所	2001 年 10 月	黄金 / 白银 / 铂金等	287551
上海钻石交易所	2000 年 10 月	钻石	399
上海清算所	2009 年 11 月	固定收益产品	2542427

数据来源：根据各交易所网站资料整理。

金融市场开放水平提高，人民币价格形成功能增强。

近年来，上海金融市场对外开放不断提速。一方面，在证券市场上，我国 A 股相继被纳入明晟（MSCI）指数、富时罗素全球指数，以及债券被纳入彭博巴克莱全球综合指数等各大主流国际指数，人民币价格形成功能增强。此外，相继推出的“沪港通”“债券通”“黄金国际版”等国际金融资产交易平台，支持外资金融机构加快在上海布局。另一方面，在银行和保险市场上，支持外国银行在沪同时设立分行和子行，支持商业银行在沪发起设立不设外资持股比例上限的金融资产投资公司和理财公司，支持外资银行开展代理发行、代理兑付等。放开在沪外资保险经纪公司经营范围，支持外资来沪经营保险代理和公估业务，支持设立外资控股人身险公司等举措，促进了外资金融机构在上海的布局，提高了金融开放水平。

经济辐射能力和辐射效应进一步增强。

2005 年，中国人民银行上海总部成立，在履行分行业务基础上，又履行部分总行职能，进一步推动了上海国际金融中心建设：一是作为公开市场操作和金融市场运行检测的平台；二是作为国际往来重要窗口；三是作为金融业服务和开发中心。上海作为国际金融中心，有助于进一步辐射全国，服务全国经济。

2013年，我国率先在上海设立自由贸易区，这是我国首个贸易区，与上海国际金融中心建设形成联动效应。人民银行上海总部会同相关部门先后出台20余项政策文件及相关细则，推动自贸区金融制度创新性改革。人民币跨境业务及监管模式的建立、经常项目完全可兑换及有管理的资本项目可兑换、建立有风险管控的自由贸易账户（FT账户）系统、金融简政放权等措施，极大推动自由贸易区建设，进而更好地服务实体经济。20多项金融创新制度在上海自贸区率先实施，进而复制推广到全国。上海作为“领头羊”，为全国金融改革开放和自贸区建设积累经验。

根据《“十三五”时期上海国际金融中心建设规划》（以下简称《建设规划》），到2020年，上海要基本建成与我国经济实力以及人民币国际地位相适应的国际金融中心，形成“6+1”的国际金融中心基本格局，迈入全球金融中心前列。回顾过去，从金融体系结构来看，上海国际金融中心的主体架构已基本确立；从金融开放程度来看，上海金融开放水平进一步提高；从内涵功能来看，人民币国际化程度及定价能力逐渐提升；从辐射效应来看，上海作为自贸区金融改革“领头羊”，已形成对全国的经济辐射效应。下一步，应继续提升上海国际金融中心建设水平。

二、上海建设国际一流金融中心到了最佳时间窗口

世界大势，浩浩荡荡。中国正处在发展的新时期，我国经济高质量发展和金融业改革开放深化对上海国际金融中心建设提出了新的更高要求。与此同时，当今世界面临百年未有之大变局，将上海建设成为国际一流金融中心恰逢其时。

国际金融中心竞争格局发生变化。

从国际金融中心发展的角度来说，英国执意“脱欧”和美国保护主义及逆全球化政策，都对国际金融体系带来巨大的负面影响，也对伦敦和纽约这两大全球金融中心的发展不利，两大金融中心地位将受到挑战。

全球金融中心指数（GFCI）是对世界各国金融中心最具影响力的评估方式，其指数形成的依据是“因素评价模型”。模型指标的运算体系详尽而复杂，但参考的主要方面有五项，即商业环境、金融环境、基础设施、人力资本和总体声誉。从这五个方面来看，英国“脱欧”无疑对伦敦金融城的地位造成巨大冲击。第一，商业环境将会发生恶化。英国“脱欧”之后，对英国与欧盟甚至世界其他国家的商业贸易将产生不同程度的壁垒，双方经济都将蒙受损失。第二，金融环境将会发生重大改变。欧盟“金融通行证”是世界各国金融机构在伦敦设立欧洲总部的保障制度，英国正式“脱欧”，无论是英国本土的金融机构，还是将欧洲总部设在伦敦的国际金融机构，都将立即失去进入欧盟单一市场的金融通行证。同样，对于跨境清算业务，金融服务协议的持续性都将受到阻碍；第三，从基础设施上来说，“脱欧”并不会对“硬件”基础设施造成影响，但对金融行业的“软件”基础设施而言会造成不良的影响，如金融服务系统的维护、金融数据的存储与传输等。第四，伦敦金融城能够占据鳌头、持续发展依赖的是优秀人才纷纷融入。众所周知，金融其实是一项系统工程，需要财务分析师、国际律师、评级咨询师等大量的人才。英国“脱欧”，可能形成人才引进的高门槛，那么可支撑伦敦金融城发展的动力则会逐步丧失。第五，“脱欧”对伦敦金融城的声誉来说，长期的影响可能远远超乎想象。在市场化的竞争关系中，谁更具有优势，谁将会获得市场参与者的认可。目前，上海已经具备争当世界一流的国际金融中心的基本条件，对于市场参与者来说可能是更好的选择。

成为世界一流的国际金融中心，纽约依靠的是战后美国强大的经济实力以及美元的霸主地位。如今，这两个方面的优势都呈现难以持续的疲态。第一，美国国债收益率倒挂，预示着经济面临下行压力。2020 年 3 月，美国 3 月期国债收益率与 10 年期国债收益率出现倒挂，事态较为抢眼，市场敏感且多有议论。尤其是在当前美国经济有所下降、美联储政策存有争论、美元走向面临纠结局面，美国国债收益率倒挂则是对美国经济未来的预期不佳。回溯美国国债近 50 年历史，其中短期国债收益率曲线倒挂现象共出现 6 次，而美国经济则在平均利率释放倒挂信号后的311天显现衰退迹象，期间伴随美元滞涨并转向贬值，美联储暂停加息并开始降息，美国三大股指涨势受限且投机频繁。近期，美股的三大股指忽涨忽跌，波动率加大，多空两方博弈加剧，使得美国的资本市场更加动荡。第二，美元霸权逐渐削弱。美元霸权的形成具有历史的原因，但往往受到美元影响的国家，日子都不太好过，如巴西、阿根廷等新兴市场国家。如今，随着俄罗斯、日本等国对美国国债的减持，以及石油美元体系的逐步减弱，支撑美国经济的美元霸权也在逐步削弱。因此，从这两个方面来讲，支撑纽约成为世界一流国际金融中心的重要支点正在减弱。

中国自身经济实力不断增强。

从国家统计局公布的数据看，2019年我国国内生产总值（GDP）达到99.1万亿元，接近100万亿元人民币，实现6%–6.5%的预期目标。若按照年平均汇率折算成美元，则达到14.4万亿美元，人均GDP突破1万美元大关，按照标准我国已经步入中高收入国家行列。

2019年我国GDP接近100万亿元具有特殊意义。一方面，这是我国供给侧结构性改革持续深化下取得的综合国力成绩单。这一改革的核心是给我国经济去疴，不再追求高速增长，因此99.1万亿元的GDP内涵更好、质量更高。99.1万亿元的GDP稳居全球第二，也凸显我国进一步夯实了自身综合实力的基础。另一方面，2019年全球经济形势面临严峻挑战，我国更遭遇了前所未有的内外变局。国内供给侧结构性改革日趋深化，各项改革尚未完全释放红利，而因此我国的经济韧性很强，未来发展空间巨大。

与此同时，支撑我国经济未来发展的支点增多。减税降费将激发更大的经济活力。统计数据显示，2019年累计新增减税降费超过2万亿元，占GDP比重超过2%，拉动全年GDP增长约0.8个百分点，所有行业税负均不同程度下降，有效激发市场主体活力，增强经济发展信心，特别是深化增值税改革后，月均净增一般纳税人8.88万户，相当于改革前的两倍。而且，相关政策也将在新一年落地生根。

金融开放助力经济行稳致远。“金融活、经济活，金融稳、经济稳”，2019年我国金融服务业对外开放呈现明显提速的状态。2018 年 4 月，在博鳌论坛上，习近平主席宣布中国将大幅放宽市场准入，落实各项开放措施“宜早不宜迟，宜快不宜慢”。2019 年 7 月，金融委办公室发布 11 条扩大金融业对外开放政策措施，大幅度放宽金融市场准入条件或业务范围。目前多项措施已落实到位，不少外资金融机构已经进入中国实际开展业务。

优化贸易结构增强经济韧性。持续推动优化国际市场布局、国内区域布局、经营主体、商品结构、贸易方式等“五个优化”，取得了积极成效。总体来说，2019 全年货物进出口总额 31.54 万亿元，比上年增长 3.4%；贸易总量创历史新高；数量增长，结构优化，进出口稳中向好的目标较好实现。贸易结构“五个优化”在增强经济发展韧性上取得显著成绩。

作为世界第二大经济体，我国经济中仍存在巨大的发展空间。此时，我国经济发展的韧性经过贸易摩擦更加凸显出来。依托于此，上海建立一流的国际金融中心底气十足。

人民币国际化程度正在加深。

国际货币基金组织（IMF）最新公布的数据显示，截至 2019 年 12 月末，全球各经济体央行持有的外汇储备中，人民币资产占比升至 2.01%，超过澳大利亚元、加拿大元和瑞士法郎，创 IMF 自 2016 年 10 月报告人民币储备资产以来最高水平。

人民币在全球央行外汇储备资产中的占比上升，反映出 2016 年底人民币纳入 IMF 特别提款权（SDR）货币篮子后，全球外汇储备管理机构持有人民币资产的兴趣增加，对美元的依赖有所降低，有利于促进全球外汇储备资产多元化。

而作为全球第二大经济体，人民币已经被很多国家视为除美元以外的最佳国际结算货币。中国市场本来就是很多国家都非常热衷的地方，加上不是每个国家都手握庞大的外汇储备，用人民币来做贸易结算，首先方便本国与中国进行进出口贸易，其次减低外汇损失风险。目前，不管是传统发达国家还是新兴国家，不管是美国的盟友还是对手，都逐渐加快向人民币靠拢的脚步。俄罗斯、伊朗、沙特等主要石油出口国开始向人民币靠拢，此前，欧洲央行曾买入价值5亿欧元的人民币作为储备，随后德国、法国、英国也陆续将人民币纳入自己的外汇储备中。时至今日，美元仍然是国际上最通用的货币。尽管人民币短期内无法取代美元，但至少人民币可以逐渐成为全球储备货币之一。

截至2019年第三季度，全球有60多家央行/货币当局以及主权财富基金把人民币作为外汇储备资产。人民币已成为全球第五大支付货币及第六大官方外汇储备货币。人民币刚纳入SDR货币篮子时人民币资产在全球外汇储备中占比为1.07%，短短两年多时间这一数值已增长了88%。可以预见，未来全球外汇储备中人民币资产配置比重还将继续增加。

三、上海建设国际一流金融中心面临挑战

从历史上看，纽约、伦敦等老牌金融中心的建立主要得益于三方面要素。第一，具备历史发展的机遇；第二，本国经济的发展；第三，主权货币地位的提升。从上海与其他国际金融中心的建立路径和优势对比来看，根据最新的英国独立智库Z/YEN集团发布的全球金融中心指数，上海已由全球第6位升至第5位。结合当前的国际形势，中国应以上海为抓手积极把握历史机遇和有利时间窗口，全面提升我国的金融综合实力和国际影响力，将上海打造成全球一流的国际金融中心。

尽管上海在建设国际金融中心方面取得了显著成就，但上海建设国际一流金融中心仍然面临挑战。从评价体系来看，除GFCI外，还有“新华国际金融中心发展指数”等。以GFCI指数的评价指标来看，上海与伦敦、纽约相比差距最大的地方在服务水平与营商环境；以新华国际金融中心发展指数评价指标来看，上海在商业环境、人力资本方面与伦敦、纽约差距最大。因此，上海与老牌国际金融中心的差距主要在服务水平、营商环境、人力资本等方面。

表2所示为上海与其他4个国际金融中心城市的比较。总的来看，较之纽

约、伦敦、香港、新加坡，上海存在三方面的差距。首先，从内涵功能来看，一方面，金融市场基本架构虽已建成，但尚不完善。上海仍需提高金融市场服务水平，建设适应国际金融中心地位的高水平金融市场；另一方面，人民币在国际市场的定价权和话语权有待提升，定价机制和交易功能尚待改善。其次，从国际化程度来说，上海国际化程度需进一步提高，作为全球资产、融资中心等作用发挥不够充分，金融机构开展国际化业务的能力较弱。最后，从金融环境来看，国际一流金融中心依赖于优质营商环境和金融软环境提供支持，上海应进一步完善金融法律、税收、人才等政策，优化金融生态环境。

表 2　上海与其他国际金融中心比较

金融中心	建立路径	比较优势
纽约	雄厚的经济实力；布雷顿森林体系奠定美元地位	强大的国际金融资源配置能力；重要商品定价能力与话语权；优质的营商和软环境
伦敦	政府推动的金融自由化改革；以统一监管为特征的第二次金融改革	欧洲最大的金融中心；重视亚太、中东等新兴市场
香港	取消外汇管制，汇率自由浮动等金融自由化改革	离岸人民币业务
新加坡	政府主导，借助亚洲美元市场建立，形成内外分离型金融市场	高密集多样化的金融机构；资产及财富管理方面的佼佼者；倡导跨洲合作机制
上海	政府主导与市场驱动相结合	国家庞大的经济体量；改革开放步伐加快

资料来源：根据网络资料整理。

四、把握历史机遇，上海向建设国际一流金融中心发力

根据《建设规划》，2020 年上海将基本建成国际金融中心，形成“6+1”基本国际金融中心格局，即“六个中心”和“一大系统”，包括全球资产管理中心、全球人民币支付清算中心、跨境投融资服务中心、金融科技中心、国际保险中心、金融风险管理与压力测试中心，以及一个优良的金融生态系统，并为下一步建成国际一流金融中心奠定基础。为此，上海应缩小与伦敦、纽约等老

牌国际金融中心的差距，向国际金融中心冲刺，并以建成国际一流金融中心作为目标。根据上海与伦敦、纽约等国际金融中心城市的比较和相关的权威国际金融中心评价指标，上海对外开放度如资本项目可兑换需进一步开放、风险管理水平需进一步提升、营商环境及高端金融人才数量等软环境需进一步优化。从长远来看，根据金融发展趋势来看，未来评价国际金融中心的指标很可能会包括金融科技发展相关指标。

因此，上海应把握历史机遇和时间窗口，重点从以下几个方面发力，提升国际金融中心建设质量，进一步向建成国际一流金融中心迈进。

提高人民币金融资产配置国际占比。

随着人民币国际化水平的持续提升及人民币在各国储备资产中占比的提高，人民币资产陆续加入国际普遍使用的重要股票和债券指数，如明晟指数、彭博巴克莱债券指数等，因此，被动的、指数型的全球资产管理者会增加人民币金融资产的配置。由于目前我国资本项目部分可兑换，资本市场未完全开放，故应当推动资本项下可兑换的进一步开放。此外，应加强与“一带一路”建设联动，以“一带一路”建设作为契机，进一步推动金融开放，提高人民币国际化水平，进而建设互联互通的国际金融体系。一方面，随着投资和贸易不断增加，对金融服务的需求会日益增加，上海可打造成支持“一带一路”建设的合作平台，推动建设新兴金融规则，鼓励金融机构在“一带一路”沿线各国设分支机构，以此将上海打造成服务于“一带一路”沿线投资和贸易活动的大动脉。另一方面，虽然人民币国际化水平已有提升，但金融产品缺乏创新，同样会阻碍“一带一路”沿线国家提高对人民币金融产品的配置占比，因此应当通过与沿线国家金融机构的合作，来研发创新性的金融产品，增强产品的国际竞争力，如发行以人民币计价的“一带一路”债券，以此提高人民币金融产品的国际配置占比，增强人民币的渗透力和扩张力，同时提升人民币的国际化水平。

提升人民币金融资产风险管理能力。

伴随人民币国际化进程、汇率市场化改革以及人民币资本项目可兑换等进一步推进，人民币金融资产配置比率在国际占比提升，相应就会面临市场、流动性等风险，因此应采取措施提高人民币金融资产的风险管理能力。首先，基于市场化的风险管理包括两个方面，一方面是定价，要完善金融产品的定价机制，采取每日交易的连续报价，确保市场定价正确反映产品价值，避免金融产品价格不合理波动，降低市场风险；另一方面是对冲，随着“一带一路”等区域经济发展倡议的推进，金融风险的国际关联性也增强。上海要积极研发和创新各种金融衍生工具，通过衍生工具市场，进行金融产品组合，用市场化的套期保值方式对冲风险。其次，金融业改革和开放不能操之过急，要有序推进人民币资本项目可兑换，资本账户的开放可以另辟蹊径，用好 FT 账户。由于 FT 账户有“金融安全阀”的作用，可根据监管需要随时调节松紧，因此对于风险的控制方面有较好的作用。

与金融科技中心形成联动效应。

可以预见的是，未来全球金融增长点在于金融科技，未来的国际金融中心评价将可能增加金融科技相关指标。为把上海建设成为与国际金融中心地位相适应的金融科技中心，推动上海国际金融中心和科技创新中心的联动发展，2019 年 10 月，人民银行印发《关于促进金融科技发展支持上海建设金融科技中心的指导意见》（以下简称《指导意见》），并以《指导意见》为抓手，积极支持上海探索在大数据、区块链、云计算、人工智能等在金融领域的应用，占领金融科技制高点，提升金融科技支撑上海建设国际一流金融中心能力。一方面，上海应继续积极布局和深化金融科技应用试点。上海金融科技企业主要分布在黄浦区、浦东新区、虹口区以及徐汇区、普陀区和杨浦区等区域，浦东新区陆家嘴金融城是上海发展金融科技的发力点之一；另一方面，应集聚智力资源助力国际金融中心建设，在高校成立金融科技方向相关人才培养的专业和项目，培养助力上海建设国际一流金融中心的金融科技人才。与此同时，要立足当前，注意发挥已有优势。在金融科技领域，上海目前已有中国银联等国际知名卡组织和科技机构，金融机构也积极在上海设立金融科技公司或布局金融科技，如建信金科、兴业数金、光大云付等。要采取进一步措施，支持中国银联及金融科技公司更好地发挥作用，并吸引更多金融机构和科技公司在上海设立机构。

持续优化金融营商环境。

上海国际金融中心建设需要一个优良营商环境。对国际金融中心而言，营商环境主要是金融运行和监管的市场环境、法律环境、政务环境等。首先，在市场环境方面，随着上海国际化步伐加快，金融运行和监管机制也应当适应国际化进行相应调整。根据国务院金融稳定发展委员会部署，应健全金融监管协调机制和信息共享机制，健全反洗钱、反恐怖融资和反逃税等相关制度。具体来说，针对金融跨市场、跨国界活动的特点，实施“穿透式”监管。一是探索建立符合上海国际金融中心特点的金融税收制度等维护上海商贸活动运转。二是应建立起金融与海关、商务等部门的协调监管机制。其次，在优化法律环境方面，一方面，要构0建国际化的法律法规环境；另一方面，可以建立专业的金融法院，提升金融案件审理的专业性和效率。

此外，在优化政务环境方面，一方面，政府与金融机构合作，开设金融便民服务中心，提升服务质效；另一方面，政府要简政放权，深化金融体制机制改革，改进和加强地方金融监管。

不断聚集中高端金融人才。

金融的竞争在根本上来说是人才的竞争，国际金融中心的一个重要衡量指标是具有国际竞争力的高端金融人才数量。一方面，要吸引全球金融业优质人才。要健全吸引金融人才的体制机制与发展环境，将上海建设成金融从业者理想的工作城市，将中国及全球的金融精英聚集上海。另一方面，要有针对性地自主培养相关金融人才。金融机构应密切与高校、科研机构联系，为金融人才培养提供实践环境；学校教育紧跟金融业发展，特别是国际金融中心建设对专业人才的需求，业界、学界深化产学研合作，共同为金融业培养和输送专业化、国际化的中高端人才。

根据《上海市城市总体规划（2016–2040）》计划，至2040年上海将建成国际“五个中心”，分别为国际经济、金融、贸易、航运、科技创新中心，其中国际金融中心是建设的核心内容。综上所述，从更长的时间维度看，上海应把握历史机遇和顺应未来金融发展趋势，将国际金融中心建设作为长期工作，久久为功，持续发力。首先，在人民币国际化背景下，以推进资本项下可兑换项目进一步开放和风险管理水平进一步提升等角度推进人民币金融资产配置和风险管理水平；其次，从规则制定和法律法规方面优化营商环境，及从完善金融人才吸引的体制机制与和优化发展环境等方面吸引和聚集高端金融业精英人才，努力达到国际一流金融中心评级指标；最后，从未来国际金融中心评级指标看，要与金融科技中心建设联动，助力上海建设成国际一流金融中心。

（董希淼　国家金融与发展实验室特聘研究员、中南财经政法大学金融学院硕士生导师；黄娇　中南财经政法大学金融学院硕士研究生）

参考文献

［1］金鹏辉. 推进上海国际金融中心建设［J］. 中国金融，2017（24）：22–25.
［2］赵素君，张祥建，涂永前.The Breakthrough and Measures of Shanghai International Financial Center Docking “The Belt and Road” 上海国际金融中心对接“一带一路”的突破口及措施［J］. 科学发展，2017，000（006）：78–85.
［3］孙榕. 上海国际金融中心：向全球前列冲刺［J］. 中国金融家，2018（12）：72–74.
［4］卓群. 全球金融基础设施发展趋势及对上海国际金融中心建设的启示［J］. 上海金融，2017（9）.
［5］郑杨. 论加强外汇管理与促进上海国际金融中心建设［J］. 商讯，2018.
［6］易纲. 大力支持上海加快国际金融中心建设［J］. 中国金融家，2019（7）：25–26.
［7］秦焕梅. 上海国际金融中心建设与“一带一路”倡议［J］. 大陆桥视野，2019（03）：56–66.
［8］谢谦，刘洪愧. 上海自贸区金融开放创新前景［J］. 金融博览，2018（11）：16–17.
［9］彭海艳. 建设适应上海国际金融中心特点的跨境金融税收制度［J］. 科学发展，2019（12）：42–53.
［10］借力上海国际金融中心 促进金融服务提质增效［J］. 决策咨询，2019（05）：8–9.
［11］江凌文，米晋宏. 上海国际金融中心金融集聚能力的探讨［J］. 科技视界，2019（34）：1–4.

王自强

充分发挥资本市场关键性作用的十个建议

经过近二十年的发展，上海已经初步进入了世界性金融中心的行列。但与公认的国际金融中心（比如，纽约国际金融中心、伦敦国际金融中心、东京国际金融中心等）相比还有明显差距。我们认为迅速缩小这种差距的关键一招，就是充分发挥资本市场的巨大的历史性作用。

改革开放以来，上海已建立了银行、保险、信托、黄金、债券等品类众多的庞大传统金融体系，但以证券为代表的资本市场明显是短板。而已有的现代国际经济中心、国际金融中心、国际贸易中心、国际航运中心、国际科技创新中心的发展历程表明，资本市场始终发挥着不可替代的关键性作用。尤其是庞大的传统金融产业，只有借助强大的现代资本市场，才能够有效地转型升级，顺利地走向未来。

事实上，回顾上海的发展，我们清楚地看到，自从上海证券交易所诞生以来，无论是浦东新区建设，还是老国企起死回生，以及现代智能制造业的方兴未艾，资本市场都功不可没，无不发挥了超预期的巨大作用。

但是，我们必须清醒地看到，与上海的经济总量相比，与上海未来的发展相比，上海的资本市场都还显得太薄弱、太稚嫩，还远远没有展现出它应有的伟力和丰姿。

我们讲大力发展上海资本市场，充分发挥资本市场在五个中心建设中的关键作用，并非一厢情愿、空穴来风。我们高兴地看到，在万众期待中，习近平总书记于2018年在上海进博会期间高规格宣布设立科创板，强有力地吹响了进一步建设和发展上海资本市场的嘹亮号角，为上海国际金融中心的最终建成拨云见日、指明了方向。科创板近一年来的成功运行深刻地影响了上海的方方面面，极大地鼓舞了“大众创业、万众创新”的士气。2019年，通过科创板上市的公司已有75家，包括“面向世界科技前沿、面向经济主战场、面向国家重大需求，符合国家战略、拥有关键核心技术、市场认可度高”等的科技创新企业。这其中有近20%的企业来自上海，特别是战略新兴产业不负众望，在芯片制造、生物医药等国家急需的高新技术领域实现了重大突破，为上海五大国际中心建设奠定了坚实的基础。

现代国际金融中心并不是简单的各类金融总部的堆砌。上海国际金融中心的建设与上海其他四大国际中心的建设是有机的整体，相辅相成、相得益彰。而国际科技创新中心的建设尤其离不开资本市场的孕育和助力。科创板的设立正是其中关键的一招。一般而言，对于新技术、新产业，尤其是科技创新，传统银行业往往鞭长莫及、无能为力。而这恰恰是资本市场能解决的问题。我们看到，2008年以来，美国的资本市场不仅帮助美国迅速地摆脱了金融危机，而且促使美国的科技和先进制造业得到了长足的发展。美国的纳斯达克市场由于其制度设计的优势，吸引了大量的科技公司，特别是也吸引了大量的优秀中国公司，使得纽约金融中心的地位得到了大力发展和加强，其经验值得我们借鉴。反观我们自身，在传统制造业获得举世公认发展的同时，无论是资本市场还是科技创新都是令人痛心的短板。近年来，国家层面已充分认识到资本市场的极端重要性，不断推出加大资本市场建设的新战略、新举措。我们认为，上海既是受益者也是建设者。今天，上海更应该以建设者的面目和姿态赢得举世瞩目。

综上所述，我们建议：

1. 强化上海证券市场的主板地位，完善资本市场体系，增强资本市场的功能。进一步支持上海证券交易所做大市场规模，迅速推进期货市场发展，确立上海期货交易所作为主要大宗商品国际定价中心的地位。

2. 进一步明确扩大直接融资规模的政策导向，推动更多的新兴产业企业上市、并购、重组和规范运作。全面提高上海上市公司的质量。支持已上市公司的再融资，鼓励有条件的大型企业整体上市，为千千万万的优质公司到上海注册和运营创造良好的营商环境。

3. 积极推动债券市场发展，大力推动交易所债券市场与银行间债券市场、柜台市场的统一互联，和登记结算体系的整合，稳固全国交易中心的地位。进一步发展产权交易市场，使上海成为全国性的，乃至世界性的综合性产权交易大市场。

4. 鼓励和引导各类合规资金充分进入资本市场，吸引、汇聚和壮大广大的机构投资者，海纳百川，全力支持和推动银行、保险、证券、期货等在业务合作方面的创新和融合，形成万马奔腾、波澜壮阔的多层次资本市场。

5. 在全世界范围内，全方位引进高层次资本市场人才。在相关高校设立、健全资本市场方面的专业，大力吸引国际型人才，为资本市场的大发展提供源源不断的生力军。

6. 以更大的勇气和力度全面推进资本市场对外开放，敞开怀抱欢迎境外投资机构到上海安家落户，积极支持证券公司和基金管理公司等机构引进境外战略投资者、同时扶持和推动有条件的证券机构到境外拓展业务。

7. 大力发展不同层次的产业基金，比如上海城市保障基金、上海高端产业发展基金以及各区层面的相关基金。这些基金以全球化视野、完全采取市场化方式运作，既是资本市场的强大基础，也是上海国际金融中心的强大动力和受益者。经验表明，立足于资本市场的产业基金，对于相关高端制造业的发展至关重要，国家大基金对于高端芯片企业的支持就充分说明了这一点。上海有这个条件和优势，一定要把握好这一难得的历史性机遇。

8. 必须看到，上海已有的证券公司虽然在上海以往的发展过程中发挥了很大的作用，但与上海国际金融中心的地位相比并不相称。近年来，国家多次强调要组建、发展若干航母级大型券商，上海具备了天时、地利、人和的因素，在进一步发展壮大已有券商的同时，一定要以更大的力度建立、扶持与其他国际金融中心接轨的新型券商，早日形成上海的高盛、野村、摩根士坦利！这不仅是建设上海国际金融中心的需要，也是上海建成公认的国际金融中心的重要标志。

9. 以清晰、有力的政策导向发展、壮大阳光私募基金。我们注意到，在成熟的资本市场和国际金融中心发展过程中，阳光私募基金不仅是其天然的受益者，也是必不可少的建设者。在当下的中国和上海，我们正处于转型升级的关键阶段，民间的宝贵财富必须最大限度地导向高质量发展方向，资本市场和阳光私募基金能够最大限度地发挥这种作用。改革开放以来，国民以巨大的代价积累的宝贵财富，再也不能疯狂地进入到房地产里面了！我们有充分的理由和信心期待这样的大上海：一个安居乐业、欣欣向荣、引领现代高端制造业的现代国际金融中心！

10. 科创板实在是一篇大文章，千万不能做小了。它不仅寄予了习近平总书记的重托和厚望，更承载了无数科技创新者的梦想与光荣。以科创板的设立和运营为契机，紧紧抓住这一历史性机遇，丰富、完善和强大上海的资本市场，使上海国际金融中心的完全确立和其他几大中心的最终建成充满生机和活力。

（王自强　万里智库高级研究员）

董少鹏

上海金融中心要打“总量牌”“结构牌”“纵深牌”

按照国家“十三五”规划的要求，上海要建设五个中心，其中，“建设具有国际影响力的科技创新中心”是在《第六章 强化科技创新引领作用》中提出来的；“发挥上海‘四个中心’引领作用”则列在《第三十九章 推进长江经济带发展》中。

这表明，上海在国家战略发展中的定位和布局，已由建设“四个中心”阶段进入了建设“五个中心”阶段。2014 年，习近平总书记在上海考察时首次提出“支持上海建设具有全球影响力的科技创新中心”，“十三五”规划将其确认为国家战略。“四个中心”最早于 2001 年国务院批复“上海城市总体规划”时提出，人们早已耳熟能详，但进入国家规划是首次。

我认为，“四个中心”即国际经济、金融、贸易、航运中心，再加上新提出的科技创新中心，都是相互联系的，是从不同维度对建设上海现代化国际大城市提出的愿景。而科技创新中心是上海建设图景的画龙点睛之笔，因为很难设想，一个科技聚集和创新能力处于中游的城市可以担当国际经济中心。在全球经济结构性调整的大潮中，中国上海的战略定位也必须升级和更新。

从当前全球格局和历史经验来看，一座城市是否具有较大影响力、话语权，与其是否拥有相对发达的金融体系紧密相关。如美国纽约、英国伦敦、日本东京、法国巴黎以及新加坡和中国香港，等等。上海自 1990 年成立上海证券交易所以来，金融市场发展很快，上证指数、中国外汇交易中心的同业拆放利率

（Shibor）、人民币汇率指数（CFETS）、上海黄金现货基准价格、上期所中国原油期货价格等已经成为国际金融市场的重要指标。2019 年 7 月，上交所科创板开市，标志着中国股市更具适应性、包容性，将进一步提升上海的国际金融中心地位。可以预计，上海金融市场不断拓展，加强与国际市场互联互通，将是上海影响力、话语权建设的极为重要的支撑。

从“五个中心”的相互关系和内在逻辑来看，经济中心是囊括范围最广的，凡是经济活动都可以纳入其中，但毫无疑问，经济总量要排在前列。金融中心强调资本活动和金融交易服务，一般而言，金融中心与经济中心是相匹配的，或者金融中心与经济中心的地域范围大体上重合，或者两者地域范围临近。贸易中心强调生产活动和产能产量的跨国贸易特征，即相当大比例的生产活动和产能产量是进入跨国贸易循环的。航运中心则强调海陆空港口及其配套资源在经济活动中的流转和增值功能，以及由航运功能带来的经济总量。科技创新中心强调的是科技研发引领作用以及科技成果产业化形成的效益，以及生产、服务、交易等经济活动的创新引领能力。

经济中心和科技创新中心是两个解读维度最多、覆盖范围最广的概念，航运中心、贸易中心则是服务于经济中心的两个重要分支，其内涵解读相对集中一些。金融中心的内涵虽然不难概括，但其渗透性、关联性、流动性、宏观性很强，既与所有方面都有联系，并且具有较强的介入力、牵引力。所以，描绘展望金融中心建设的前景，提出相关思路，对于“五个中心”建设具有牵一发而动全身的意义。

我认为，建设好上海国际金融中心，完善其功能，发挥其牵引作用，应打三张牌，即“总量牌”“结构牌”“纵深牌”。

第一，关于“总量牌”

一个城市要拥有全球金融中心地位，其金融交易总量、资金蓄存总量必须有说服力。上海打造国际金融中心，做大金融市场规模，首先依靠的是中国自身庞大的市场规模；在此基础上才能更多地吸纳国际市场资源，做到统筹发展。

2019年，上海金融市场成交额1934.31万亿元，比上年增长16.6%。截至2019年12月末，上海市中外资金融机构本外币存款余额13.28万亿元，比上年末增长9.7%，占全国规模的6%；中外资金融机构本外币贷款余额7.98万亿元，增长9.0%，占全国规模的5%。

按照国家战略的部署，从20世纪90年代起，支持上海做大做深做强金融市场一直没有停步。先后在上海设立上海证券交易所、上海期货交易所、中国金融期货交易所、中国外汇交易中心暨全国银行间同业拆借中心（以下简称“交易中心”）、上海黄金交易所等。这些重要的功能性机构、金融设施放在上海，就等于把全国大部分的金融交易放在了上海。从市场成长情况看，也是可圈可点的。但是，战略布局要转变为市场竞争力，仍然需要精耕细作。

我认为，做大市场规模要坚持立足自身、开放合作的基本思路。首要任务仍然是继续做大国内市场规模。有一种意见认为，吸引外资机构的数量越多、外资进入的数量越大，上海金融中心的市场规模就会成倍增长，也就意味着上海金融中心即将建成了。但这种思路存在较大的问题，可能诱发急功近利倾向，把建设有中国气派、体现中国价值的全球金融中心简单化为“吸引外资”和“与国际接轨”。事实上，在既往对外开放实践中，这样简单化的思维和做法一直存在着，也因此给开放事业带来一定的负面效应。

在任何情况下，都要把立足自身和开放合作统一起来。国际经验也反复证明，国际金融中心都是在做强自身的同时形成对外影响力的。美国纽约、日本东京、英国伦敦，虽有各自不同的成长史，但都是在母国经济总量不断扩大的背景下成为金融中心的。新加坡和中国香港也是国际金融中心，但两个行政辖区内的经济总量是有限的，其依托的是东亚、东南亚区域内多个国家形成的经济总量。迪拜作为新崛起的国际金融中心，依托的也是中东地区石油贸易规模。可见，超大规模的经济体与中小规模的经济体相比，其建设和塑造金融中心的逻辑是有一定差异的。

新中国经过70多年的发展，特别是改革开放40多年的加速发展，已经成为全球第二大经济体，制造业、货物贸易、外汇储备第一大国，经济规模已经接近100万亿元，人均国内生产总值超过1万美元。拥有14亿人口的庞大市场规模、4亿多中等收入群体、1.7亿多受过高等教育和拥有技能的人才资源、1亿多个市场主体，还拥有全球最齐全的产业体系。这些市场资源是催生中国气派国际金融中心的强大基础，要坚持和深化供给侧结构性改革改革，增强、丰富、升级金融服务供给，实现金融市场的现代化。

上海政府部门应当以更加开放的思维为金融市场提供政策支持，核心是该管的管住，不该管的放开，交给市场。政府的主要职责是依法监管，依法维护金融基础设施安全。大量可由市场自律监管的事，应当交给市场自律机构。要真交而不是假交，要切断由政府部门给市场自律机构当“婆婆”的制度脐带，人财物都要断开。

当然，这些制度性的改革需要从中央政府层面加以支持和推动，但上海作为市场前沿，也有责任主动推动改革。做大上海金融市场规模，本质上是通过完善市场功能、畅通市场循环、优化市场制度来实现的，而不是采取“拉客户”的思路和方式。我们要积极主动地与国际组织、跨国机构交流合作，但真正落地的还应该是“市场机制好”“市场服务好”“市场很有用”。

而首先能够感知上海这个金融中心好不好的，是本土企业、投资机构、专业服务机构，等等。中国拥有14亿人，拥有近100万亿元的经济规模，这样的总量需求完全托得起一个强大的金融市场。上海在政策上和市场基础上都算是得天独厚，但要发挥好市场机制，淡化行政管理的色彩，使上海金融市场真正转换升级为国际化的金融中心，就需要进一步开展市场化创新，将更多的金融活动吸引过来、创造出来，将立足本土的金融活动引向深入。要用市场化的行动，让世界感受到上海魅力。

第二，关于“结构牌”

金融市场的总量大了，拳头打出去才有力量。但结构问题同样重要，要在金融市场整体结构、不同金融市场板块内部结构方面谋划和推进工作，还要从区域经济一体化方面谋划和推进开放合作。

就金融市场整体结构来说，我国直接融资市场规模相对偏小，以商业银行为主导的间接融资市场比重偏大。以 2019 年为例，全年社会融资规模增量为 25.6 万亿元，其中贷款余额增量为 16.8 万亿元，股票市场累计筹资 13534 亿元，交易所发行债券筹资 71987 亿元，公司信用类债券发行 10.71 万亿元。年度增量间接融资占比在 65% 以上。

从存量来看，2019 年末社会融资规模存量为 251.3 万亿元，其中对实体经济发放的人民币贷款余额为 151.6 万亿元，占比 60.3%。

国内外不少学者把美国直接融资占比超过 80% 当作一把尺子，认为中国直接融资市场应当靠近这一比例，这是过于模式化了。直接融资和间接融资的具体结构比例究竟怎样更合适，应该由市场说了才算。

推动中国金融市场结构调整，要踏踏实实，要尊重实际，要开放合作。党中央提出的供给侧结构性改革，要义是在制度供给上发力。要通过改革消除不适宜的制度约束，补上缺失的制度短板，释放市场活力。就金融市场而言，要加快满足中小微企业、民营企业、科技创新企业的金融需求，满足新经济、新动能不断增长的需求。目前，我国金融领域存在着结构性的期限错配、权益错配、服务对象偏颇等问题。即使在上海这个金融市场比较发达的地区，一样存在这些问题。所以，金融结构调整的重心在本土市场，要眼睛向内，把市场结构问题解决好了，对外部的吸引力也就加强了。

由此我建议，一是要适度加大直接融资比重，特别是适度加大股权融资的比重；二是丰富金融机构的层次和样式，显著提升中小微金融机构的制度供给，确立靠特色服务、为特定区域特定对象服务也可以成功的制度保障；三是完善债券市场制度，建立市场分层、产品分层、监管统一的市场体系；四是发展金融科技，扩大科技在普惠金融服务的应用；五是坚持开放合作，将流动性贯通、市场准入公平、参与者平等、市场监管一致的原则贯彻在市场建设每一个环节，凡是市场都可以开放；六是健全市场退出机制，取消各种与市场竞争机制相背离的刚性保障。

目前，资本市场已在结构性改革方面推出了一系列举措，包括设立科创板并试点注册制，强化退市机制，推动创业板和新三板改革。新证券法实施后，证券公开发行注册制将分阶段落实，违法成本将显著提高，投资者保护机制也将升级。用法治力量保护各主体公平参与，支持市场创新，惩处违法行为，是资本市场也是整个金融市场行稳致远的重要制度基础。要把法治建设当作基础设施一样对待。

新三板市场和具备条件的区域性股权交易市场，要进一步加强透明度建设，建立和完善适合的监管体系。按照市场分层分级的理念，新三板市场和区域性股权交易市场，不要效仿全国性交易所模式，要坚持服务特定对象的定位。新三板目前正在推进分层改革，其精选层连续竞价交易接近交易所模式，但其定位依然是为特定投资者服务，参与交易的主体比沪深交易所范围小一些。要继续加强信息披露约束和其他社会约束，改变“凡股必炒”的浮躁市场文化，让股票投资朝着理性投资、长期投资、负责任投资的方向发展。

信贷不是万能的，发股发债也不是万能的，对小微企业的融资机制问题，要继续加强探索实践。商业银行要继续按照风险级别开展放贷业务和中间业务，不宜硬性规定向哪一类客户倾斜。同时，可试点“以大带小”模式，即支持大中型金融机构设立分公司，专门从事小微企业金融服务，按照小微金融规律办事。将普惠金融与小微企业定向金融区别开。目前为大中型金融机构设定小微企业贷款比例的做法，需要认真研究得失。

“结构牌”的另一层含义是，上海作为国际金融中心，需要确定其在全球金融体系中的位置。显然，从区域经济一体化的层面考虑，上海金融市场与中国香港金融市场、日本东京金融市场、新加坡金融市场，都存在一定的竞争关系。对此毋庸讳言。但上海建设国际金融中心不是要替代谁，而是补上了一个地区金融短板。上海要在与邻近金融中心的竞争与合作中逐步找准自己的位置，同时与先期建立的金融中心形成新的结构体系。放在更长远的历史发展格局中考量，上海金融中心未来的地位就要靠市场和时间来选择了。

第三，关于“纵深牌”

作为国际金融中心，其可辐射的地理区域、参与主体的结构、产业链的结构、社会文化特征、地缘政治特点等，都是影响其生长的重要因素。反过来，国际金融中心的活动也对这些因素形成反馈。所以，建设国际金融中心，必须有“纵深意识”，必须研究“纵深牌”。

对上海来说，国内的庞大市场规模和经济转型升级的进程，就是其最强的纵深支撑。上海五个中心建设发展规划，本身已构成了五方面相互协同、相互倚重、相互促动的关系格局，这也反映了中国经济社会发展对上海提出的市场化的要求。壮大以高新科技、现代金融、现代航运、现代国际贸易为主要支柱的经济规模，从而带动全国经济社会发展，并在此基础上参与国际经济金融大循环，既为全球经济注入力量，又不断提升本国经济发展质量。这正是上海的使命任务。

党的十九大提出，“着力加快建设实体经济、科技创新、现代金融、人力资源协同发展的产业体系，着力构建市场机制有效、微观主体有活力、宏观调控有度的经济体制，不断增强我国经济创新力和竞争力。”上海五个中心建设既依托于此，也服务于此。中国实体经济高质量发展，意味着供给侧结构性改革更深入、创新型国家建设更有力、农业农村面貌更现代、区域协调发展战略更落实、市场经济体制更完善、对外开放格局更优化。

2018 年 11 月，习近平主席在首届中国国际进口博览会开幕式上宣布，决定增设中国上海自由贸易试验区的新片区，在上海证券交易所设立科创板并试点注册制，支持长江三角洲区域一体化发展并上升为国家战略。到 2019 年 11 月，前述承诺基本得以实现，习近平主席又在第二届进博会上宣布，中国将继续鼓励自由贸易试验区大胆试、大胆闯，加快推进海南自由贸易港建设，打造开放新高地。中国将继续推动京津冀协同发展、长江经济带发展、长三角区域一体化发展、粤港澳大湾区建设，并将制定黄河流域生态保护和高质量发展新的国家战略，增强开放联动效应。他还表示，中国愿同更多国家商签高标准自由贸易协定，继续推进共建“一带一路”。

在经济全球化遭遇逆流的情况下，上海国际金融中心建设更要展现务实、开放、合作的风范，拓展建设的“纵深度”，为全球化发展注入东方智慧、创造中国模式。上海国际金融中心的区域纵深有三个角度：一是辐射长江经济带 11 个省市约 205.23 万平方公里、占全国的 21.4% 的地理区域，覆盖超过全国的 40% 人口规模和生产总值规模；二是依托全国近 100 万亿元的经济规模，近 14 亿人的庞大市场规模和全球最齐全的产业体系；三是服务“一带一路”建设。2019 年，我国对“一带一路”沿线国家进出口总额 92690 亿元，对“一带一路”沿线国家非金融类直接投资额 150 亿美元；“一带一路”沿线国家对华直接投资金额 84 亿美元，增长 30.6%。未来随着“一带一路”实践日益深入，金融市场发展空间广阔。

与区域经济和全球经济发展相适应的，是产业链的不断升级发展。中国愿同各国一起，维护全球产业链安全，并通过优化升级产业链为各国人民增进福祉。金融服务对产业链的支持极为重要，因为金融既要发挥定价作用、交易功能，又要发挥前景预测和风险防范职责。上海建设国际金融中心，要充分研究产业链纵深发展，并提升金融服务能力。

国际金融中心建设也必然受到文化因素和外交因素的影响，并对文化交融和外交形成促进作用。任何一个城市成为国际金融中心，都意味着定价权、话语权、资源吸纳能力增强，所以，做到“德才兼备”才能顺风顺水。上海文化历来具有海纳百川的基因，这是很有利的因素。要从“文化纵深”“国际交往纵深”的范畴多加研究，把建设国际金融中心与加强不同文明间的交流互鉴结合起来，把建设国际金融中心的进程作为商业文明不断融合发展的进程。其实，这也是国际金融中心建设历史的一条鲜活而扎实的线索。无论纽约、伦敦、东京还是新加坡、迪拜及中国香港，其文明交融的色彩都十分浓厚。

中国作为新兴大国，身处百年未有之大变局中，要以建设人类命运共同体的理念，以建设开放型世界经济的主张，坚定维护多边体制和经济全球化，务实推动经济交流合作和其他各方面交流合作。

上海作为“五个中心”建设的承载者，要打好“总量牌”“结构牌”“纵深牌”。这三张牌，既是“牌路”，也是“能力”，既是建设国际金融中心的路径描述，也是国际金融中心应承担的功能作用。

（董少鹏　万里智库高级研究员、证券日报副总编辑）

第三章

活力上海：国际大都市的创新名片

许正中　刘蔚　杜丹

把大上海打造成国际创新引领中心

当今世界，国家之间的竞争越来越表现为以大城市群为依托的科技创新集群的竞争，拼的是科技产业化的速度和浓度，综合集成创新俨然成为引领各国发展的第一动力，科技是第一生产力，人才尤其是高峰人才成为第一资源，三者共同构成发展这一第一要务的三大支柱。综观国内外发展形势，全球新一轮科技革命和产业变革方兴未艾，国家之间的竞争更加突出地体现为科技创新的竞争。中国政府实施了创新驱动发展战略，上海如何打造有国际引领效应的创新高地，充分发挥高校和科研院所密集的效用，国家自主创新示范区的作用，聚集全球高端人才，形成具有全球影响力的科技创新中心。进而联动长三角地区的发展，成为全球经济发展的领头羊？

一、把上海建设成为科技引领型的国际创新城

上海的发展是由习近平总书记亲自谋划和布局的，要在 2035 年基本建成卓越的全球城市，令人向往的创新之城、人文之城、生态之城，具有世界影响力的社会主义现代化国际大都市。它被寄予了三个“牢牢把握”的殷切希望：一是要牢牢把握科技进步大方向，瞄准世界科技前沿领域和顶尖水平，力争在基础科技领域有大的创新，在关键核心技术领域取得大的突破；二是要牢牢把握产业革命大趋势，围绕产业链部署创新链，把科技创新真正落到产业发展上；

三是要牢牢把握集聚人才大举措，加强科研院所和高等院校创新条件建设，完善知识产权运用和保护机制，让各类人才的创新智慧竞相迸发。积极探索在战略性领域采取企业主导、院校协作、多元投资、军民融合、成果分享的新模式，整合形成若干产业创新中心。[①]系统推进全面创新改革试验，要围绕率先实现创新驱动发展转型，以推动科技创新为核心，以破除体制机制障碍为主攻方向，加快向具有全球影响力的科技创新中心进军。[②]上海定位国家制造业创新中心是“国家级创新平台的一种形式，是由企业、科研院所、高校等各类创新主体自愿组合、自主结合，以企业为主体，以独立法人形式建立的新型创新载体；是面向制造业创新发展的重大需求，突出协同创新取向，以重点领域前沿技术和共性关键技术的研发供给、转移扩散和首次商业化为重点，充分利用现有创新资源和载体，完成技术开发到转移扩散到首次商业化应用的创新链条各环节的活动，打造跨界协同的创新生态系统。[③]”

我们知道，创新中心建设分为全球、全国、区域三个层级。上海提要建设的是具有全球影响力的科技创新中心，这不同于北京提出的建设全国科技创新中心、打造全球高端创新中心，也不同于天津提出的建设全国产业创新中心，广州提出的建设国家创新中心城市，以及重庆提出的建设西部创新中心。

（一）上海初步具有国际科创中心建设的基础

目前，上海已与 19 个国家和地区签订政府间科技合作协议，支持约 500 个国际科技合作项目。截至 2019 年 3 月底，已有 445 家外资研发中心在上海落户，其数量为全国最多，共有超过 4 万名研发人员。2018 年上海滴水湖论坛充分发挥了顶尖科学家的科技创新引领作用，聚集 38 位世界顶尖科学家，其中诺贝尔

---

① 王学雷.《中共中央国务院关于深化体制机制改革加快实施创新驱动发展战略的若干意见》解读［J］.安徽科技，2015，000（005）：5–9.

② 国务院.国务院关于印发上海系统推进全面创新改革试验加快建设具有全球影响力科技创新中心方案的通知［Z］.2016–04–15

③ 本刊整理.关于完善制造业创新体系，推进制造业创新中心建设的指导意见［J］.机械工业标准化与质量，2016，521（10）：9–11.

奖得主28位，围绕“科技，为了人类共同命运”的主题深入研讨技术前沿。根据“2018自然指数——科研城市”，2012–2017年上海的国际双边合作增加了159%，国际合作论文数量增长了106%。在拍摄首张黑洞照片的全球200多位科研人员团队中，来自中国大陆的有16名学者，其中有8位隶属中科院上海天文台。

一是科技成果转移转化速度加快。2018年共认定高新技术成果转化项目656项，同比增长33.1%，认定数量创5年新高。其中，电子信息、生物医药、新材料等重点领域项目占86.3%。二是技术合同成交金额大幅增长，合同平均金额显著提升。2018年技术交易合同金额1303.20亿元，同比增加50.2%，比2015年增加84.1%；合同平均金额602.5万元，同比增加49.7%，比2015年增加91.5%。三是全球领先的人类表型组精密测量和大数据共享分析两大技术体系正在建立，亚洲最先进的大脑多模态脑测量研究平台启动建设。2018年10月，“人类表型组”国际大科学计划在沪落地，“人类表型组计划国际协作组”和“中国人类表型组研究协作组”宣告成立。2019年5月，香山科学会议第S47次会议与会专家建议以“基因组标签计划”（GTP计划）为基础启动国际大科学计划。四是长三角区域内开放共享程度明显提升。截至2018年年底，已整合区域内1195家法人单位的26733台（套）30万元以上的大型科学仪器设施，总价值超过307亿元。近两年，上海共有124家服务机构的1913台（套）大型仪器为沪苏浙皖近3万家企业提供了共享服务，涉及样品约439万件，服务费用达到14.02亿元。上海与苏浙两省8地建立了“科技创新券”跨区域互认互用机制。截至2018年4月，可通过科技券提供服务的机构有852家，大型科学仪器8912台（套），服务项目1832项。五是上海向全球集聚了顶级科学家近500名，累计引进高层次人才1145人，目前，在沪两院院士193人，2019年上海新当选两院院士11人，占全国8.0%（不含新增外籍院士）。国外人才将上海视作首选工作地，人才数量与质量共同提升。目前有21.5万名外国人在沪工作，占全国近1/4，居全国首位。2018年外国人才签证制度实施以来，上海已为近

500位外国人才办理《外国高端人才确认函》，居全国第1位。2018年，上海高技能人才占技能劳动者比例达到33.03%，高于国家《职业技能提升行动方案（2019–2021）》制定的2021年底高技能人才占技能劳动者30%以上的目标。

科技创新推动新兴产业发展。《中国独角兽报告2019》显示，截至2018年12月31日，中国地区共有161家独角兽企业，总估值7134.9亿美元。其中，上海有34家独角兽企业，占全国数量21%，较2017年增加6家，总估值1325.1亿美元，占全国估值18.6%。此外，是独角兽企业质量持续提升，科技含量和估值不断增长。美国财经媒体CNBC公布的2019年“全球最具颠覆性企业50强”（Disruptor 50）榜单中，上海有小红书和依图科技两家独角兽企业入选。

（二）上海建设创新城市的目标再定位

未来的上海将是一个具有全球影响力的科技创新中心，所谓“全球影响力”意指顺应和对接全球科技革命的大趋势，进而在全球范围内配置和集聚创新资源，赢得创新话语权；所谓“科技创新”意指瞄准世界科技前沿领域和顶尖水平，在关键核心技术领域取得大的突破；所谓“中心”意指发挥对周边地区的辐射带动作用。创新引领就是要把上海建设成为全球创新产业和新技术的策源地。引进和培育高科技企业和跨国公司，引领全球高科技产业化发展，引领新兴产业、新兴业态发展趋势和竞争态势；研发扶持中小企业及创业企业，培育一批拥有自主知识产权和知名品牌、具有核心竞争力和较强国际经营能力的本土创新型跨国龙头企业。把上海培育成全球创新资源的配置中心。集聚高层次人才、高水平综合型大学、科研机构和跨国企业研发中心，综合配置全球科技创新资金、人才、技术、信息等创新资源，汇集全球创新资本与科技金融，形成多层次、多渠道、多方式的国内外科技合作与交流格局。把上海打造成具有全球吸附力的创新创业政策体系洼地，构建“人才+科技+金融+产业”政策链，形成覆盖整个创新链和所有创新要素的政策体系。健全创新服务机制，形成全方位的创新专业服务体系。培育宜居宜业的城市环境，提供多样化住宅、人性化社区、差异化的公共服务设施配套、便捷的交通和基础设施网络。① 把上海培育成世界创新文化的传播中心，重在培育全社会的创新创业意识与创新文化氛围，举办跨国性的重大创新活动及全球性创新论坛，发展成为具有引领全球的科学理念、产业文化和商业氛围的创新文化发源地。

促进创新资源要素在上海集聚，打造全球的中央智力区，夯实创新基底，建设龙头型创新功能集聚区，激发全域多功能的创新，培育新城和重点产业园区创新动力，不断孵化高端产业集群。围绕“一条主线”，突出“三个注重”，找准自贸试验区与科创中心联动的切入点，进一步激发和释放整体协同效应。围绕“一条主线”，就是以自贸试验区制度创新服务全球科创中心建设。突出“三个注重”，就是注重制度引领，构建符合国际惯例的科技创新体制机制；注重问题导向，打破自贸试验区服务科技创新的突出瓶颈和障碍；注重实际成效，确保改革措施取得应有效果。②

（三）全面启动制度创新，形成各类创新体系

推进国家科技治理体系建设是落实创新驱动发展战略的基本要求。要从体系结构、资源配置、创新管理机制等方面进行改革和调整，打通各种要素流动的通道，促进各类创新要素向企业聚集，突出科技与经济社会发展的关键环节、结合点和重要载体，加快科技成果转化，使更多成果惠及民生。③ 科技体制改革的步伐与加快技术创新市场导向机制的要求还不相适应，难以充分满足建设创新型国家的战略需求。只有系统总结科技治理的各类制度，加强各类科技创新制度的协同性、执行力，形成完善的科技治理体系，才能从整体上提升制度的综合效能，为提高自主创新能力、建成创新型国家提供制度保障，进一步丰富

---

① 黄倩蓉 . 创新城市发展模式的上海实践［J］. 城乡建设，2019（12）：30–32.

② 上海市人民政府发展研究中心课题组，李锋，陆丽萍，等 . 上海自贸试验区与科技创新中心两大战略联动研究［J］. 科学发展，2018（05）：5–13.

③ 中国科学技术发展战略研究院课题组，孙福全 . 国家科技创新治理体系与上海对策总体研究［J］. 科学发展，2016（08）：14–22.

中国特色自主创新道路的内涵。[①]

2015 年 5 月，为贯彻落实中央关于上海“加快向具有全球影响力的科技创新中心进军”的精神，上海市委、市政府出台了《关于加快建设具有全球影响力的科技创新中心的意见》，以问题为导向，给出了上海建设具有全球影响力的科技创新中心的 22 条可操作性的意见。

加强知识产权保护是保护创新的基础性制度。上海要勇于率先在商业秘密保护、与药品相关的知识产权问题、专利有效期延长、地理标志、打击电子商务平台上存在的盗版和假冒、打击盗版和假冒产品的生产和出口、打击商标恶意注册，以及加强知识 产权司法执行和程序等方面走在前列，达成共识。保护企业商业秘密、打击侵权假冒等知识产权，就是为中国的改革开放保驾护航，有利于保护创新广大群众的创新积极性，有利于国外知识产权更多地进入中国，建设创新型国家、创新型企业。竞争和开放是提高创新力真正的出路。

构建鼓励创新的发展环境，激发民营小微企业的创新活力。民营企业贡献了 70% 以上的技术创新成果，是中国科技创新和经济发展的生力军。为了充分发挥民营企业在创新方面的生力军作用，《意见》还提出，鼓励民营企业独立或与有关方面联合承担国家各类科研项目；加快向民营企业开放国家重大科研基础设施和大型科研仪器；系统清理与企业性质挂钩的职称评定、奖项申报、福利保障等规定；支持民营企业参与国有企业改革；完善民营企业参与国家重大战略实施机制等。

创新中心的形成离不开具有本地特色的产业体系和发展理念。多数创新中心往往源于区域性经济中心，通过创新驱动、区域协调和转型升级，会形成各具特色的产业体系和发展定位。如以硅谷为腹地的美国旧金山湾区构筑了一个“科技（辐射）+ 产业（网络）+ 制度（环境）”的全球创新中心；以东京都为核心的日本“东京都市圈”树立了“工业（集群）+ 研发（基地）+ 政府（立法）”

① 中国科学技术发展战略研究院课题组，孙福全．国家科技创新治理体系与上海对策总体研究［J］．科学发展，2016（08）：14–22.

独具一格的“东京模式”；以伦敦为中心的英国“大伦敦区”以“知识（服务）+创意（文化）+市场（枢纽）”模式成为世界创新中心。①

全球化与知识化对全球分工体系的重塑，使得全球城市的功能内涵从资本中心向创新枢纽转型。谁成为全球创新资源的集聚地和创新活动的策划与控制中心，谁就掌握了转变增长方式、提升综合能级的战略支点②。立足上海经济、金融、贸易、航运中心地位，奠定创新之城的要素支撑，协同创新功能复合推进，让上海相对多样的产业生态丰富创新之城的发展空间，更积极地迈向高端引领。深挖海派文化创新基因，将上海开放包容的城市品格，导入创新之城的文化基因。

二、比对其他国家创新都市，他山之石可以攻玉

世界各大都市都试图成为世界一流创新中心。纽约、新加坡、东京、巴黎、首尔等也相继提出建设全球或区域创新中心的目标，并出台了相应的战略规划。上海的科技创新能力与纽约、伦敦等城市相比还有着明显差距。在 PWC 于 2016 年发布的《机遇之都 7》中，上海的智力资本和创新一项得分仅为 92，远低于纽约的 158、伦敦的 184 和东京的 149。

（一）一马当先的纽约市

纽约突出强调“维持并不断提升纽约作为全球领先城市的地位”这一核心目标，不断培育良好的投资环境和更加畅通的融资渠道，促进产业巨头和初创企业的共同发展，打造顶尖大学的聚集地，培养出更多的未来工程师，培育健全完善的创新生态系统，将领先技术与医疗保健、能源、交通、传媒、娱乐等相结合，为创新提供了更重要的机会。2010–2015 年，纽约科技领域的就业增长率高达 33%，比同期全市劳动力增幅快 4 倍多，科技行业成为纽约首要的就业

① 熊鸿儒．全球科技创新中心的形成与发展［J］．学习与探索，2015（09）：118–122.

② 徐珺．创新视角下全球城市的演化实践及对上海的启示［J］．科学发展，2019（12）：16–26.

增长点；科技及相关行业每年为纽约提供约 54 万个工作岗位和 1300 亿美元经济产出，分别占纽约的 12.6% 和 13.8%，科技产业占纽约城市生产总值（GCP）的比重十年中增长了 25%。还提出了推动落实纽约经济发展战略的五大关键性支柱[①]。

表 1 推动落实纽约经济发展战略的五个关键性支柱

关键支柱	主要内容
维持纽约的创新之都地位	大力支持核心产业，培养创新型经济，为创意企业提供新的专用空间；增加中央商务区顶级办公空间的容量；增加最先进的基础设施；招揽人才，建成实力强大的人才基地
提供良好的创业环境	提供良好的创业环境，让企业在纽约更容易生存、发展和壮大。小企业在纽约企业中占 98%，为各行各业的纽约人提供了晋升之路。未来帮助这些企业壮大，政府将通过小企业优先法案减少规章制度、简化监管程序
发挥纽约的人力资本潜能	发挥纽约的人力资本潜能，为所有纽约人提供就业和培训机会，确保劳动力不仅能满足企业眼下的需要，也能胜任未来的工作
提升城市内外交通与信息联系度	投资联结住宅区和公共场所、纽约和世界各地的基础设施建设，提高宽带覆盖率。在地理空间上更好地对接新兴的工作区和生活区，让 90% 的纽约人都能 45 分钟内搭乘公共交通到达至少 20 万个工作场所
投资基础设施建设和市属资产	投资基础设施建设和市属资产，让纽约在繁荣兴旺、公平公正、富有弹性三大重要领域大有所成，领导其他城市

资料来源：《一个纽约：打造强大而公正的纽约（2015–2050）》。

在 2015 年发布的新十年发展规划《一个新的纽约市：2014–2025》中，再次明确了“全球创新之都”的城市发展定位。[②]资本驱动仍是当前纽约城市发展的重要引擎，但科技创新正显著成为推动纽约城市转型的新动力。

纽约市政府推行了多项重要的“众创”激励计划和举措，如“应用科学”计划、“众创空间”计划、“融资激励”计划、“设施更新”计划等。

“应用科学”计划（Applied Sciences NYC）。该计划意在吸引世界顶级理工院校来纽约建立大学和科技园区，希望这些大学和园区成为纽约的创新创业孵

① Government of NYC. One New York：The Plan for a Strong and Just City［R］. NYC，2015.

② 黄苏萍，朱咏 . 全球城市 2030 产业规划导向、发展举措及对上海的战略启示［J］. 城市规划学刊 2011（5）：11–18.

化基地，以此为载体强化纽约产业界与科学界的联系，促使科研成果迅速转化为生产力。“康奈尔科技园”（Cornell Tech）这所新型理工学院以交互式媒体、健康、环保等前沿科技领域为主要方向，重点培养计算机科学、电子与计算机工程、信息科技、生物医学等 20 多个理工科专业的研究生[①]。

纽约推动大众创新创业的另一重要举措是“众创空间”计划（Incubators & Work spaces），实施该计划主要是想通过搭建多样化的创业服务平台，为纽约客提供低成本、开放式的办公空间、社交空间和资源共享空间，从而降低创新创业门槛，使人人都有机会成为创客。2009 年前纽约几乎没有一个“众创”服务平台，但如今已有 30 家之多[②]。在纽约，“众创空间”有多种不同表现形态，按功能及内涵上的差异，可将其区分为三类：第一类是传统的“孵化器”和“加速器”，其主要是为纽约的初创企业提供创业孵化服务。第二类是“联合办公空间”（Coworking Space）模式，来自不同背景的创客仅需支付少量租金，就能一起共享办公设施、环境和服务，这一新型“众创”模式突破了传统的思维定式，将创业从相互分割的个体行为演化成跨界多元的“共享协作”，把传统的办公活动转变为一种时尚的“微社交”（micro social）文化[③]。第三类是公共实验空间。

“融资激励”计划。纽约政府除搭建各类“众创”平台，还出台多项“融资激励”计划（Financing & Incentives），帮助创业者克服资金瓶颈，减轻创业创新负担。“纽约的创新创业是一个有机的体系。尽管 52 家财富 500 强企业在纽约落户，但数量众多且内容多样的小企业才是纽约的魅力所在。小企业不仅为纽约提供了一半以上的就业机会，也是创新的活力源泉。没有普通市民平凡的创业机会，就难以产生天才的创业成就”[④]。

“设施更新”计划：打造生活便利城市和包容性社区（inclusive community）。其一，启动世界最大的免费公共 WIFI 网络建设，包括将老式公共电话转换成

---

① The Center for an Urban FRuture.New Tech City［R］.The Center for an Urban Future，2012：12-17.

② NYCEDC.2014 Annual Review［R］.NYCEDC，2014：5-25.

③ 王兴全 . 关心“创客”就是关注经济转型［N］. 文汇报，2015—03—23.

④ 饶富杰 . 上海版“全球科创中心”战略要点［EB /OL］.http：//www.thepaper.cn/newsDetail_forward_1328625.

现代的信息中心与免费 WIFI 点，让每个纽约人和纽约的商业都能享受实惠且高速的网络。其二，为更好地实现信息共享，纽约政府还同 IBM 等公司合作，共同打造创业平台“数字纽约”网站。网站几乎涵盖纽约每一个高科技公司和投资机构，提供高科技企业职位空缺。其三，加强移民集聚区、混合居住的历史街区等传统社区改造，通过更加集约、功能混合的土地利用模式，“实现人与人之间的有效联结”①。其四，推出美国有史以来最大规模的“经济适用房”计划。1/3 的纽约人住房花费占其收入的 50%②。“经适房”计划的实施，将在一定程度上使“年轻人住不起房”的现象得到有效改善。

纽约重点建设的硅巷已成为纽约经济增长的重要引擎，被誉为“东部硅谷”“创业之都”等，是继硅谷之后美国发展最快的信息技术中心地带。2007-2015 年，纽约硅巷互联网及应用技术工作岗位增长率达 28.7%，同期出版业萎缩 15.8%，制造业萎缩 29.5%。产业核心联结纽带正从全球生产网络（GPN）转向全球创新网络（GIN）。

（二）一枝独秀的东京

东京在创新型城市建设中，在较短时间吸收了世界先进的科学技术并在技术上走出了“引进－消化”和“吸收－加以改良”的模式。同样在政策制定上，采用的是自上而下和自下而上的有机结合。在经济复兴阶段，即使在高速增长的初期，政府干预程度很高，但随着经济发展和企业成长，政府对资源配置的影响力会显著下降。

2017 年，东京最新一版城市总体规划《都市营造的宏伟设计——东京 2040》，明确积极把握技术革新和全球化趋势为城市发展带来的机遇，推进实现“安全城市”“多彩城市”“智慧城市”三大愿景。提出自动驾驶、能源环境、人

① 饶富杰 . 上海版“全球科创中心”战略要点［EB /OL］.http：//www.thepaper.cn/newsDetail_forward_1328625.

② 纽约：让年轻人能住得起房［EB/OL］.http：//epaper.dfdaily.com/dfzb/html/2013－06/04/content_776403.htm.

工智能和信息通信技术将有助于帮助城市解决发展困境。在此基础上，东京希望将其打造成驱动东京湾乃至日本经济发展的两大引擎。

在政策制定方面，东京在研发经费投入、产业转型引导和构建创新网络节点等方面尤为重视如制定《促进基础技术开发税制》，对政府认定的高新技术企业提供多个税种的减免政策；建立振兴地方技术的特别贷款制度，高新技术企业可使用低息长期贷款，利息可以优惠 10%，而贷款年限可长达 25 年。在产业转型策略上，东京并没有直接抛弃传统工业，而是重视优势制造业基础上的高端化。2011 年提出亚洲总部特区政策，为入驻东京市中心区域的外国企业提供大幅度免税额度及优质配套服务，以期将东京打造成亚洲金融与科技中心。

（三）国际网联的新加坡

弹丸小国的新加坡，是全球的知识密集型与创新产业之都，是以知识经济为基础的东南亚乃至全球的创新中心。新加坡的创新产业以高科技制造业、知识密集型服务业为主。进入 21 世纪以来，新加坡构建并逐步完善了适应知识经济和全球化进程、服务国家可持续发展战略、以任务导向和研究联盟为主要特点的创新体系，致力使研究、创新和创业成为新加坡发展以知识为基础的创新型国家战略的基石。近年来，新加坡的科技战略主要体现在以五年规划形式出台的一系列综合性科技规划。连续而有效的政策实施，使得新加坡经济在短短的 20 多年时间里获得长足的进步，并成功步人研发密集型国家的行列 5。

新加坡政府从产业、文化、人才、资本等多个方面制定政策，推行一系列措施，建设创新系统、提高本土创新能力。在最新发布的《研究、创新与创业 2020 规划》中，新加坡政府提出的发展愿景是：“把新加坡变成一个智慧国家”，进一步提升科技对城市国家的驱动作用。基于上述愿景，规划所倡导的技术领域都是基于数字技术，并安排资金优先用于先进制造与工程（AME）、健康与生物医学科学（HBM）、城市解决方案与可持续发展（USS）、服务和数字经济（SDE）四大领域。

三、把交通轴打造成创新动力轴，联动长三角大发展

按照客观经济规律整合区域创新资源，发挥长三角各地区比较优势，促进各类要素合理流动和高效集聚，增强创新发展动力，加快构建创新发展的动力系统，增强区域内中心城市和城市群等经济发展优势区域的经济和人口承载能力，形成优势相互激励的区域创新发展新格局。建设长三角科技创新圈就是以长三角一体化发展为契机，通过依托交通主轴和节点，构建“一圈一核三极多点”（“1+1+3+N”）的创新发展新格局，发挥上海、南京、杭州、合肥核心城市的创新辐射带动作用，有助于整合创新资源，促进不同地区科技创新的优势互补，形成科技创新上的合力，推动长三角一体化的纵深发展①。

（一）区域协同创新成为全球创新的新内涵

推动创新发展是一项复杂的系统性工程。应处理好传统领域和新兴领域、近期目标和长远目标、区域协调和特色发展、全面推进和重点突出之间的关系，统筹好经济与民生、社会，全国和区域、各地之间的发展关系，区域经济创新发展视为一个经济生态系统，从经济生态系统出发，推动协作区内绿色生态、社会人文、企业发展、经济效率、开放创新、民生共享，进而助推经济增长、提升经济发展质量、不断加注经济发展动力、增加经济发展可持续性、共享经济发展成果。使得社会经济活动各个环节、各个层面、各个领域的相互关系和内在联系构成的一个有机整体。适应经济发展规律的主动抉择，建立更加有效的区域协调发展新机制。

规划制度统一、发展模式共推、治理方式一致、区域市场联动的区域市场一体化发展新机制成为共同推动构建互利共赢的区域合作新机制，同时分别从区域内、区域间协同和共同面临的国际合作环境层面做出了科学谋划。

---

① 黄南，郑琼洁．全球科技创新的范式变革与长三角科技创新圈建设的路径探索［J］．中国发展，2019，19（06）：24–30.

（二）长三角区域联动创新需要新谋划

2019年5月13日召开的中共中央政治局会议强调，长三角一体化发展具有极大的区域带动和示范作用，要紧扣“一体化”和“高质量”两个关键，带动整个长江经济带和华东地区发展，形成创新发展的区域集群。要发挥上海龙头带动作用，苏浙皖各扬所长，加强跨区域协调互动，提升都市圈一体化水平，推动城乡融合发展，构建区域联动协作、城乡融合发展、优势充分发挥的协调发展新格局。同年12月1日，《长江三角洲区域一体化发展规划纲要》正式印发。长江三角洲区域一体化发展包括上海、江苏、浙江、安徽三省一市，面积35.8万平方公里，常住人口2.3亿人，是我国经济发展最活跃、开放程度最高、创新能力最强的区域之一，在全国经济中具有举足轻重的地位。当前，长三角一体化发展已进入全面实施的新阶段。长三角一体化发展正带动整个长江经济带和华东地区发展，形成创新发展的区域集群。积极打造与国际通行规则相衔接，更具国际市场影响力和竞争力的特殊创新经济功能区。

（三）变交通网连为创新网联，试水G60科技走廊

G60沪昆高速公路，东起上海，经过浙江嘉兴、杭州……一路延伸至云南昆明。G60科创走廊作为长三角一体化先行先试的重要实践，历经四年多的改革探索，已经成为长三角更高质量一体化发展的重要战略平台和动力牵引轴。营商环境不断优化，科创要素自由高效配置，辨识度、集聚度、辐射度不断提升，凝聚力、影响力、带动力不断扩大。当前，G60科创走廊正式上升为新时代长三角一体化国家战略重要平台，纳入《长三角地区创新发展规划纲要》，而作为长三角G60科创走廊策源地，松江已站在了发展潮头，这一新的历史机遇对松江以综合创新引领城市创新发展提出了更高要求。松江以科创为支点引领推动创新发展、城市综合创新、科创与产业一体化，随着G60科创走廊覆盖范围的逐步

扩展，从 1.0 版本的一市一省的“一廊九区”演变为如今的一市三省的“一廊一核九城”总体布局，发展理念、工作思路上协同创新。以“协调”思维促进区域协调发展和产业联动，将“绿色”思维嵌入综合创新的全过程，实现可持续发展，借助“开放”思维来丰富创新的形式和内涵，提高外向度和开放度，融入“共享”思维来推动创新成果更好更公平地惠及城乡群众，进而走出了一条以科创引领城乡经济社会全面创新、以创新驱动经济结构和开放格局不断优化、以更为积极主动的开放助推长三角一体化发展加速的“科创 +”高质量融合发展之路。

（四）变经济都市圈为创新都市圈

大科学时代的到来推动了全球科技创新范式的变革，在大科学为主导的新时期，多链条融合式创新，多所主体的协调创新以及分布式的成果分配格局是其主要的特征。长三角城市科技孵化器与高新技术产业区已形成分布式创新合作平台。各主要城市独立完整的分散式创新平台为科技创新合作提供创新主体条件，为长三角地区科技创新平台联网工程的建设奠定了基础，为上海科技创新中心建设提供了创新合作平台。长三角跨地市创新资源的协作开发与共享促进了区域创新资源整合。长三角经济带已共同建构了覆盖整个长三角区域的大型仪器资源共享网络，担负组织创新信息资源开发利用的职能。长三角先后率先实现“科学仪器共用”“科技文献服务”“科学数据共享”“实验基础协作”“专业技术服务”“自然资源保障”“计量检测服务系统”与“技术转移交易系统”8 个子系统的共享，形成了长三角科技资源共享服务平台“1+8”的框架体系，长三角区域创新服务平台统一对外服务，有效推进了长三角跨地市的创新资源共享。长三角各主要城市优势产业集群实现了创新产业链的地域分工与布局。长三角的产业集群及其形成的产业链为上海建设具有全球影响力的科技创新中心提供了产业基础与创新基础。成熟的创新成果市场化机制为上海建设具有全球影响力的科技创新中心提供了良好的创新成果商业化途径[①]。

四、上海建设世界一流创新大都市的战略措施

在加快建设具备全球影响力的上海创新中心方面，上海有良好的基础、区位优势明显，要挖掘自身的优势，根据战略定位强化战略导向，在培育本土企业的创新驱动力、提高城市创新体系的效率等多方面进行重点谋划。

（一）夯实基础研究，为突破瓶颈积蓄势能

上海需要围绕基础研究、“卡脖子”技术、新兴技术等领域持续推动全面创新改革试验，在新型研发组织、长三角创新券通兑、医疗器械注册人制度、人才配套制度等方面进行体制机制创新突破，让全面创新改革试验带来的“势能”突破，加速转化为创新发展的重要“动能”支撑[②]。

提高科研人才激励力度，重视基础研究领域发展培育鼓励科技创新的文化环境。一是积极提倡对科学知识、科技人才的尊重，营造一种宽松环境，大众创业、万众创新的文化气息，努力倡导求真务实、不断实践的科学精神。二是要推广各类创新创业知普及活动，包括创新创业风险、政府鼓励、优惠政策相关规章流程在内的各项服务知识；重视知识产权制度的完善，从产权制度上加大对科技人员从事科技创新活动的激励，进而焕发科研人才创新激情与活力。

基于创新重新设计各项制度、创新机制、激发活力。上海要积极促进产学研结合，着力推动产学研要素从“物理集聚”向“化学反应”转变。探索通过股份合作制整合产学研各方资源。通过政府引导，帮助建立以项目为纽带的虚拟创新合作联盟，进而增强基础研究实力。全面加强数学、物理、化学、生物等基础学科教育。在现有学科基础上增加符合上海未来发展方向的学科，如脑

---

① 王海军，骆建文．基于长三角经济带发展的上海科技创新中心建设对策［J］．科技管理研究，2016，36（08）：64–68.

② 路建楠．上海系统推进全面创新改革试验的思路和举措［J］．科学发展，2019（11）：5–11.

智科学、智能制造、仿生合成等。将服务基础研究的贡献值纳入高校评价标准。建立人才链、技术链、应用链“三链融通”的共性技术研究架构。

（二）从“全球生产网络”向“全球创新网络”升级

要深刻理解创新之于上海的重要价值。伴随全球化分工的基础从“全球生产网络”向“全球创新网络”升级，创新正在从摆脱传统羁绊的政策选项，升级为全球经济增长的最主要驱动力。在科技革命和产业变革趋势的影响下，跨国公司加速研发的全球布局，促使价值链创新增值成为保持国际引领、导向和控制地位的重要手段；全球城市网络的联系基础，也从商品、资本的流量枢纽向知识、信息和人才意义上的枢纽升级，全球城市正从传统上基于全球化对自由市场和流量经济的依托，转向面向创新溢出效应的争夺。精准挖掘上海的独特潜力，实现“创新之城”的愿景目标。

（三）增强知识创新和技术创新联动经济社会发展的能力

试水科技成果的价值发现机制，加强科技成果供需双方信息对接，探索“科技伯乐”机制。建立基于市场需求的项目遴选机制，二是建立科技攻关项目动态竞争机制和重大项目快速立项机制。建立针对“卡脖子”技术的跨学科攻关机制，组织行业内专家对亟须攻克的“卡脖子”技术开展立项论证，快速组建相关专家开展研究。同时，打造细分产业科技创新中心，探索具体产业科技创新中心的运行机制，建立专项产业科技创新中心，推动产业互联网平台发展，完善产业互联网平台的公共支撑体系。打造提供全产业链公共创新服务平台和整合全创新链要素服务平台。

加强现有传统产业升级改造。推动先进制造业和现代服务业深度融合发展。促进传统产业技术改造。设立传统产业改造财政专项激励资金。鼓励传统产业向新兴领域转型升级。

增强独角兽企业的根植性，引导建立适合独角兽企业的估值方法体系。完善适应独角兽企业发展的信用体系建设。探索建立上海独角兽企业信用积分体系，将独角兽企业信用与市场准入、政策优惠挂钩，为守信企业提供优先服务等奖励措施。

（四）探索政府管理创新，优化创新营商环境

营造市场化、法制化的产业发展环境。推动科创领域简政放权向纵深发展，持续深化“放管服”改革，缩减市场准入负面清单，充分发挥市场机制的选择作用，不断增强对科技创新活动的包容性。赋予充分的用人权和激励分配权，探索赋予科研院所独立法人资格，鼓励机构和个人主动创新。加强人才资源向产业新动能配置。积极探索重点产业的人才奖励政策突破，加强海外人才引进的针对性和精准度。加强地区与高校、院所、企业的引才机制对接，借助“全球高层次科技专家信息平台”等科技数据资源，精确锁定目标人才。

聚焦未来科技领域布局前沿开放研究平台。鼓励强化原创先导技术如区块链技术的国际开放研究。在国际合作的基础上培育本土“隐形冠军”，建立“卡脖子”技术领域企业的梯度培育机制，分层次分领域给予企业指导和扶持。加强创新开放合作，前瞻布局优势领域。联合企业组成尖端技术和产品“攻关队”。围绕产业链上游的细分技术和解决方案开展创新，以具体产出为最终目标，组建企业联合攻关队伍。抓住全球技术创新的机遇，充分发挥创新中心的聚集效应，善于整合利用区域内外各种创新资源，较快提升本区域创新能力。围绕产业链部署创新链，构建人才链、资金链、政策链，不断优化创新生态。

在加快建设全球科技创新中心的大背景之下，上海需从世界竞争大格局、适应经济发展新常态、区域创新辐射等维度统筹设计和思考定位，重点从正确处理政府与市场以及社会的关系、有效促进各类创新主体协同互动、改进科技创新治理机制、完善激励大众创业万众创新的制度环境等方面，推进其科技创新治理体系现代化，促进支撑科技创新发展的制度基础更加成熟定型，促进创新要素的高效聚集和有效流动，激发创新动力和活力，提高科技创新的质量和

效率。①

（许正中　中共中央党校经济学教研部副主任、博导，万里智库高级研究员；刘蔚　国家科技部信息研究所经济学博士；杜丹　中国科学院大学、管理学博士）

参考文献

[1] 李靖华，李宗乘，朱岩梅. 世界创新型城市建设模式比较：三个案例及其对上海的启示 [J]. 中国科技论坛，2013（02）：141-148.

[2] 盛垒，洪娜，黄亮，等人. 从资本驱动到创新驱动——纽约全球科创中心的崛起及对上海的启示 [J]. 城市发展研究，2015，22（10）：92-101.

[3] 林宇，何舜辉，王倩倩，等人. 新加坡创新型城市的发展及其对上海的启示 [J]. 世界地理研究，2016，025（003）：40-48.

[4] 吴明. 上海与纽约、伦敦和东京创新力比较研究 [J]. 科学发展，2019，123（02）：54-61.

① 中国科学技术发展战略研究院课题组，孙福全. 国家科技创新治理体系与上海对策总体研究 [J]. 科学发展，2016（08）：14-22.

赵悦

建设“世界医谷”：释放上海科创潜能，提升全球卓越城市竞争力

在上海“五个中心”建设的宏伟计划中，建设具有全球影响力的科技创新中心可以说是“牵一发动全身”的关键，科技创新是城市竞争力的关键，在2020年上海两会发布的政府工作报告中，明确提出加快建设“五个中心”“四大品牌”，全力促进经济平稳增长，形成具有全球影响力的科技创新中心基本框架。制定实施科技创新中心建设深化方案。加快组建国家实验室，建成并开放软X射线、活细胞成像平台等大科学设施。促进创新链与产业链深度融合，全面实施集成电路、人工智能、生物医药“上海方案”，集聚高水平研发机构，加快形成一批聚焦关键核心技术、具有国际先进水平的功能型研发转化平台。

在被明确列入“上海方案”的集成电路、人工智能、生物医药行业中，生物医药产业到底有多大的潜力？生物制药、医疗、生命科学和科创中心、金融体系如何有效衔接、协同并进？上海领先的医疗资源优势能否转化为上海经济发展动力？上海距离国际顶级医学城市还有多少差距？长三角大健康产业一体化怎样布局？

围绕以上思考，我们在寻找答案的过程中，恰逢2020年新冠疫情蔓延，在这一重大事件的应对中，上海华山医院等医疗机构不仅做出了重大贡献，在社会各界产生强烈影响，同时在疫情全球蔓延阶段，上海的疾控能力和医学成效在全球也得到更多认同，上海生命健康支柱产业的作用和功能越发突出。

一、生命健康产业应该成为上海新支柱产业

（一）上海生命健康产业已经是重要的经济内生动力

上海汇聚了比肩北京的顶级医疗资源，可以说依靠着中山医院、瑞金医院、华山医院、新华医院、仁济医院等知名医疗机构，上海的医疗资源在长三角城市群乃至全国具有越来越显著的优势主导地位。经测算，2018 年上海健康服务业总产出 4260 亿元，生物医药工业 1176 亿元，仅这两项之和就超过 5400 亿元。此外 2018 年，上海医疗服务总体规模位居中国各大城市第一位，364 家医院的门急诊总量达 2.6 亿余人次。可以得出结论：上海领先的医疗资源有效转化为生产力，将极大地牵动新药研发制造、人工智能、重大疾病筛查、大健康管理乃至创投金融市场的升级发展。上海医疗医药产业资源加速改革开放，将推动上海乃至长三角整体的健康服务业与健康制造业融合联动，将会对上海“五个中心建设”，特别是全球科技创新中心建设，起到关键性推动作用。在 2019 年 11 月举行的上海推进科技创新中心建设办公室第十一次全体会议上，上海市委领导也明确提出，生物医药产业是上海优先发展的重点领域之一，要夯实优势，瞄准前沿，加快将上海打造成为具有国际影响力的生物医药产业创新高地，为更好地服务国家战略做出更大的贡献。

（二）上海医学科研软实力正在从世界高峰向高原转换

在神经内外科、感染科、肿瘤学科等领域，上海的医学科研水平已经走在世界前列，这是上海此前提出建设“亚洲医学中心”的底气，华山医院、瑞金医院、中山医院、上海中医药大学等机构有潜力孵化世界级医学成果，上海医学科研软实力可以从一座座高峰，转化为一片高原。

上海的医疗开放也走在全国前列，2019 年末上海自贸区首家外资综合性医院——上海阿特蒙医院在上海自贸区正式落成开院，这是自贸区成立以来引进的首家外商投资的综合性医院，上海出台的“健康服务业 50 条”鼓励形成高水

平有特色国际化社会办医品牌，2018–2020年上海投入12.9亿元，通过“腾飞计划”实施新一轮重点专科建设，以普外科等国内优势专科为“龙头”，达到国际领先水平；以心脏病科等国内特色专科为“主体”，保持国内一流、提升国际影响力；以脊柱外科等重点亚专科，以及微创手术、临床药学等新兴、交叉专科为“两翼”，培育新的专科增长点。

建设上海“世界医谷”的战略目标，将极大鼓舞上海医学科研、先进制药产业的高速聚合，为上海建设科技创新中心塑造更为直观的垂直产业带，加速拉动长三角健康产业协同合作、共赢发展。2019年上海市卫生健康工作会议中也提出，上海将推进卫生健康制度创新，探索试点更为开放的政策举措，制定出台支持生物医药产业高质量发展行动计划，大力发展现代医药、医疗器械、健康养老、体育健身等产业，形成与上海城市发展能级相适应的健康产业体系。

（三）长三角都市群为上海医疗优势转化提供了优质土壤

2019年上海实现GDP38155亿元，江苏GDP实现99632亿元，浙江GDP为62352亿元，安徽GDP为37114亿元，同比增幅都在6%–7%。在当前宏观经济整体下行压力下，长三角依然保持较强经济活力，这一区域人口消费能力特别是对优质健康服务的需求旺盛，但与此同时，这一区域对应的健康供给不平衡、不充分的矛盾显而易见，一些机制性束缚仍然存在，基层医疗机构、医药企业对深化医药供给侧改革有迫切需求。

上海的医疗资源在长三角城市群中有显著比较优势，在长三角建设分支机构、搭建医联体是很多三甲医院的普遍实践，但是，目前还没有形成产业规模，没有产生链条效应。进一步完善长三角大健康投融资体系，形成从健康大数据管理、疾病防控、医疗联动、医药联动、医养结合的产业闭环大有可为。

（四）对标国际一流医学城市，上海具有可比性

生命健康产业是美国大波士顿和旧金山湾区、英国伦敦、法国巴黎、日本东京、丹麦哥本哈根等全球领先的创新城市的共同选择，是全球政府决策层

和投资界看中的热点领域。以大波士顿为例，该地区是全球顶尖的生命科学集群，是全球创新城市的范本。大波士顿依托研究型医院优势，采用“小鱼引大鱼”“时间换空间”“专业对专业”策略，依托“半小时交通圈”内的知识、人才、资金高度集聚，实现了向健康产业供给侧的汇聚和延伸，激活了创新孵化、第三方服务、创投融资、总部经济的高速发展。

通过对标国际成功范例，上海可以依托全球卓越城市在交通、人口、产业、资金等优势，以上海尖端医疗为主阵地，催发世界一流生命科学成果、建设世界一流人类医学数据库、制定世界一流健康产业政策，使医药研发与临床应用高度融合、智力驱动与创新生态无缝契合。

二、当前制约上海医药健康产业搞活做强的瓶颈

（一）国际影响力不足，应从客场思维变为主场思维

上海在一些医学科研领域已经达到世界顶级水准，但是整体科研体系比较零散，没有有效整合，缺少一批国际顶级的医学会议，缺少具有国际影响力的医学专业期刊，缺少具有国际领先的诊疗规范和标准体系，还没有形成类似美国、瑞士、日本、韩国等国家的医疗品牌效应，没有全球患者上门求医、门庭若市的局面。究其根源，缺少全球性的战略引导，全球性领军大型医疗集团以及配套激励机制，上海的研究型医院没有与对应链条形成产业梯次，没有建立国际“主场思维”都是现存的问题。

（二）公立医疗强而不活，民营医疗活而不强

公立医院作为改革主力军，机制搞活是关键。现有医疗机构特别是公立医院的从业者受精力所限、受体制机制所限，往往空有想法，难有作为，如何进一步激发人才的主动性、能动性需要解放思想。我曾遇到一位医生，他有一个研发手术机器人的想法，但每天不是门诊就是手术，没精力也没动力把想法转为现实。公立医院培养出大批高端人才，但很多高端人才会遇到收入不对称

问题、搞研究和门诊忙的问题，因而如何激发科研积极性、激发创新力是一种博弈。

而上海非公立医疗机构也有另一种难题，就是活而不强。虽然从数量上占了总数的 50%，但其提供的社会健康服务量只有 7%–8%，占医保总数的 10%，床位数占 17%。上海国际化的土壤的确吸引了很多民间医疗创业者和投资者，有的医生下海创业干劲足，但是经营成本压力大，相对公立医院仍缺少资本、土地、人才、设备采购的扶持；而一些外资医院投资虽大，但市场培育却没有跟上，患者寥寥无几，设备资源浪费。我曾经去过一家投资极大的外资医院，偌大的一幢大楼空空荡荡，每天门诊只有 200 人左右。从总体看，没有形成品牌优势、口碑、就诊规模，缺少公信力是非公立医疗机构的瓶颈。

（三）商业医疗保险需要释放更多助力

基本医疗保险并不能满足社会高质量发展带来的不同层次的需求，建设一个高水平的医学城市不能缺少对高端医疗的鼓励引导。高端医疗会极大拉升整体医疗服务水平和尖端医学技术的实践应用，在这方面，商业医疗保险应该充分发挥作用。

目前在多数国有企业、民营企业中，因种种原因很少把商业医疗保险纳入企业职工福利范畴，商业医疗保险的客户主要是外资机构和个人自费人群。如何发挥国际金融中心作用，出台激励政策，引导企业为员工购买商业医疗保险，从而助推高质量、高水平的医疗市场，是与上海国际卓越城市定位相匹配需要考量的改革。

三、加大改革开放力度，让生命健康产业成为“五个中心”建设的生力军

（一）进一步促进健康服务业和制造业的战略协同

提升医疗领域社会治理体系和的社会治理能力现代化，为适应服务业和健

康制造业的协同发展需要，上海需要持续深化改革，制定有关委办局“一盘棋思维”，优化健康服务业和健康制造业的治理边界，避免各管一段、九龙治水，以问题为导向，统一认识，相互衔接，高效协同，解决问题，让医疗资源最大限度释放生产力。

同时，上海选择以医疗服务业带动健康制造业是一个比较合理的路径。参照丹麦哥本哈根“医谷”的做法，这座城市正是依托哥本哈根大学、医院和诺和诺德等著名企业、研究所的联动，以财税、资本、人力政策优势吸引了一批全球顶尖的生命科学技术机构进驻，成为欧洲最大的医疗技术出口基地，其每百万人公开发表的科学论文在欧盟排行第一。

上海可以依托现有医疗优势资源，以建设研究型医院为抓手，规划设计由科研到临床、由临床到成果、由成果到商品，集合创新孵化、智能制造、第三方服务、创投融资、总部经济的生命健康产业链条。

（二）加大智慧医疗建设创新

2020 年一场始料未及的疫情，牵动着社会大众的神经，也在短期内对各行各业造成了重大冲击。针对新冠肺炎疫情期间展现出的公共卫生短板，近期各地披露出来的投资项目明显加大了对医疗卫生等领域的投资力度。2019 年的国务院政府工作报告所明确的是“推动移动网络扩容升级，改造提升远程医疗网络”。在此背景下，上海在医疗服务体系改革建设中，应该以“五个中心”建设为保障目标，高水准、高质量推动医院“智慧升级”，智慧医院也是“智慧城市”建设必不可少的组成部分。2020 年 2 月 25 日，中共中央、国务院出台了关于深化医疗保障制度改革的意见，其中提到支持“互联网 + 医疗”等新服务模式发展，建立健全跨区域就医协议管理机制。高起点推进标准化和信息化建设，统一医疗保障业务标准和技术标准，建立全国统一、高效、兼容、便捷、安全的医疗保障信息系统，实现全国医疗保障信息互联互通，加强数据有序共享。加强大数据开发，突出应用导向，强化服务支撑功能，推进医疗保障公共服务均等可及。

新冠病毒肺炎疫情将对互联网医疗的发展产生巨大的推动作用，为了防止交叉感染，患者就医思维观念和习惯会发生巨变，网上咨询、网上问诊、网上医疗等需求会大幅提升，必将成就互联网医疗。上海可以搭建高水准“互联网+智慧医疗创新中心”，进一步实现智能疾控预警、便民掌上就医、区域内医生资源的线上调度、医疗业务的线上协同等。

同时，为迎接信息化时代浪潮，可以结合上海在人工智能、5G等领域的先导式优势，探索长三角医联体5G手术、急救指导集群，以华山医院为例，改造现有的“进口博览会医疗保障指挥中心”，设立长三角医联体5G手术指挥中心，成立手术专家“外援式”总值班室，现场视频指导长三角合作医院的手术治疗；建立长三角医联体5G应急救护指导中心，在救护车上、救援直升机、水上救援艇安装硬件装置，由值班专家及时指导救护，发挥上海医疗技术优势，提升长三角整体医疗服务保障。

（三）打响大健康领域的“上海制造”，组建医疗健康产业集团集群

医疗行业的巨变也将激发上下游生命健康产业的同步高速增长，上海应依托华山医院、瑞金医院、中山医院、龙华医院等三甲医院，吸引金融保险、制药企业广泛参与，试点性整合产学研一体的领军品牌医疗健康产业集团，作为参与国际合作竞争的主力团队；鼓励大型医疗集团在国际市场招募人才，寻求技术合作，逐步提升尖端科研实力，孵化具有竞争力的产品，在全球健康制造业打响“上海制造”的牌子。

（四）组建上海医疗高端智库，建设国际医学会议之都

组建上海国际医疗高端智库，规划、细化上海发展大健康产业的具体路径，搭台唱戏、沟通结对，在世界舞台引智引资，使医疗、健康、制药领域紧密合作，建设上海“世界医谷”的产业高地。

依托虹桥、浦东等成熟的医疗园区，扶持研究型医院、医疗机构利用自身技术强项召开国际性学术会议，走出去、请进来相结合，充分进行国际医药技术交流合作，在国际学术舞台广泛发声。借力上海进口博览会，推动上海国际生命健康会展活动；设立全球医疗技术成果上海转化中心，在知识产权、品牌援助方面拓展国际市场，形成研发、医疗、康养、医药的世界级交易中心。

（五）建设第三方医疗机构集群，大力推进共享医疗

大力推进共享医疗，推动第三方消毒、体检、病理检验等机构的集团化、集约化发展。与国际接轨，加快规划建设上海区域第三方共享式医疗消毒中心。现有公立医院按照现行规定每张病床需要配置 0.8 平方米消毒室，如果采用外包第三方消毒中心的方式将节约医院消毒运营成本 20% 以上，极大提高医院管理绩效；同时对于数量不菲的社区医院、民营医院、诊所来说，高标准集约化的第三方外包消毒中心会大幅提升其医疗卫生安全保障等级，通过对手术衣、诊疗器械等全程可追溯式消毒，消除不安全器械如外来骨科器械的管理盲区，最大限度管控感染风险，便于卫生行政部门集中管理。

此外，上海要实现预防为先，积累居民健康数据，编制发布“上海居民体检健康指数”，量化评价上海居民综合健康水平和健康趋势，通过体检大数据与人工智能的结合，为公共卫生管理、重大疾病筛查、健康管理提供支撑，节约巨额医疗支出；支持公立医院与各类体检机构共建医联体，互相认可体检报告，基于分类体检中心每天下午基本处于设备闲置的问题，使体检中心医学设备能够为公立医院进行有效补充，促进医疗资源的高效利用。

（六）建设上海医学实验室转化集群

我国在支持医学创新发展和成果转化的政策和力度方面与其他国家相比有较大的差距，许多成果从研究到临床应用的时间跨度较大。例如，肺癌的靶向治疗研究，用了长达 26 年才转化为成果。医务人员有新技术和方法解决临床遇

到的实际问题，但碍于规定限制而无法开展，使许多本可以获得明确诊断和及时治疗的患者不能得到应有的救助，也严重阻碍了医学创新发展。

以实验室自建检测方法为例，绝大多数国家都是允许的，而我国不允许实验室使用没有注册证的产品，考虑到实验医学对临床医疗决策的贡献度已超过70%，同时近年来精准医疗、新一代测序技术、基因芯片、质谱分析技术、流式细胞术等临床应用日新月异，这些都离不开对实验室新技术的特殊许可。基于实验医学为疾病预防、诊疗、药物选择、疗效判断等会提供重要作用，在上海“五个中心”的建设中，应该进一步搞活机制，加快推进临床检验创新成果转化，试点实验室自建检测方法的临床研究应用，合理配置相应管控风险的机制，推动建设上海医学实验室转化集群。

上海作为中国的开放门户，在大健康领域先行一步，是在关键领域、基础领域的一次奋战，在这一领域再上一个台阶，会对上海的经济发展、国际影响力、科技创新实力起到重要推动作用。展望未来的上海，它将成为世界级的医疗中心、医药研发中心、健康管理中心，迎来世界级的投资者、消费者，为长三角乃至长江经济带带来更优异的医疗保障。

（赵悦　万里智库秘书长、上海市决策咨询委员会委员）

编者按： 民营经济是上海“五个中心”建设的重要力量。可以说，努力解决民营经济发展中的体制机制难题，为民营经济营造公平公正的法治环境、平等竞争的市场环境、安商亲商的社会环境，在为民营企业排忧解难中积极作为、靠前服务，切实当好服务民营企业的“店小二”，将民营经济打造成为上海改革开放新高地、科技创新新先锋，是上海建成卓越的“五大中心”的一个重要标志之一，让民营企业、千千万万的创业者们融入上海对外开放建设的洪流中，成为改革开放的建设者、成果的获得者是必然的趋势。在这当中，金融机构如何服务好民营经济，在上海的试验田，破除中小企业融资难、融资贵的顽疾，是一个关键性的课题。我们特别邀请万里智库高级研究员、民生银行研究院院长黄剑辉撰文，结合民生银行的工作实践，提出建设性的思考。

黄剑辉

从国内到长三角推动金融服务民营企业的政策经验

我国民营企业数量众多、分布广泛，为商业银行提供了丰富的客源。民营企业经营灵活、潜力极大，为商业银行共享其快速发展的红利提供了无限商机。当前，商业银行同质化竞争激烈，全面提升服务民营企业的质效，不仅是商业银行优化发展战略、变革商业模式、升级产品服务、防范化解风险的客观需要，亦是责任担当的体现。2018 年 11 月 1 日，习近平总书记在民营企业座谈会上发表重要讲话后，国内主要商业银行纷纷推出专项措施支持民营企业发展。

一、国内商业银行服务民营企业的主要做法

（一）出台专项方案，设立专业机构

国有银行为全面贯彻中央精神，纷纷在第一时间内出台专项方案，支持民营企业发展。方案涉及内容广、具体措施实，大多通过“指导意见”和“通知”的形式，下发各级机构落实执行，并配以执行办法或保障措施，以确保方案落实效果不打折扣。多数股份制银行亦研究制定了专项方案，如民生银行制定了《关于进一步加大民营企业、小微企业贷款推动力度的相关政策》，从资源配置、风险管理、产品创新、服务提升四个方面提出了25条具体措施。光大银行致力于在服务民营企业时做到四个“一视同仁”、五个“能力提升”、六个“落实到位”。浦发银行聚焦便捷开户、专属贷款、降低成本、普惠理财、增值服务五方面，出台贯彻支持民营企业发展的16条落实意见。

表1　2018年以来主要商业银行支持民营企业发展的专项举措

机构	专项制度	具体举措
建设银行	《进一步加大支持民营和小微企业发展的通知》 《中国建设银行支持民营经济指导意见》	8个方面，26条措施
农业银行	《关于加大力度支持民营企业健康发展的意见》	8个方面，22条措施
中国银行	《中国银行支持民营企业二十条》	8个方面，20条措施
工商银行	“支持民营企业发展的十项措施”	6个方面，10条措施
交通银行	《关于进一步加强民营企业金融服务的指导意见》	5个方面，22条措施
邮储银行	《中国邮政储蓄银行支持民营企业指导意见》	5个方面，20条措施
民生银行	《关于进一步加大民营企业、小微企业贷款推动力度的相关政策》	4个方面，25条措施
兴业银行	《关于进一步提升民营企业服务质效的意见》	5个方面，19条措施
光大银行	“支持民营企业发展的十九条”	5个方面，19条措施
浦发银行	“支持民营企业发展的十六条意见”	5个方面，16条措施
中信银行	“支持民营企业发展的十四项举措”	4个方面，14条措施

资料来源：根据各商业银行官方网站、民生银行研究院整理。

随着各主要商业银行对民营企业客户重视程度的提升，纷纷设置相应的专业服务机构。中国银行采取“机构专营”的方式，从上至下设立独立的小企业信贷专职机构，实现业务运作的专业化。农业银行重点构建以二级分行和重点一级支行为主的小微企业信贷审批体系。建设银行内设小企业金融服务部，在建立垂直组织架构的基础上，围绕服务民营小微企业，推动经营、政策、技术部门间的联动协同。中国工商银行内设中小企业金融服务中心，总行还与100家民营骨干企业进行了总对总的合作签约。民生银行成立了主要支持大型民企的集团金融事业部，在总行公司业务部下设了战略民企板块和中小企业金融部，升级了小微金融事业部，形成了大、中、小、微民营企业的全链条管理架构体系，为其提供全方位、全天候、量身定做的服务。招商银行在总分行成立战略客户经营团队，直接牵头经营核心战略客户，形成集约化服务体系。

（二）足额配置资源，推进减费让利

工商银行制定三年规划：2019–2021年，普惠贷款平均增长30%以上，三年翻一番；民营企业贷款每年净增不少于2000亿元，新增融资客户每年不低于5000户。建设银行通过建立总、省、市三级行民营企业“白名单”、增配战略性信贷计划、单列小微企业信贷增长计划等多种方式，充分保障民营企业和小微企业的信贷资源投入。邮储银行规划2019–2021年，新增的公司类贷款中对民营企业的贷款不低于1/3，民营企业公司贷款增长不低于2000亿元。民生银行规划2019年民企贷款增速不低于全行贷款平均增速，年末对公民营企业贷款余额占比不低于50%。

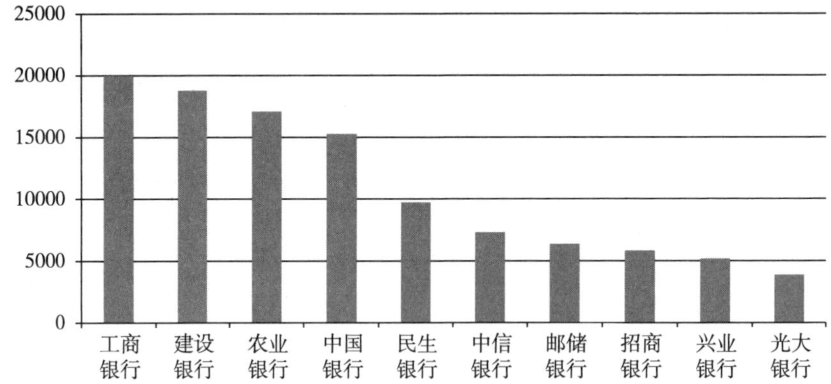

图 1　2018 年国内主要商业银行民营企业贷款余额（单位：亿元）

资料来源：根据各银行官网，民生银行研究院整理。

2019 年 1–6 月，五家国有大型银行普惠性小微企业贷款平均利率 4.78%，比去年全年下降了 0.66 个百分点。为进一步推动减费让利，中国银行和中信银行主动将“两禁两限”政策中的“限”该为“禁”，执行“四禁”政策。邮储银行实施内部资金转移价格（FTP）优惠，对单户授信 1000 万元以下的小微贷款 FTP 给予 70BP 减点优惠。民生银行在贷款 FTP 基准价格基础上，对各经营机构的民营企业贷款增量给予 30BP 的创利补贴，预计全年补贴将达 3 亿元。兴业银行适当下调保函等部分项目收费标准，切实降低民营企业负担。光大银行主动免除了资信证明费、银行承兑汇票敞口风险管理费等涉及小微企业的各项收费。

（三）完善产品设计，创新服务模式

为加大对民营中小企业的支持，工商银行建立并完善了以融资产品为核心，辐射结算、理财、投资银行、电子银行、国际业务和银行卡业务，以及信托、证券、基金等的产品体系。农业银行不断加大“数据网贷”“资产 e 贷”“纳税 e 贷”“账户 e 贷”等产品的推广力度。中国银行积极推广“中银税贷通”，通过“中关村模式”解决中小科技企业融资难问题。建设银行针对民营小微企业客户，先后推出了“成长之路”“速贷通”“小额贷”“信用贷”四个系统的产品体

系。民生银行不断升级五大产品体系，打造“场景化的交易银行、定制化的投资银行、便捷化的线上银行、个性化的私人银行、综合化的财富管理”，为民营企业提供“融资＋融智＋融商”的一站式综合服务；在小微民企中推广“云快贷”“增值贷”“纳税网乐贷”“结算网乐贷”等融资产品。招商银行打造出中小企业专属品牌“小贷通”，整合自主贷、订单贷、置业贷、收款易、担保贷和集群贷等六大类子产品组成“助力贷”系列。兴业银行推广运用“税易融”“交易贷”“创业贷”“知识产权质押贷款”等信用、准信用产品以及“连连贷”“循环贷”“诚易贷”等创新产品。

在创新服务模式方面，中国银行升级了“中银信贷工厂 2.0”模式，扩大客户范围，通过端对端、流水线和标准化的规范操作，有效提高中小企业的服务效率与水平。工商银行推出了三套特色服务方案，分别是专业市场小企业融资方案、产业集群小企业融资方案、联营模式下大型百货商场小企业零售商融资方案。民生银行针对战略民企的并购、IPO、市值管理、税务优化、理财、投资等需求，推出了“1+3”团队作业模式，配备了“五位一体”的服务团队；针对中小民企推出“中小企业民生工程”，为中小民企提供支付结算、授信融资、财富管理等金融、非金融综合服务。通过“小微金融 3.0”打造以智能化、线上化、综合化、专业化为特征的服务体系。招商银行不断升级“千鹰展翼”计划，从创新信贷政策、创新融资产品、创新私募股权合作等九个方面，培育和扶植民营企业逐渐积累在品牌、专利、团队、服务、商业模式等方面的优势。兴业银行推广“财资管理云平台”，提供以资金管理、收益性管理、融资管理等功能为特色的财资服务，切实提高民营企业现金管理效率。

（四）优化激励考核，升级风控体系

为充分调动基层服务民营企业的积极性，建设银行在考核上专门成立 7 亿元奖励基金，引导各分行加大对民营小微企业及普惠金融的投入。中国银行制定了《中国银行普惠金融（小微企业）、涉农、扶贫授信业务责任认定尽职免责

操作指引（2018年版）》，打消全辖各级机构服务民营和中小企业的顾虑。民生银行制定了《中国民生银行民营企业贷款尽职免责和容错纠错管理指引》，明确了直接责任和间接责任的认定标准，阐明了经营机构，业务负责人、经办人员及具体业务流程管理人员的免责情形和不得免责情形，以激发基层机构和人员服务民营企业的内生动力。招商银行在分行绩效指标体系中增设“两小”企业考核指标，推动分行提供差异化的金融产品与服务，以补贴的方式还原分行考核利润及净利息收入，引导加大对小微企业的资金支持。兴业银行设立了民营企业客户营销拓展专项绩效奖励，以促进全行展业积极性，建立尽职免责和容错纠错机制，明确业务人员尽职免责情形。

随着金融科技的迅猛发展，各主要商业银行不断升级风控体系。建设银行以“新一代”核心系统为基础，破解小微企业征信难题，创新“小微快贷”产品，实现自动化审批，目前已形成“云税贷”“账户云贷”“医保云贷”“投标云贷”等多个子产品体系，未来将进一步组成16朵“云”，全面契合小微企业的经营特点和成长阶段。农业银行利用联合授信、大数据、人工智能等新模式、新技术，破解民营企业信息不对称、管理成本高、风控难度大等问题，确保商业可持续。民生银行通过应用金融科技，已实现“多维度差异化授权+限额管理+行政例外授权+单笔例外授权”的立体化授权管理体系、“柜面+自助”的全渠道价格强控体系、“审批效能分析+承诺追踪分析”的后评价体系。中信银行加强大数据分析和应用，绘制基于民企、小微企业行为、交易数据的一体化客户视图，实现大数据立体评价，全力破解银企信息不对称等难题。

（五）拓宽融资渠道，提供跨境服务

为进一步拓宽民营企业的融资渠道，工商银行通过建立信贷与债券投资业务统筹联动机制，积极支持民营企业债券发行，提升注册备案效率，扩宽民企融资渠道。综合运用自营、理财等渠道，加大主承销民企债券项目投资力度。中国银行设立基石投资账户，利用自有资金撬动市场资金，加大对民营企业投

资力度；通过债券风险缓释工具支持民营企业债券融资。农业银行通过创新债券融资支持工具、拓宽投资标的范围、适度拉长资产久期，加大民营企业债券承销和投资力度。积极运用理财资金支持优质民营上市公司再融资、国企混改等股权融资需求，拓宽民营企业股权融资渠道。民生银行积极协同民生租赁、民生加银基金、民银国际等机构，推进民营企业在具体业务中开展多元化融资。兴业银行积极投资和创设信用风险缓释凭证（CRMW）、信用违约互换（CDS）、信用风险缓释合约（CRMA）等工具，提高企业信用债投资规模，推动优质民营企业债券发行成功率的提升，促进融资利率回归理性。平安银行在加大信贷投放的基础上，充分动员平安集团内外的资源为民营企业服务，通过保险资管计划发起成立“平安资产——护航系列民企发展基金”。

在为民营企业提供跨境服务方面，中国银行升级了“中银全球中小企业跨境撮合服务”，通过中小企业跨境撮合 GMS 系统，将跨境撮合由“线下”向“线上”转型，实现全流程、全自动、全天候的在线金融服务。同时，搭建全球支付创新平台（GPI）、网银在线单证平台和在线供应链平台等多种线上渠道。积极为外贸企业提供“一份保函、全国通用”“先放行、后缴税”通关便利。工商银行推出“工行财智国际”，集结算、融资、理财为一体，内嵌本外币业务于一身的产品服务及组合应用。在满足客户国际结算、贸易融资需求的基础上，进一步提供规避汇率风险、节约财务成本的增值服务。民生银行积极优化全球支付创新项目，增强跨境支付的效率和透明度，成为国内股份制商业银行中首家实现 GPI 方式汇款的银行，也是境内首家采用 API 云端汇款查询技术的银行。民生银行还开发了“民生环球速汇”产品，将 GPI 与国际结算、对公网银、个人网银、手机银行、信用卡、外币清算六大系统对接，真正实现 GPI 汇款方式全覆盖。招商银行推出“跨境金融平台 2.0”，依托交易银行全面的产品体系和全球化的平台布局，解决企业综合化的跨境业务难题，一站式服务于企业的全方位跨境金融业务需求。

二、上海及长三角推动金融服务民营企业的政策经验

2018年11月以来，中央明确将支持长江三角洲区域一体化发展，并上升为国家战略。长三角区域民营经济活跃、民营企业众多，以高质量金融供给服务长三角民营企业是推动长三角区域一体化和金融一体化的重要内容。为此，各商业银行纷纷行动，全力整合内外部资源，助力长三角民营经济发展。

（一）利用行业平台，加强同业合作

支持长三角一体化是一项跨区域的系统工程，需创新合作机制，突破区域限制，才能实现长三角一盘棋的发展格局。为此，长三角区域的商业银行加强同业通力合作，共商一体化发展，以金融一体化服务长三角民营经济。

在服务平台创新方面，上海银行业利用上海市银行同业公会作为平台，交流支持长三角区域一体化协同发展的新政策、新举措，通过银税直连模式丰富银行信贷决策资源，提升审贷效率，着力破解民营企业、小微企业融资难题。上海联合产权交易所与银联商务上海分公司合作，联手长三角多家金融机构共同打造面向长三角中小微企业的投融资服务平台，为长三角地区中小微商户提供专业一站式的投融资交易服务。

在同业合作支持民企方面，长三角三省一市的城商行、部分民营银行及城商行资金清算中心等22家机构在第十一届长三角城商行联席会议上共同发起“加强民营经济金融服务、加紧落实长三角一体化发展国家战略”倡议，要求认真落实金融政策，全力支持民营及小微企业发展。工商银行上海市分行、太平洋人寿保险等15家金融机构在“上海金融服务实体经济签约暨银行业金融机构上线市企业服务云仪式”上与15家民营企业签约，通过项目贷款、综合授信、投贷联动、债券承销、险资直投和保证保险等多种金融服务和产品，为50个实体经济项目提供总金额近1000亿元的金融支持。

（二）完善协同机制，设计服务方案

各商业银行充分认识到长三角一体化战略对自身战略布局和业务发展的积极作用，将支持长三角民营经济纳入发展大局，从顶层设计的高度上予以统筹部署。

在协同机制设置方面，交通银行上海市分行联合 6 家长三角地区兄弟分行，共同建立长三角区域一体化业务联动机制“4+3”模式，切实为长三角地区民营企业提供“以客户需求为导向”的跨区域一站式优质金融服务。浦发银行专门成立了支持长三角一体化建设领导小组和长三角一体化发展总部，设立总行级的长三角战略客户部，建立跨分行协调联系机制，提高重点客户跨区域经营的跟踪服务效率。浙商银行成立支持民营经济发展领导小组，加大民营企业服务力度。

在专项服务方案设计方面，工商银行发布《中国工商银行金融支持长三角一体化发展行动方案》，将为长三角区域企业提供“贷 + 债 + 股 + 代 + 租 + 顾”六位一体融资服务，构建“融资 + 融智”民营企业金融服务体系。中国银行上海市分行推出涵盖 15 项基础产品和 35 项特色类产品的《支持民营企业金融产品方案》，服务民营企业做大做强。上海银行发布“支持民营及小微企业 30 条”，围绕建立公平信贷文化、科创与民营和小微结合、优化信贷技术和流程、多方位综合金融服务以及完善指标体系和内部配套机制等十方面措施，进一步加大对民营和小微企业的支持力度。浙商银行发布《浙商银行支持民营经济发展的若干意见》，从增加信贷投放、创新服务民营企业新模式、拓宽民营企业直接融资渠道、助推民营企业转型升级、提升小微企业融资服务水平等十个方面确定了支持民营经济的 40 条举措。

（三）开发金融产品，创新服务模式

各商业银行积极创新开发适合长三角地区民营企业特点的金融产品和服务，

努力改善和提升金融服务长三角民营经济的水平。

在创新服务模式方面，民生银行打造“中小企业民生工程”模式，以“一个品牌、两条路径、四个库群、四个计划”面向长三角等区域推进中小企业批量开发，为中小企业提供支付结算、授信、供应链、投贷联动等涉及金融、非金融的综合服务。

在创新信贷产品方面，中国银行上海市分行推出投贷联动“VC贷”和“PE贷”授信等创新产品，及“投贷联动一站通”综合服务，较好地满足民营企业多元化的授信需求。建设银行上海分行增加科技履约贷额度，支持企业抗击疫情和复工复产。浦发银行在上海等地设立总行级科技金融服务中心，将杭州、南京、苏州等分行设为科技金融重点分行，并推出《科技金融服务2.0》和《企业科创板上市投行服务方案》，为长三角处于初创期、成长期、Pre-科创板三个不同阶段的科创企业提供针对性的金融服务。江苏银行依托“智盛”品牌产品，为核心厂商的上下游民营企业提供供应链金融产品，运用“冠军贷”“结算贷”，助推优质民企发展，同时推进信贷资产证券化业务，通过盘活存量信贷加大对民企信贷支持力度。

在支持直接融资方面，民生银行杭州分行通过绿色债、境外债、资产支持票据、公司债撮合等创新业务，进一步打通民营企业债务融资渠道，丰富民营企业金融服务产品。江苏银行推进信用风险缓释凭证创设发行，以增强民企债券吸引力，降低发行成本。

在金融科技应用方面，江苏银行发挥大数据运用优势，大力推广“税e融”“电e融”等线上模式的信用贷款，通过“跨境e点通”等跨境互联网金融服务为民企提供全天候、综合化、专业化、定制化的跨境金融服务，并依托全线上全流程物联网动产质押技术为民企解决融资难题。

在自贸区金融创新方面，交通银行积极响应人民币利率市场化改革，为自贸新片区临港装备产业区内注册的普惠贷款客户成功办理央行LPR人民币利率改革后首单新片区企业人民币利率互换业务，创新支持小微实体企业发展。浦发银行制定《长三角一体化专属自贸服务方案》，在拓展 FT 账户功能、扩大人民币跨境使用、推进利率市场化、建设面向国际的金融市场等方面率先推出众多新产品，助力当地民企发展得更快更好。

（四）加大资源倾斜，实施精准扶持

针对长三角地区的民营企业发展，各商业银行主动实施信贷资源倾斜，推进降费让利，开展精准扶持，为民营企业营造良好的金融信贷营商环境。

在信贷资源倾斜方面，招商银行上海分行与人民银行上海总部积极沟通，聚焦制造业和行业龙头民营企业，积极提供低成本再贴现资金。广发银行亦加大对民企的资源投入，推出制定小微业务优惠利率、出台单列小微信贷计划、制定差异化小微信贷政策、研发小微信贷标准化产品、强化小微业务考核等五项主要举措。江苏银行为引导信贷资源向民营经济倾斜，推出“四单机制”，即为民营企业单列信贷计划，单独配置人力资源和财务资源，单独会计核算，单独加强内部培训。上海农商银行于 2018 年底推出“千亿百家百场”工程，决定未来 3 年内向民营企业、小微企业投放信贷额度 1000 亿元、重点培育支持 100 家具备高成长性的科技型中小企业、召开 100 场民营企业金融需求对接会，全力帮助民营企业、小微企业破解融资难、融资贵问题。

在扶持民营企业纾困方面，民生银行南京分行针对部分遇到困难的民企实施“精准帮扶”，开展精准匹配差异化服务，不断扩大资金支持力度，支持民企渡过难关、转型发展。民生银行苏州分行针对经营上遇到困难的民营企业，不盲目停贷和抽贷；针对政府、银保监会出面协调的大型民企因暂时流动性不足导致还款困难的问题，始终与政府保持一致，与同业密切沟通，争取形成可行的解决方案。中信银行对于暂时经营困难仍有发展前景的优质民营企业，不抽贷、不压贷、不断贷，并通过参与银行间合作、并购等方式，对其给予纾困支持。江苏银行对符合条件的民营企业，允许通过借新还旧、展期、重组等方式，解决临时性资金周转问题，并积极参与地方政府成立民营企业纾困基金。

在降费让利方面，中信银行落实服务收费“两禁两限”政策，对于普惠型小微法人企业主动改“限”为“禁”，执行“四禁”政策，不收取承诺费、资金管理费、财务顾问费、咨询费。江苏银行则精简收费项目，着力降低民营和小微企业融资利率，主动调减民营企业贷款的内部资金转移价格，引导基层行降低信贷定价。

（五）服务重点行业，支持产业升级

各商业银行把握长三角一体化中的产业转型升级机遇，积极对接长三角区域内重点行业和领域，加强对相关民企的支持力度。民生银行积极支持2019长三角G60科创走廊区域一体化合作产融合作新高地建设重大项目，与闻泰通讯签署产融合作协议，支持5G智能终端研发制造项目。中信银行精准对接民营经济活跃的长三角地区，积极支持互联网、新能源、新材料、高端装备等战略性新兴产业，加大对于“有市场、有技术、有前景、有核心竞争力”的民营企业战略性资源配置。浦发银行主要围绕交通基建、产业协同、信息网络、绿色环保、普惠金融、科创金融等重点领域，加强对长三角重点项目和优质产业的支持，加大信贷资源倾斜，提高地方债投资额度。招商银行上海分行立足长三角企业特性，描绘“行业需求视图”，为传统行业中民营企业成长的“新旧动能转化”过程提供结算及项目贷款融资服务，同时与人工智能等行业中的头部民营企业合作，联合头部企业“合作赋能”。

三、商业银行提升服务民营企业质效的建议

（一）研究赋能创新银企合作发展范式

在银行服务民营企业的长期过程中，高风险与高收益始终并存，民营企业是商业银行最具挖掘潜力的客户，同时也是风险防控难度最高的客群之一。当下，优质大型民营企业对主办行服务的深度和广度要求越来越高，中小民营企

业也在极限逼近商业银行的风险防控能力。这在客观上要求商业银行提升研究能力，对民营企业不仅要融资，还要融智。对于优质大型民营企业，鉴于其融资渠道多元，优质项目取代信贷成为稀缺资源，增值型服务取代关系型服务成为银企合作的主导，商业银行应不断强化研究赋能业务发展，对优质民企提供战略诊断、行业研究、财务咨询、资本运作、资源对接等多元化的服务，才能突破新时期银企合作发展的瓶颈，实现深度聚合。对于中小型民企，需要积极从行业研究和企业分析的层面进行风险诊断，配合传统风控在贷前、贷中、贷后进行全面管理，有效化解风险，同时要加大对新兴产业和科技产业的研究力度，弥补银行风控部门在新兴产业领域基础数据的空白，建立科学合理的风控模型与指标体系。

（二）科技金融化解民企风险防控难题

传统上，商业银行对民营企业的风险管理是依据资产负债表、现金流量表和损益表的综合评估。但民企以中小企业居多，大多缺乏健全的管理体系和完善的财务制度，因信息不对称所造成的逆向选择、道德风险多发，不仅加大了商业银行的经营风险，也提高了审贷成本。而金融科技，尤其是大数据、区块链和人工智能可以帮助商业银行摆脱传统“三张表”的风险评估模式。商业银行应积极对接全国性、区域性的企业信用信息平台，完善民企客户画像，优化信用风险模型，引入 RORAC 测算，强化贷款全周期的穿透式风险管理。推动风险判断更加合理精细，风险预警更加及时有效，有效减少审贷环节的人力、物力投入，降低运营成本，提升贷款需求响应速度和授信审批效率。可以探索建立“金融科技防风险 + 信贷工厂提质效”的民营企业审贷管理体系，提升数据治理、客户评级和贷款风险定价能力，以端口直连扩大客户群范围，通过集合标准化的流水线规范操作，有效防控风险。

（三）科学分类服务民企的全生命周期

目前，商业银行普遍按照传统的规模视角划分民企客户，却忽略了一些成长性好、具备核心技术、属于前沿产业、拥有细分领域竞争优势的中小民营企业。商业银行应根据企业成长阶段，科学地将民企划分为初创期、成长期、成熟期和衰退期的企业。对于初创期和成长期的进取型企业，应适当提高风险容忍度，加大融资支持力度。对于成熟期和衰退期的企业，在提供审慎的常规融资同时，要加大“融智”服务，助力企业转型升级。此外，虽然部分民营企业生命周期较短，但仍有相当数量的民企成长迅速，在企业生命周期的不同阶段快速转换，商业银行应敏锐地、前瞻性地根据企业发展迅速转换产品体系、经营团队和服务模式。在民企全生命周期的伴随服务中共享其快速发展的红利。

（四）产品创新满足民企的个性化需求

民营企业的单笔融资量虽然较小，但需求丰富、多元，商业银行融资产品的更新速度跟不上民营企业的发展速度，难以契合民营企业的个性化需求。创新产品体系是所有商业银行孜孜不倦的追求，但市场是检验产品创新成功与否的唯一途径。一方面，商业银行应结合民营企业的现实需求，加快原有产品的更新换代与升级，采用“标准化的基础产品 + 差异化的专项产品 + 区域特色产品 + 产业细分产品”组合，形成丰富、多元的服务民营企业发展的产品体系；另一方面，在积极发展应收账款、存货、仓单、股权、专利等权利质押贷款的基础上，推广一次授信、循环使用、随借随还的信贷产品，探索流动资金循环贷款、无还本续贷业务等专项产品。积极开展供应链金融，依托产业链核心企业信用、真实交易背景和物流、信息流、资金流闭环，为上下游企业提供无需抵押担保的订单融资、应收应付账款融资，进而推进供应链金融线上化发展，全面提升服务效率。

（五）综合金融为民企提供全方位服务

传统上，商业银行对民营企业的服务集中于存贷及汇兑，主要发挥的是信用中介的职能。当前民营企业客户需求日益多元，在融资管理、市值管理、财富管理、甚至科技支撑等综合金融方面，提出了一站式服务的需求。与此同时，在银保监会合并、金融控股集团试点的大背景下，推进综合金融发展日益成为大趋势。商业银行应顺应发展趋势，结合自身实际情况，综合运用战略合作、投资控股、发起设立等方式，加强与保险、证券、信托公司的合作。比如，与保险公司合作研发信用保险与保证保险产品，与证券公司合作发行 CRMW 与 CRMA，有效地分担银行贷款与民企债券的风险。

（黄剑辉 万里智库高级研究员、民生银行研究院院长）

李藏宇

强化城市品牌，吸引高端人才，助力“五个中心”建设

2020年上海市政府工作报告中，大力推进“五个中心建设”的部分，专门提到了加快建设国际人才高地。同时也提到：人才是第一资源，要以海纳百川的胸怀拥抱人才，以宜业宜居的环境留住人才，以前景广阔的发展舞台成就人才，使上海始终成为各类人才近悦远来、追梦圆梦的热土，始终保持澎湃不竭的发展动力和创造活力。足见上海市已经充分认识到人才这个要素在当今上海的“五个中心”建设以及未来发展中要扮演的一个重要角色。

当然，人才是第一生产力，这是全球的共识，尤其是经济越发展，科技越进步，人才的重要性越突出。在2006年,《经济学人》一篇文章曾提到，20世纪打了两次世界大战，21世纪打的则是一场没有硝烟的战争——争夺大脑，这场战争将主导很多国家的前途。

人才的竞争上升到事关国家前途命运的高度，这也意味着上海现在要参与的是一场全球范围内展开的，世界顶级人才的竞争。

《全球人才竞争力指数报告》（GTCI）是由欧洲工商管理学院（INSEAD）与德科集团（Adecco）及谷歌（Google）联合推出，通过衡量一个国家及主要城市在人才培养、吸引、留存等方面的表现，从而评估其人才竞争力，并为政府、企业提供提升人才竞争力的建议的体系。

2019年全球人才竞争力指数（GTCI）报告显示，人才问题已成为企业、国家和城市的主流担忧，人才表现被视为增长和繁荣的关键因素。

更重要的是这份报告还显示，城市而非国家正在扮演更强大的人才中心角色，这对重塑全球人才格局将至关重要。

城市的重要性越来越大，这是由于城市具有更强大的灵活性和适应新趋势和新模式的能力——作为政策可以更迅速地改变的灵活经济单位，城市对人才，特别是创业人才更具吸引力。也可以说人才竞争力的核心其实就是城市的竞争力。

基于中国的整体经济实力，经济结构转型期的需要，和上海市在中国经济发展中承担的重要任务，需要吸引的人才恐怕越来越向全球人才金字塔的顶尖靠拢，那也就意味着难度越来越大，竞争越来越激烈，需要更加深入长远地考虑人才竞争战略。

能不能赢得这场人才竞争的胜利，是关系到上海市能不能不断地提高“五个中心”的能级，引领整个长三角地区，乃至带动整个中国经济去实现转型跨越的历史重任的最关键和最核心的因素。而我们的对手，是纽约、伦敦、东京、新加坡、巴黎等全球顶尖的中心城市。当然，我们也会同时面临国内其他主要城市的竞争。

而城市要靠什么去竞争人才？用什么去赢得人才竞争的胜利？如何才能吸引各行各业的精英人才呢？这些生活经历、教育背景、专业优势、爱好个性各不相同的顶尖人才有什么共性的优势和共性的需求呢？如何才能形成一个“人才磁力场”，把他们吸引过来，并且能使之长期驻留呢？

我们先来来看看 2020 年 2 月推出的 2020 年《全球人才竞争力指数报告》（GTCI）。前 10 位城市排名

城市	评分	2020 年度排名	2019 年度排名	位序升 / 降
纽约	73.7	1	8	+7
伦敦	71.7	2	14	+12
新加坡	71.4	3	17	+14
旧金山	68.1	4	12	+8

续表

城市	评分	2020 年度排名	2019 年度排名	位序升 / 降
波士顿	66.8	5	6	+1
香港	66.4	6	27	+21
巴黎	65.7	7	9	+2
东京	65.7	8	19	+11
洛杉矶	62.8	9	22	+13
慕尼黑	61.9	10	20	+10

那么，是什么使得这些城市对于人才更具吸引力，使得他们在全球日趋激烈的人才竞争中脱颖而出呢？当然稳定的经济、较高的收入、充满活力的人口、优秀的基础设施、高技能的劳动力、世界一流的教育、公共服务的能力等许多因素和条件都可以成为人才中心的重要特征。但是这些在全球顶级城市中，差距并不大，他们有什么共同的优势吗？

同时，城市也是千差万别的，就是这些全球顶尖的城市也有不同的自然禀赋、历史脉络、经济结构、人文特质，为什么会成为全球人才的汇聚之地呢？

再来看看 2019 年 12 月 26 日在纽约发布的，由全球城市实验室（Global City Lab）编制的《全球城市 500 强》分析报告。纽约成为全球最有价值城市，其品牌价值高达 2.20 万亿美元。伦敦以及东京分列其后，位列第二、三名，品牌价值也分别达到了 2.02 万亿美元以及 1.91 万亿美元。价值超过 1 万亿美元的城市还有巴黎、洛杉矶和悉尼。中国香港的品牌价值为 7836.3 亿美元，位居世界第九和中国第一。

2019 全球城市 500 强榜单前 10（单位：亿美元）

排名	城市英文名	城市中文名	国家	地区	品牌价值
1	NewYork	纽约	美国	北美洲	21952.5
2	London	伦敦	英国	欧洲	20151.9
3	Tokyo	东京	日本	亚洲	19062.8
4	Paris	巴黎	法国	欧洲	15976.9

续表

排名	城市英文名	城市中文名	国家	地区	品牌价值
5	Los Angeles	洛杉矶	美国	北美洲	12708.3
6	Sydney	悉尼	澳大利亚	大洋洲	10455.5
7	Berlin	柏林	德国	欧洲	8309.5
8	Singapore	新加坡	新加坡	亚洲	8037.1
9	Hong Kong	香港	中国	亚洲	7836.3
10	Toronto	多伦多	加拿大	北美洲	7733.6

制表：全球城市实验室（GlobalCityLab.com）

我们会发现，这两张榜单有着相当高的重合度。

那么如何看待人才竞争和城市品牌的关系呢？首先，从吸引人才的角度看，城市品牌不见得是个体评估的指标，但往往是最后的决定性因素。尤其是顶级人才，能给他们提供的关于专业领域支持，生活环境支持的条件是差不多的，而从这些人才的个性需求看，基本早就过了考虑这些条件的阶段。而真正的竞争力差异恐怕就是城市的品牌，当然不同的城市会有不同的个性特点，可能导致对人才的差异化选择。

从广义上看，人才竞争终究是城市综合实力的竞争，城市品牌既是综合实力的结果，也是城市极为宝贵的资源，更是城市发展的驱动力。城市品牌的价值高低，直接影响着城市的资金流、信息流、商品流和人才流。一个清晰的城市品牌战略能够提升城市的存在感，强化城市的凝聚力，增加城市的竞争力。

城市品牌的能量和作用通常是很难量化的，但往往是最能直接打动人心的决定性力量。

当然，这两张名单里都是全球顶尖的大都市，很多都是所在国家的首都，可能会有人觉得它们天然具有无可比拟的优势，这也是客观事实，但是从一个城市的发展过程去深入研究，其实它们也都曾经走过弯路，遇到不少挫折，一度成为人才甚至普通市民纷纷远离的地方，像伦敦就是曾经的“雾都”，大家应该都知道，这个称呼看起来似乎浪漫，但其实充满对于当年伦敦严重大气污染的无奈甚至绝望；纽约的布鲁克林区，也一度是犯罪天堂，因为很多人一听到纽约就会皱眉头。巴黎也曾遍地狗屎，“臭名”远播。

而除了解决困扰城市本身的问题外，扭转城市印象，重新打造城市品牌，也是必不可少的。在如今的信息社会，早就过了酒香不怕巷子深的时代，城市品牌的形成、改变、重生也不只是一件自然而然、水到渠成的事。现代城市品牌往往是需要专门的部门、策略、人才、行动去打造的。

比如，40 年前发起的“我爱纽约”（I Love New York）活动和 14 年前发起的“纽约制造”（Made in NY）项目都是全球城市品牌化的杰出范例。

这个标志设计于 1977 年，那时候纽约的城市标语还是“纽约，帝王之都”（1820 年创立）。当时，在经济危机的影响下，工业下滑，城市财政压力巨大，税收和信贷业不断收缩。于是，在随后的里根总统执政时期，政府开始鼓励企业和旅游业带动城市经济的发展。这一思路影响了日后全世界的城市功能的转型——生产型向消费型的转变。几乎是同一时间，很多大都市都开始成立了越来越专业化的城市旅游部门，比如巴黎（1971 年）。如今，几乎所有的国际化城市都是以旅游业和企业为主导的，所谓的城市自我提升的 3T 原则，即贸易、人才和旅游。

很多城市具体的品牌设计和推广功能都设在了旅游部门，但是其实品牌对于城市的意义和作用已经远远超出了旅游业，几乎是当今以城市为单位进行的全球化竞争的决定性因素之一。设在旅游部门只是利于推广，而作为城市品牌的建设应该成为城市管理者的一项重点工作，应该贯穿城市建设的各个环节。很多好的城市品牌家喻户晓、深入人心，而背后则是城市的决策部门对于城市形象的精心塑造。

2018 年开始，上海提出要打响“四大品牌”，也就是“上海服务”“上海制造”“上海购物”“上海文化”，如今已经慢慢成为上海社会各界的共识与行动。

而按照上海市委、市政府正式发布的《关于全力打响上海“四大品牌”率先推动高质量发展的若干意见》，“上海服务”重在提高辐射度，服务是中心城市最重要的功能，金融中心要融通全球，贸易中心要买卖全球，航运中心要覆盖全球，经济中心、科创中心要影响全球；“上海制造”重在彰显美誉度，要抓牢关键核心技术、高端产业集群、过硬质量品质三个环节，努力把上海建设成为新兴产业发展的策源地、先进制造业的产业集群高地，力争使“上海制造”成为新时代高质量、高品质的代名词；“上海购物”重在增强体验度，消费品牌要更具丰富度、吸引力，抓住举办中国国际进口博览会契机，加快引进更多全球优质商品、服务和有实力的零售商、采购商，推进更多国际国内知名品牌在上海首发全球新品；“上海文化”重在展现标识度，要充分用好红色文化、海派文化、江南文化资源，激发上海文化的创新创造活力，加快建成更加开放包容、更具时代魅力的国际文化大都市。

这样，上海市“五个中心”“四大品牌”和人才竞争已经统合到了一个发展框架，可以起到相互支撑、协同发力的效果。

不过从城市品牌建设看，一个城市的品牌需要突出的识别度，无论是视觉识别、还是口号设计、直到内涵表达都需要精心设计，更需要策划实施一系列的城市品牌推广活动，让城市品牌广泛传播并深入人心。

除了之前提到的纽约，伦敦的城市品牌推广也是一个经典的案例。伦敦城市品牌的宣传是多元化的，渗透到伦敦生活的各个方面。首先是媒体传播。BBC这个 24 小时不间断的全球传播工具为英国文化传播以及伦敦的形象传播起到了极其重要的作用。其次，伦敦层出不穷的活动以及节日使城市品牌传播成为有源之水。节日庆典活动是伦敦城市营销沟通的重要手段之一，伦敦在举办城市活动方面是不遗余力的，几乎每个月都会有一次大型的庆典活动，其中一些更是惯例化的节日活动。第三，政府传播。伦敦政府的每一个外事活动都是伦敦市政府不遗余力宣传伦敦的机会。伦敦市长每年都要安排出访计划，以宣传推广伦敦。同时设立专门的城市品牌机构也是伦敦城市品牌传播的成功经验。

总之，良好的城市品牌是城市的无形资产，具有不可替代的作用。可以增强城市的凝聚力、向心力，可以提高市民对城市的归属感、自豪感和荣辱与共的思想；提高城市品牌竞争力，可以提高城市的社会知名度、美誉度和城市的核心竞争力。所以，城市品牌可以成为我们城市发展各项工作的重要助力。

城市品牌化是城市管理的一项重要议题和任务，而城市品牌建设应该成为当今城市治理和政策制定者面对的重点课题。做好上海的城市品牌建设，可以使我们的各项工作产生事半功倍的效果，是上海市未来发展的一个催化剂和加速器，值得引起城市管理者的高度重视。

（李藏宇　万里智库研究员）

第四章

魅力上海：产业蓝图与国际对标

编者按：国际航运中心是上海"五个中心"的重要一环，作为中国重要的开放口岸，上海拥有得天独厚的沿江滨海优势，也是重要的国际经济交往枢纽，因此，上海不仅吸引了大批全球航运物流企业的进驻，全球顶级的邮轮企业也纷纷落户上海宝山，国家文旅部在2019年批准宝山成为中国邮轮发展示范区。这也给上海国际航运中心建设增添了新的动力。2020年的新冠疫情对旅游行业特别是邮轮产业带来了较大的影响，但是从长期来看，中国作为全球第二大邮轮客源国，随着人们对高品质生活的需求增长，邮轮产业依然具有很强的发展后劲，对于旅游行业特别是邮轮产业而言，要深刻认识到邮轮公共卫生安全风险管控体系建设的重要性，优化管理，创新经营，渡过难关，不要"行百里者半九十"，待得行业复苏，邮轮产业依然将会是旅游产业那颗璀璨的明珠。

汪泓

面向全球，面向未来，建设更富魅力的国际邮轮之城

习近平总书记提出"大力发展邮轮事业，是一件利国利民的好事，还要建造我们自己的邮轮"。邮轮经济全产业链以邮轮旅游为驱动，集聚邮轮装备研发设计制造、邮轮公司运营、邮轮港口运营、邮轮维修保养以及邮轮相关衍生服务开发等先进制造业和现代服务业有机融合的综合性现代产业集群，是兼具资本密集型、技术密集型和劳动密集型为一体的新兴特殊产业，具有市场规模大、增长趋势保持稳健、产业要素高度集聚、发展潜力巨大的显著特征，具有较强的产业乘数效应，具备较高的产业附加值，成为全球沿海沿江城市发展的新动能。

一、抢抓机遇，实现由“钢”到“港”的产业转型

近年来，全球邮轮旅游市场规模保持稳健增长，据国际邮轮协会（CLIA）预测，2019 年全球邮轮市场游客达到 3000 万人次规模，同比增长 5.19%，这将是首次突破 3000 万大关，2025 年预计达到 3760 万人次，具有良好发展前景和市场潜力。亚洲已成为全球经济增长最快的地区，为邮轮经济发展提供了更加坚实的基础和发展潜力，2019 年亚洲邮轮游客规模达到 420 万人次，并且未来具备较大的增长空间，正在成为全球邮轮市场最具发展潜力的重要板块。

十年前，位于长江入海口的宝山，宝山区委、区政府高瞻远瞩，谋定而后动，当好全国邮轮经济发展排头兵、先行者，抓住国际邮轮产业东移的先机，启动建设吴淞口国际邮轮港。回想吴淞口国际邮轮港的起步阶段，我们缺政策、缺资源、缺经验。吴淞口国际邮轮港自 2011 年开港以来，短短十年间，游客接待量三年登顶亚洲第一，五年问鼎全球前四，在港口运营、市场培育、产业发展、政策创新及合作平台等方面大力推进二十余项工作举措，在先行先试、探索经验上取得成果，推动中国成为全球邮轮市场第二客源地，创造世界邮轮经济发展的“中国奇迹”，在全国地位举足轻重。

宝山区地处长江三角洲前沿，东临长江黄金口岸，位于吴淞江、黄浦江和长江的三江交汇点，堪称上海的“水路门户”，海运连接 164 个国家和地区的 400 多个港口，集装箱的吞吐量占上海港的 70% 以上，海运联运和内河航运发达，地理位置十分优越。为进一步提升大型邮轮接待能力，2019 年吴淞口国际邮轮港后续工程全面竣工，达到“四船同靠”接待能力，接连打破亚洲邮轮港单日接待旅客数量记录，自 2011 年开港运营以来，累计接待邮轮突破 2200 艘次、国内外游客 1300 余万人次，保持亚洲邮轮市场龙头地位，2019 年游客接待量预计占中国邮轮市场 46.4%，占亚洲邮轮市场 22.3%，是全国 15 家邮轮港中唯一盈利的邮轮港。吴淞口国际邮轮港获“上海品牌”认证，成为全国首家国际邮轮港游客服务认证单位。获批 1700 平方米全国面积最大邮轮进境免税店，

在进博会邮轮服务贸易高峰论坛揭牌并开业，引领邮轮消费升级。另外，邮轮港“东方之睛”改造完成报建手续办理，2020 年内项目竣工。

依托优越的地理位置，以吴淞口国际邮轮港为核心，全力推动邮轮经济全产业链发展，完成了由“钢”到“港”的产业转型。近年来，宝山不断深化产业结构调整，构筑了以邮轮经济为特色，智能制造、新材料、平台经济、新一代信息技术为支柱的“1+4+X”产业构架。形成了以邮轮滨江带率先转型，带动南大、吴淞两大市级重点板块规划提标，若干个产业园区转型提速的“1+2+X”产业转型新格局，为实现邮轮经济高质量发展提供更加有利的政策布局。

二、善作善成，宝山成为中国邮轮经济发展领航者

宝山成为国际邮轮公司创新发展的新舞台。占据全球 82% 市场份额的前四大邮轮公司：嘉年华集团、皇家加勒比、诺唯真、地中海邮轮，先后在上海吴淞口开启亚洲首航，吨位越来越大。2012–2016 年，吴淞口国际邮轮港靠泊邮轮平均吨位在 10 万吨左右，2017 年 11.3 万吨，2018 年 12.5 万吨，2019 年为 14.7 万吨，四年增长 41%；船龄越来越短，2012–2016 年靠泊邮轮平均船龄约为 13 年，2017 年为 10.91 年，2018 年为 9.71 年，2019 年为 4.43 年，推动中国邮轮市场进入“大船时代”“新船时代”。

皇家加勒比国际游轮是全球最大的游轮品牌，率先在中国市场部署和经营世界级邮轮，2015 年将旗下最新最先进游轮“海洋量子号”布局吴淞口，2019 年将超量子系列第一艘“海洋光谱号”布局吴淞口，为中国游客带来世界领先的邮轮新体验。作为首家以中国为母港运营的国际邮轮公司，纯正意大利风情邮轮品牌歌诗达邮轮，2019 年在专为中国量身打造的首艘 Vista 级“威尼斯号”邮轮成功开启首航，让更多中国游客体会到纯粹的“海上意大利”极致邮轮假期。地中海邮轮源于地中海地区和国家，以独特的地中海式生活方式为世界各地游客创造一个独特的体验，在“辉煌号”之后，最新旗舰“荣耀号”于 2020

年布局上海母港。亚洲本土邮轮品牌云顶邮轮集团将星梦邮轮品牌“探索梦号”布局吴淞口国际邮轮港，这也是星梦邮轮在华东市场首次亮相，旗下首艘20万吨“环球级”邮轮将于2021年开启上海首航。诺唯真游轮也专为中国市场打造的豪华邮轮“喜悦号”，也为中国邮轮市场带来新的体验。

宝山成为中国本土豪华邮轮品牌发展的主阵地。2015年5月15日，中国首个本土豪华邮轮天海“新世纪号”在吴淞口国际邮轮港开启首航。2019年11月8日，中国第一艘自主运营的豪华邮轮“鼓浪屿号”在吴淞口首航，2020年1月11日，中船嘉年华邮轮有限公司旗下第一艘邮轮“歌诗达大西洋”号在上海吴淞口国际邮轮港正式交付运营。

宝山成为上海邮轮、游船、游艇“三游”经济发展的创新者。紧紧抓住打造“三游荟萃、魅力滨江”的重大机遇，加快宝山滨江岸线向城市生活和旅游休闲岸线转变，推动邮轮港周边水域的综合开发，成功举办2019年上海邮轮港国际帆船赛，这是首个在长江举办的大型帆船赛事，是积极响应上海建设全球著名体育城市、打造世界一流国际体育赛事之都的重要举措，更是吴淞口加快推进邮轮、游船、游艇“三游”发展迈出重要一步，标志着宝山“三游”经济正式起航。

宝山成为大型豪华邮轮研发设计制造的承载区。2015年宝山跟中船等六个顶级船舶集团联合签署了本土豪华邮轮建造合作宣言，共同培育中国本土的邮轮制造产业链，国内首个国际邮轮产业园和首支邮轮产业基金已经落户宝山；2020年，宝山全面深化与中国船舶集团合作，合作成立供应链运营公司，完善上海中船国际邮轮产业园的总体规划、分期布局、资源引进以及统一运营。承担国家大型邮轮创新工程（总经费82元，其中国拨经费41亿元，中船自筹41亿元）的中船邮轮科技公司和专注豪华邮轮和高端船舶装饰工程的中船集艾公司落户宝山，以及专注邮轮设计研发的兆祥邮轮科技集团落户宝山。2019年10月18日，我国首艘国产大型邮轮正式开工点火钢板切割，标志着邮轮建造实质性启动。宝山民营企业积极参与邮轮产业布局，2019年5月22日，兆祥集团世天邮轮与招商局集团签署4艘3.7万总吨邮轮新造船合同，开创中国“中式邮轮”先河。

宝山正成为邮轮企业落户和发展的集聚区。高水平的邮轮经济发展需要推动全球各类相关企业的集聚，形成产业集群，进而构筑完善的邮轮全产业链体系。嘉年华歌诗达邮轮公司、地中海邮轮公司已在宝山设立运营公司。2019年，地中海邮轮宝山公司获得上海跨国地区总部认定。2019年4月，宝山区赴意大利与全球最大邮轮建造商芬坎蒂尼联合举办邮轮供应商日，参会供应商达到130余家，已有多家供应商赴宝山进行考察交流，商洽合作落地事宜；2019年12月3日，成功举办首届中国邮轮产业配套供应商圆桌论坛，吸引300多家参展商，其中中船集艾邮轮科技公司邮轮配套产品测试认证及研发中心、邮轮模块化整体舱室研发中心和邮轮内装技术人才培训中心的“三个中心”正式揭牌，宝山逐步形成大型邮轮配套与服务保障能力。中船邮轮运营总部中船嘉年华（上海）邮轮有限公司落户宝山，根据发展规划，预计到2030年，将有8–10艘本土邮轮船队。

宝山成为依托邮轮经济推动城市转型发展的样板区。零点广场是吴淞口国际邮轮港的重要标志性配套项目，面积为2万平方米，承接邮轮口岸单位、邮轮港公司、邮轮服务中心、邮轮研究机构、旅行社、邮轮酒店等重要办公功能。与招商局集团、绿地集团合作，打造建筑面积24.3万方的阅江汇，形成“水世界、新探索、艺术场、享生活”四大主题，将建成集5A甲级景观办公、海空探索主题购物中心、五星级商务休闲酒店于一体的城市综合体。目前，阅江汇B–4地块裙房主体结构预计年底封顶。未来三年，吴淞口国际邮轮城核心区将形成两家五星级酒店及约50万平方米商业商务配套。另外，以船、港、城为主题，加快推进滨江岸线、258地块、818地块、长寿机械厂、宝杨路码头等优质资源开发，目前滨江带景观示范段已完成初步设计，长寿机械厂已完成地块收储，818地块收储正在加快推进，宝杨路客运站地块正开展北上海邮轮综合会展中心的可行性研究。

宝山成为中国邮轮制度创新发展的先行区。邮轮船票制度试点形成了“吴淞口经验”，交通运输部等五部委基于吴淞口试点经验出台《关于推广实施邮轮船票管理制度的通知》，邮轮船票制度在全国开展推广。积极推动完善配套政策，积极协助市商务委出台《关于支持宝山邮轮服务贸易发展的若干措施》，推动邮轮服务贸易政策创新发展。推动海事部门实施“邮轮五优先”，邮轮准点率和安全率达到“双100”。起草的全国邮轮港服务标准《邮轮港服务规范》已由交通运输部全国发布，并于2020年3月1日正式实施。结合上一轮邮轮产业扶持政策实施情况，修订完成宝山邮轮产业政策2.0版本，为进一步优化邮轮经济营商环境、打造千亿邮轮产业链提供坚实保障。

宝山成为中国企业参与国际邮轮合作交流的窗口。宝山参加世界邮轮大会并首次设展，赴意大利召开邮轮供应商日，连续四年举办2019年Seatrade亚太邮轮大会，连续七年举办上海邮轮旅游文化节，与上海工程技术大学合作建立上海国际邮轮经济研究中心，建立国际邮轮研究机构联盟和国际邮轮人才教育联盟，连续六年发布《中国邮轮产业报告（邮轮绿皮书）》，参加2019中国国际旅游交易会，获得国家文旅部部长雒树刚“点赞”，使得宝山邮轮经济国际影响进一步提升。并且针对邮轮配套产业发展，举办进博会邮轮服务贸易高峰论坛、首届中国国际邮轮（配套）产业发展论坛暨展览会、首届中国邮轮产业配套供应商圆桌论坛，引进更多优质邮轮配套企业落户宝山。

三、面向全球，建设更富魅力的国际邮轮之城

习近平总书记提出，人民对美好生活的向往，就是我们的奋斗目标。立足新时代，站在更高起点，我们追求更高质量发展，更好满足人民对美好生活的需求。从实验区到示范区，实现从邮轮旅游向邮轮经济全面转型，由“高速度增长”向“高质量、高品位”发展品质提升，由旅游产业向制造配套产业动能升级。聚焦上海“五个中心”建设，围绕“四大品牌”建设，强化“四大功能”

提升，培育邮轮产业集群。把握机遇，面向全球，建设更富魅力的国际邮轮之城，把宝山打造成为环境优美、产业齐全、人才聚集、活力迸发的现代化邮轮滨江新城市。

高质量建设中国邮轮旅游发展示范区。以“一港”吴淞口国际邮轮港、“一园”上海国际邮轮产业园、“一带”邮轮滨江带、“一城”国际邮轮城核心区为主体的示范区发展格局，打造“四个率先”：率先建立适应中国邮轮市场发展特点的管理模式、率先建立同国际邮轮发展规则相适应的制度体系、率先建立邮轮经济全产业链发展体系、率先构筑完善的邮轮发展服务配套体系，推动实现“五个转变”：从先行先试到全国样板、从点上突破到机制体制全面创新、从尝鲜式旅游到高品质生活方式、从港口经济到全产业链发展、从功能提升到魅力滨江建设的转变，成为邮轮经济高质量发展的全国样板。

打造具有全球影响力的母港运营高地。瞄准世界前三，以打造具有国际影响力的世界一流邮轮母港为战略目标，全面推动“快乐港口、共赢港口、绿色港口、智慧港口、示范港口”建设，提升港口运营能级。推行“无摩擦进港计划”，推动口岸通关模式创新，不断优化游客通关流程，提升邮轮口岸通关效率，推动吴淞口标准成为全国标准、亚洲标准。完成东方之睛改造，加快推进轨交 21、22 号线实施，完善邮轮港周边路网，持续增强港口运营能力。到 2025 年实现年靠泊邮轮达到 500 艘次，年出入境旅客人数达到 500 万人次。建立健全邮轮应急管理体系。

打造具有国际竞争力的邮轮旅游高地。深化与世界主要邮轮公司合作，提高长江口深水航道通行能力，推动全球最新最好及独具特色的主题邮轮靠泊运营。丰富邮轮航线，探索复制实施中资方便旗邮轮无目的地航线试点政策，推动多母港航线取得突破并形成常态化运营。加强与长江等内河及沿海游轮市场的衔接，形成层级丰富、特色鲜明的邮轮航线体系。鼓励中国文化演出团体、演艺项目、艺术品等上邮轮展演展销，提升中国文化与邮轮文化的契合度。放大“144 小时”和“15 天”邮轮免签政策效应，推动邮轮旅游和全域旅游协同发展，开发一批适应入境邮轮游客需求的旅游线路、目的地、旅游演艺及特色商品，实现邮轮旅游与上海优质旅游资源联动。积极倡导邮轮旅游成为人民追求幸福生活的新的生活方式。

打造具有辐射带动作用的邮轮产业集群高地。以“打造千亿级邮轮产业集群”为战略目标，聚焦本土邮轮船队运营和邮轮自主设计建造，做强邮轮服务业，提升邮轮船供和港口服务产值，加快推动邮轮功能性平台集聚，增强综合配套服务能力，发展邮轮新兴服务业，提升邮轮服务产值。壮大邮轮制造实力，支持中船、招商局等央企实施国产邮轮研发设计建造战略举措，提高邮轮制造国产化能力。引导和鼓励各类市场主体参与邮轮研发、设计及制造服务，支持与国内外船舶制造科研院所、企业等联合开展邮轮设计制造技术攻关和成果转化。全面推进上海国际邮轮产业园建设，探索建立国产大型邮轮本土供应配套体系。扩大邮轮购物消费，做大做强邮轮口岸免税店，优化产品品类，满足游客消费需求。加快邮轮港及周边商业载体建设，建设集合文创商店、特色书店、小剧场、文化娱乐场所等多种业态的消费集聚地，发展夜间经济，形成以新供给引领新消费发展的新格局。培育邮轮文化产业，引导和鼓励演艺、娱乐、动漫、创意设计、网络文化、工艺美术等行业企业积极对接本土邮轮运营需求，创新发展邮轮文化产品，拉动邮轮文化消费。支持举办以邮轮为主题的各类展会、论坛，发挥展会拉动文化和旅游消费的作用，支持文化企业和旅游企业通过展会进行产品展示、信息推广。办好亚太邮轮大会、上海邮轮旅游文化节等重大活动。

打造具有产城融合、区港联动的示范高地。立足长三角一体化和长江经济带建设，结合具有国际一流水准的邮轮城定位，聚焦最美的滨江，坚持整体规划、分步实施，把宝山滨江打造为创新发展的新引擎、城市形象的新名片、市民休闲的新去处。着力做亮以邮轮港为核心的“示范段”，开放吴淞炮台湾湿地森林公园，形成宝山滨江生态廊。举办邮轮港帆船赛、推动帆船、游艇项目开发，打造更多的生活岸线、生态岸线、景观岸线。完善滨江公共空间开放使用、品质维护、城市精细化管理机制，实现滨江城市形象华丽转身。

打造具有最高服务水平的邮轮发展营商环境高地。推动示范区与自贸区的协同创新，建设邮轮特殊监管区，在邮轮经济领域，探索实施新一轮对外开放、贸易便利化、金融创新等政策举措。进一步丰富上海国际贸易“单一窗口”邮轮服务功能，为邮轮发展提供更优的业务流程、更高的通关效率、更低的办事成本。借鉴国际先进理念，适应邮轮市场新需求，主动研究并加快推进相关政策法规修订。

中国邮轮经济发展前景广阔，发展潜力巨大，我们要抓住中国首个邮轮旅游发展示范区机遇，推动邮轮经济全产业链发展，把宝山打造成为上海建设世界著名旅游城市和国际航运中心的重要功能板块，为打造千亿邮轮产业链，迈向更富魅力的国际邮轮之城而不懈奋斗！

（汪泓　中共上海宝山区委书记）

鲁政委

大都市区的产业结构：从纽约到上海

一个有活力的“金融中心”，不仅仅只有“金融业”本身的发展，而是需要一个诸多与金融高度优势互补产业、在空间上协调发展的生态。只有这样，才有望使其成为带动我国经济高质量发展的“动力源”。本文通过将上海与纽约进行比较，以资借鉴。

第一，都市区的核心区与近郊产业结构类似，而和远郊的产业结构存在差异。对上海都市区而言，近郊即上海下属各区，远郊即与上海接壤的几个江浙城市。

第二，服务业在整个都市区都是支柱产业，制造业则不是。如果未来上海都市区沿着这个方向演变，则意味着会有大量制造业产能迁出。

第三，农业主要分布于远郊。未来上海市域范围内的农业活动可能比较稀少。

第四，金融业的分布并不局限于核心区，向外围的扩散也不是均匀和连续的。并不是离陆家嘴近的地方就都要以金融业为主，而离陆家嘴较远的上海郊区某些地方也可能成为金融活动聚集地。

2018 年 1 月 4 日，《上海市城市总体规划（2017–2035 年）》公布，提出到 2035 年，上海要“基本建成卓越的全球城市，令人向往的创新之城、人文之城、生态之城，具有世界影响力的社会主义现代化国际大都市，重要发展指标达到国际领先水平。”其中一个非常重要的目标是成为国际金融中心。众所周知，纽约是全球最大的国际金融中心之一，其产业结构的空间布局或许值得上海借鉴。

一、哪一个纽约？

纽约不止一个：纽约县、纽约市、纽约州、纽约大都市区，等等。这些地理概念是何关系？

纽约县：即通常所称的曼哈顿区，面积 87.5 平方公里，2015 年人口为 164 万，在工作日人口可达 390 万。

纽约市：包括纽约县（曼哈顿区）、布朗克斯县（布朗克斯区）、国王县（布鲁克林区）、皇后县（皇后区）和瑞奇蒙县（史泰顿岛区）共 5 个县，面积 1213.4 平方公里，2015 年人口 820 万。

纽约州：以人口计算为美国第四大州，美国最早的 13 个殖民地之一，面积 14.1 万平方公里，人口 1920 万。纽约州的第一大城市就是位于州东南部的纽约市，但政治首府却设在纽约市以北 240 公里的小城市奥尔巴尼。

纽约大都市区：俗称大纽约，是以纽约市为核心、包括纽约市周边若干县的区域，存在不同的口径。此处我们采用相对较大的口径，即 New York-Newark-Bridgeport，New York-New Jersey-Connecticut-Pennsylvania Combined Statistical Area，包括纽约市的全部 5 个县、纽约州（除纽约市）的 8 个县、新泽西州的 13 个县、康涅狄格州的 3 个县和宾夕法尼亚州的 1 个县，共 30 个县。该都市区面积 3 万平方公里，人口约 2225 万。作为对比，上海市行政区域面积 6340 平方公里，人口 2420 万。

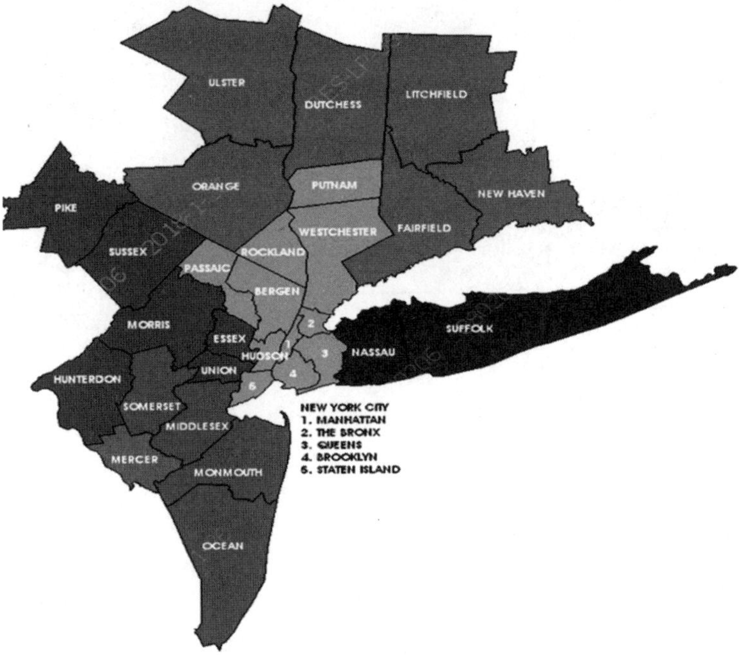

图表 1　纽约大都市区示意图

资料来源：兴业研究。

下文将按从核心地带到周边地带的顺序，考察纽约大都市区的产业区域分布特点。

二、纽约大都市区的产业区域分布

（一）纽约市的产业结构

首先看纽约市的核心区曼哈顿。曼哈顿是华尔街所在地，被誉为世界的经济中心，金融和保险业就业占比高达 11.8%。并不那么为常人所知的是，曼哈顿的专业和科学技术服务业的就业占比，甚至比金融保险业还高，达 16.4%。

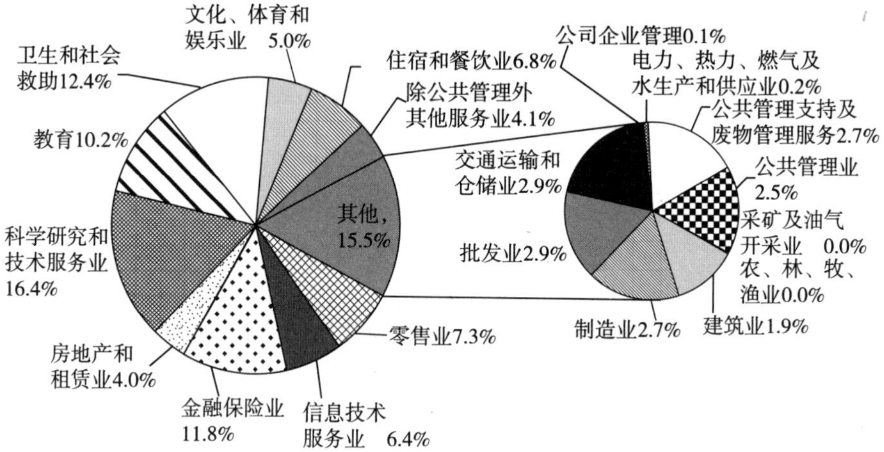

图表 2　曼哈顿区就业人口的行业分布（2015）

资料来源：Census.gov，兴业研究。

除了看各行业的绝对占比，区域经济学还经常用区位商来分析一个地区的优势产业。所谓区位商，就是某区域某行业的占比和全国该行业占比相除所得的商。区位商大于 1，表明该地区专注于该行业；区位商越大，专业化优势越明显。比如，曼哈顿金融保险业占比为 11.8%，美国全国的金融保险业占比为 4.1%，则曼哈顿金融保险业的区位商为 11.8/4.1=2.9。计算结果表明，与全美平均水平相比，除了众所周知的金融业，曼哈顿在信息业，房地产业，专业和科技服务业和艺术娱乐业等行业也具有较高的专业化水平。

图表 3　曼哈顿区各行业的区位商

	纽约县（曼哈顿）区位商
Agriculture, Forestry, Fishing, Hunting	0.1
Mining, Quarrying, and Oil and Gas Extraction	0.0
Construction	0.4
Manufacturing	0.3
Wholesale trade	0.6
Retail trade	0.6
Transportation & Warehousing	0.7

续表

	纽约县（曼哈顿）区位商
Utilities	0.4
Information	3.2
Finance & Insurance	2.9
Real Estate, Rental & Leasing	2.7
Professional, Scientific, Tech Services	2.6
Management of Companies & Enterprises	0.1
Admin., Support, Waste Management Services	0.4
Educational Services	1.1
Healthcare & Social Assistance	0.9
Arts, Entertainment, Recreation	3.0
Accommodation & Food Service	0.7
Other services, except public administration	1.4
Public Admin.	0.4

资料来源：Census.gov，兴业研究。

考虑到与行业的绝对占比相比，区位商更加直观，下文将只讨论区位商，不再列出各行业的绝对占比数据。

再来看纽约市除曼哈顿外其余4县的产业结构。纽约市（除曼哈顿）的产业结构较曼哈顿相对更为平均，其金融和保险业的区位商只有1.1，明显低于曼哈顿的2.9。纽约市（除曼哈顿）的产业重心更多向房地产、建筑、交通运输及仓储、医疗等行业扩展。

图表4　纽约市（除曼哈顿）各行业的区位商

	纽约市（除曼哈顿外）区位商
Agriculture, Forestry, Fishing, Hunting	0.4
Mining, Quarrying, Oil, Gas Extraction	0.0
Construction	1.2
Manufacturing	0.4

续表

	纽约市（除曼哈顿外）区位商
Wholesale trade	0.5
Retail trade	0.9
Transportation & Warehousing	1.7
Utilities	1.1
Information	1.5
Finance & Insurance	1.1
Real Estate, Rental & Leasing	1.9
Professional, Scientific, Tech Services	1.2
Management of Companies & Enterprises	0.0
Admin., Support, Waste Management Services	0.6
Educational Services	1.0
Healthcare & Social Assistance	1.4
Arts, Entertainment, Recreation	1.4
Accommodation & Food Service	0.9
Other services, except public administration	2.0
Public Admin.	0.6

资料来源：Census.gov，兴业研究。

（二）纽约都市区近郊的产业结构

我们将纽约市以外、距离曼哈顿不超过50公里的12个县作为纽约都市区的近郊，这12个县分别是：新泽西州的Burgen County、Essex County、Hudson County、Middlesex County、Morris County、Monmouth County、Somerset County、Union County，纽约州的Nassau County、Rockland County、Westchester County，康涅狄格州的Fairfield County。对上海而言，以陆家嘴为圆心，50公里半径范围刚好可以覆盖上海市大部分行政区域。

从分县数据看，近郊各县的产业结构比较相似。纽约都市区近郊的金融保险业平均区位商为1.8，低于曼哈顿的2.9却高于纽约市（不含曼哈顿）的1.1。

各县金融业的区位商最低也达到 1.3，仍然高于纽约市（不含曼哈顿），最高的则是康涅狄格州 Fairfield 的 2.4。Fairfield 有一个著名的对冲基金小镇格林尼治，与曼哈顿直线距离约 40 公里。

除金融业外，纽约都市区近郊各县的建筑业、公用事业、房地产业、专业和科技服务业等均较发达，而农业和制造业均占比不高，这与纽约市（不含曼哈顿）的差异不大。

图表 5　纽约都市区近郊 12 个县的区位商综合

	纽约都市区近郊 12 个县的区位商
Agriculture, Forestry, Fishing, Hunting	0.3
Mining, Quarrying, Oil, Gas Extraction	0.0
Construction	1.2
Manufacturing	0.8
Wholesale trade	0.8
Retail trade	0.9
Transportation & Warehousing	1.2
Utilities	1.7
Information	1.6
Finance & Insurance	1.8
Real Estate, Rental & Leasing	1.5
Professional, Scientific, Tech Services	1.6
Management of Companies & Enterprises	0.1
Admin., Support, Waste Management Services	0.7
Educational Services	1.1
Healthcare & Social Assistance	1.0
Arts, Entertainment, Recreation	1.3
Accommodation & Food Service	0.6
Other services, except public administration	1.7
Public Admin.	0.5

资料来源：Census.gov，兴业研究。

图表 6　纽约都市区近郊 12 个县的区位商

	Essex County	Bergen County	Monmouth County	Morris County	Middlesex County	Union county	Hudson County	Somerset County	Westchester County	Nassau County	Rockland County	Fairfield County
Agriculture, Forestry, Fishing, Hunting	0.1	0.2	0.7	0.4	0.3	0.1	0.0	0.4	0.3	0.5	0.3	0.6
Mining, Quarrying, Oil, Gas Extraction	0.0	0.1	0.1	0.0	0.0	0.0	0.1	0.0	0.0	0.0	0.0	0.2
Construction	1.1	1.1	1.4	1.0	1.2	1.2	1.2	0.5	1.3	1.2	1.2	1.5
Manufacturing	0.7	0.9	0.7	1.1	1.0	1.1	0.8	1.1	0.5	0.5	0.6	0.9
Wholesale trade	0.6	1.2	0.7	0.9	1.0	0.8	1.0	1.0	0.6	0.8	0.8	0.7
Retail trade	0.8	1.0	1.0	1.0	0.9	1.0	0.9	0.7	0.9	0.9	1.0	0.9
Transportation & Warehousing	1.8	1.1	0.9	0.7	1.5	1.8	1.9	0.9	0.9	1.3	0.8	0.8
Utilities	1.1	1.8	2.5	2.4	1.8	2.0	0.7	1.4	1.8	1.9	1.8	1.4
Information	1.6	1.8	2.1	1.8	1.6	1.2	1.7	2.3	1.6	1.7	1.3	1.4
Finance & Insurance	1.3	1.7	1.9	1.8	1.7	1.7	2.2	2.0	2.0	1.8	1.2	2.4
Real Estate, Rental & Leasing	1.3	2.1	1.4	1.8	1.1	1.2	1.4	0.9	1.6	1.6	1.1	1.5
Professional, Scientific, Tech Services	1.4	1.6	1.5	2.1	1.8	1.3	1.6	2.2	1.7	1.4	1.1	1.6
Management of Companies & Enterprises	0.0	0.0	0.1	0.1	0.1	0.1	0.1	0.0	0.1	0.1	0.1	0.1
Admin., Support, Waste Management Services	0.9	0.5	0.5	0.6	0.6	0.9	0.7	0.6	0.7	0.5	0.5	0.8
Educational Services	1.1	1.0	1.0	1.1	1.1	0.9	0.9	1.1	1.2	1.3	1.7	1.0
Healthcare & Social Assistance	1.2	1.0	1.0	0.9	0.9	0.9	0.9	1.2	1.1	1.2	1.3	1.0
Arts, Entertainment, Recreation	1.4	1.4	1.3	1.1	0.9	1.0	1.3	0.8	1.9	1.3	1.2	1.5
Accommodation & Food Service	0.7	0.5	0.7	0.6	0.6	0.7	0.7	0.5	0.6	0.5	0.7	0.5
Other services, except public administration	1.7	1.6	1.6	1.5	1.5	1.7	1.7	1.4	2.0	1.5	1.6	1.6
Public Admin.	0.5	0.4	0.5	0.4	0.5	0.6	0.4	0.6	0.6	0.6	0.6	0.4

资料来源：Census.gov，兴业研究。

（三）纽约都市区远郊的产业结构

纽约都市区远郊包括距离曼哈顿 50 公里至 100 公里的 13 个县，包括新泽西州的 Hunterdon County、Mercer County、Ocean County、Passaic County、Sussex County，纽约州的 Dutchess County、Orange County、Putnam County、Suffolk County、Ulster County，康涅狄格州的 Litchfield County、New haven County，宾夕法尼亚州的 Pike County。对上海而言，距离陆家嘴 50 公里至 100 公里左右的边界基本是从上海市界起至南通、苏州、无锡和嘉兴市区域为止。

图表 7　纽约都市区远郊 13 个县的区位商综合

	纽约都市区远郊 13 个县的区位商
Agriculture, Forestry, Fishing, Hunting	1.3
Mining, Quarrying, Oil, Gas Extraction	0.1
Construction	1.5
Manufacturing	1.0
Wholesale trade	0.7
Retail trade	1.1
Transportation & Warehousing	1.1
Utilities	2.2
Information	1.3
Finance & Insurance	1.2
Real Estate, Rental & Leasing	1.2
Professional, Scientific, Tech Services	1.2
Management of Companies & Enterprises	0.1
Admin., Support, Waste Management Services	0.6
Educational Services	1.2
Healthcare & Social Assistance	1.0
Arts, Entertainment, Recreation	1.2
Accommodation & Food Service	0.6
Other services, except public administration	1.6
Public Admin.	0.7

资料来源：Census.gov，兴业研究。

远郊各县的产业结构存在差异，不如近郊各县平均，但也可以发现一些共性。第一，纽约都市区远郊县的金融业区位商平均为1.2，低于近郊的1.8，但仍然略高于纽约市（不含曼哈顿）的1.1，其中新泽西州的Mercer和Hunterdon最高，达到近郊的平均水平。第二，远郊县的农业区位商明显高于核心区和近郊，达到1.3，即其农业占比高于全国水平。与此同时，远郊县的制造业区位商虽然高于核心区和近郊，但也仅是全国平均水平，并没有更发达。第三，远郊县的公用事业区位商普遍较高。

综上，纽约大都市区的产业结构存在以下特点。

第一，与核心区距离50公里可能是都市区近郊和远郊的分界线，这一距离已足以使近郊和远郊的产业结构产生差异。对上海都市区而言，近郊即上海下属各区，远郊即与上海接壤的几个江浙城市。

第二，从三大产业看，不管是作为核心区的纽约市，还是近郊和远郊，服务业都是其支柱产业。服务业的占比虽然从核心区到近郊到远郊递减，但都高于全国平均水平（区位商大于1）。相反，制造业占比虽然从核心区到近郊到远郊递增，但都未超过全国平均水平。如果未来上海都市区也沿着这个方向演变，则意味着会有大量制造业产能迁出。

第三，农业主要分布于距核心区50公里以上的远郊。对上海而言，就是指上海周边省市，而上海市域范围内的农业活动将比较稀少。

第四，金融业的分布并不局限于曼哈顿地区，同时其从核心区向外围的扩散也不是均匀和连续的。作为核心区的纽约市除曼哈顿外的4个县金融业占比并不高，相反近郊的格林尼治和哈得孙等地金融业占比却较高。对上海而言，这意味着并不是离陆家嘴近的地方就都要以金融业为主，而离陆家嘴较远的上海郊区某些地方也可能成为金融活动聚集地。

图表 8　纽约都市区远郊 13 个县的区位商

	Ocean County	Passaic County	Sussex County	Mercer County	Hunterdon County	Putnam County	Dutchess County	Ulster County	Sussolk County	Orange County	New haven County	Litchfield County	Pike County
Agriculture, Forestry, Fishing, Hunting	0.6	0.1	2.0	0.6	3.4	1.2	2.2	3.4	1.3	1.8	0.5	3.3	3.4
Mining, Quarrying, Oil, Gas Extraction	0.1	14.8	0.6	0.0	0.2	0.0	0.2	0.3	0.1	0.2	0.1	0.1	0.1
Construction	1.8	2.6	1.6	0.9	1.2	1.9	1.5	1.5	1.6	1.1	1.2	1.6	1.7
Manufacturing	0.6	0.4	1.1	0.9	1.4	0.4	0.9	0.7	0.8	1.0	1.2	1.4	0.7
Wholesale trade	0.8	3.1	0.8	0.7	0.9	0.5	0.5	0.7	0.8	0.9	0.7	0.5	0.6
Retail trade	1.4	0.6	1.1	1.0	0.9	1.1	0.9	1.1	1.0	1.1	1.0	1.0	1.1
Transportation & Warehousing	1.0	0.2	1.1	1.0	0.6	0.7	1.0	0.9	1.2	1.3	0.9	0.7	1.3
Utilities	4.0	6.0	1.7	1.3	1.6	2.0	4.6	2.8	2.1	1.7	1.4	1.7	2.0
Information	0.8	1.6	1.3	0.9	1.9	1.9	1.3	1.1	1.5	1.4	1.1	1.1	0.8
Finance & Insurance	1.1	0.5	1.3	1.8	1.7	1.5	1.1	0.9	1.3	0.9	1.2	1.2	1.3
Real Estate, Rental & Leasing	1.4	4.4	1.2	0.8	1.2	1.4	1.1	1.1	1.1	1.0	1.2	1.4	1.0
Professional, Scientific, Tech Services	0.9	0.0	1.3	1.5	1.7	1.2	1.3	0.9	1.2	0.9	1.0	0.9	0.9
Management of Companies & Enterprises	0.0	2.5	0.1	0.1	0.1	0.1	0.0	0.0	0.0	1.8	0.2	0.1	0.0
Admin., Support, Waste Management Services	0.7	1.4	0.6	0.7	0.5	0.7	0.4	0.4	0.6	1.7	0.5	0.6	0.6
Educational Services	1.3	1.5	1.1	1.4	1.1	1.3	1.5	1.4	1.3	1.7	1.4	1.3	0.9
Healthcare & Social Assistance	1.0	0.1	0.9	0.8	0.9	1.1	1.0	1.2	1.1	0.2	1.2	1.1	1.0
Arts, Entertainment, Recreation	1.3	3.3	1.4	1.3	1.3	2.1	0.9	1.5	1.2	3.6	0.8	1.4	1.6
Accommodation & Food Service	0.6	0.6	0.5	0.6	0.4	0.4	0.8	0.7	0.6	0.5	0.6	0.6	1.1
Other services, except public administration	1.5	1.1	1.5	1.5	1.5	1.3	1.5	1.6	1.6	2.3	1.6	1.6	2.0
Public Admin.	0.8	0.0	0.7	1.1	0.6	0.9	0.7	0.8	0.7	0.0	0.6	0.6	0.6

资料来源：Census.gov，兴业研究。

图表 9　纽约都市区各区域的区位商比较

	曼哈顿区	纽约市（除曼哈顿区）	纽约都市区近郊 12 县	纽约都市区远郊 13 县
Agriculture, Forestry, Fishing, Hunting	0.1	0.4	0.3	1.3
Mining, Quarrying, Oil, Gas Extraction	0.0	0.0	0.0	0.1
Construction	0.4	1.2	1.2	1.5
Manufacturing	0.3	0.4	0.8	1.0
Wholesale trade	0.6	0.5	0.8	0.7
Retail trade	0.6	0.9	0.9	1.1
Transportation & Warehousing	0.7	1.7	1.2	1.1
Utilities	0.4	1.1	1.7	2.2
Information	3.2	1.5	1.6	1.3
Finance & Insurance	2.9	1.1	1.8	1.2
Real Estate, Rental & Leasing	2.7	1.9	1.5	1.2
Professional, Scientific, Tech Services	2.6	1.2	1.6	1.2
Management of Companies & Enterprises	0.1	0.0	0.1	0.1
Admin., Support, Waste Management Services	0.4	0.6	0.7	0.6
Educational Services	1.1	1.0	1.1	1.2
Healthcare & Social Assistance	0.9	1.4	1.0	1.0
Arts, Entertainment, Recreation	3.0	1.4	1.3	1.2
Accommodation & Food Service	0.7	0.9	0.6	0.6
Other services, except public administration	1.4	2.0	1.7	1.6
Public Admin.	0.4	0.6	0.5	0.7

资料来源：Census.gov，兴业研究。

（鲁政委　兴业银行首席经济学家、华福证券首席经济学家）

编者按： 上海“五个中心”建设需要一批在前瞻、关键、重大领域里有影响力的、实打实的项目支撑，特别是在科技创新中心的建设中，离不开对原有产业布局的调整转型，离不开对新兴产业园区的培育建设，如何因地制宜，结合定位，突出特色、形成优势是众多实干者的思考，特别是在当前全球经济发生重大变化的时间关口，能不能踏踏实实完善营商环境、化危为机，打造一片新天地？我们不仅要把目光锁定在临港、虹桥商务区这样的明星片区，类似吴淞工业区这样的产业转型引擎也同样重要，我们特别邀请万里智库高级研究员陆继纲先生结合实践，对工业区的创新发展分享他的思考。

陆继纲

谱写新时代“上海创造”的“吴淞传奇”

26平方公里的吴淞工业区位于上海北端，是上海五大重点转型区域之一，是上海面积最大、条件最好、配套最全的转型区域和践行新发展理念、率先转型突破的主战场，也是宝山提升城市能级和核心竞争力的新引擎。目前，吴淞工业区范围内有各类企业353家，其中近70%为制造业企业，集中在金属冶炼、化工、纺织、机械铸造、金属制品等行业。其中，宝钢不锈钢、特钢、一厂、五厂、益昌薄板等总占地7.4平方公里，约占总面积的28%；央企及市属企业约6.6平方公里，占总面积的25.4%（其中市属企业约3.92平方公里，约占总面积的16%）；区属企业及集体使用土地约12平方公里，约占46%。吴淞工业区肩负着带动上海北部城市功能提升的重任，是宝山区实施“国际邮轮之城、智能智造之城”的重要引擎，是践行高质量、高品质发展的鲜活样板。

60年前，上钢一厂、五厂拔地而起，吴淞工业区成为上海传统工业基地，为国家重工业发展做出了巨大贡献；20年前，吴淞工业区启动环境综合整治，滚动实施七轮环保三年行动；2000年以后，市区两级政府全面启动吴淞工业区产业结构调整和环境综合治理，先后投入28亿元，带动企业投入234亿元，整治、关停100多家重污染企业，基本摘掉了吴淞地区重污染的帽子；2018年以来，宝山区深化吴淞工业区环境整治，拆除违法建筑10万平方米，整治违法排污企业50余家、取缔违法经营户70多家、清退违法居住人口7000多人、消除安全隐患160多处，关停6家易扬尘码头，基本消除了吴淞工业区内环境极度脏乱差现象，面貌焕然一新。

近年来，宝山产业转型升级和重点板块开发工作一直得到市委、市政府的高度关注和大力支持。明确提出要将吴淞工业区调整转型为上海面向未来战略性新兴产业和新型城市发展的一面旗帜。李强书记先后调研宝山区、宝武集团，明确提出“宝山区要紧密结合自身实际，牢牢把握区域定位，突出特色、增创优势，全力以赴做好转型发展、产业升级和生态宜居的大文章，不断提升区域核心竞争力，努力实现高质量发展、创造高品质生活；宝武集团要共同推动吴淞地区高质量发展，加快项目合作，打造特色产业”。根据市委、市政府领导的指示要求，宝山区主动对接、积极作为，加快推进经济转型升级和吴淞、南大等重点区域转型开发。2019年7月31日，宝武转型区域首发项目的启动，标志着吴淞创新城开发建设进入密集施工阶段。

——吴淞工业区肩负着带动上海北部城市功能提升的重任，是上海践行新发展理念、率先转型突破的主战场，是上海打响“四大品牌”、建设“五个中心”难得的战略空间。宝山是上海的北大门，区域面积近300平方公里，历史上一直是上海重要的钢铁、港口、能源基地，宝武钢、上港、石洞口电厂等很多大型央市属企业都坐落于此。市委书记李强在市委全会上提出“吴淞等区域要加快整体转型升级，提早谋划产业定位”的要求，前市长应勇在市政府工作报告中提出“继续推动吴淞等整体转型区域新兴产业发展”的工作部署，我们积极作为、久久为功，坚持生态先行、规划引领、项目导向、机制创新，加快打造成为城市建设的新标杆、产业发展的新高地、产城融合的新示范。从新一轮上海市城市总规来看，宝山已列入上海主城区，客观上，南片100平方公里已完全是上海中心城区。所以，宝山产业的特点就是既有产业基因的传承，骨子里流淌着制造业的血液，又是上海中心城区主城片区，兼有中心城区和郊区的特征。上海2035城市总体规划中，明确将吴淞工业区规划为主城副中心，进一步凸显其区位价值。可以说，吴淞工业区承载着为上海产业转型、产业高质量发展提供增量战略空间的重任，也承载着引领上海外环产业带向智能化智慧化升级的重任。吴淞创新城通过发展新兴产业、承载城市功能、促进产城融合实现区域整体转型，将进一步带动上海北部乃至全市的发展。

——吴淞创新城是宝山实施“国际邮轮之城、智能智造之城”的重要引擎，将打造成为城区功能提升和转型发展的靓丽名片。近期，我们对宝山新一轮发展的战略定位进行了充分研究讨论，提出实施“双城战略”。一方面，我们面向全球，从港口物流基地迈向国际邮轮之城，以吴淞口国际邮轮港为核心，将建成具有全球影响力的邮轮旅游示范区。吴淞工业区作为吴淞口国际邮轮港的重要腹地，将为国际邮轮城的打造提供更为广阔的战略空间。另一方面，我们面向未来，从钢铁产业基地迈向智能智造之城，积极培育机器人及智能制造、新材料、平台经济等四个千亿级产业集群，着力把宝山打造成为智能制造产业全球制高点。吴淞工业区将构建“两新两创双高”的产业体系，即以新材料和新硬件“两新”产业为引领、科创+文创“双创”产业为驱动、高端新兴商务商业和高品质特色旅游业为配套的产业发展格局，成为邮轮之城、智造之城的核心承载地。

——吴淞创新城是践行高质量发展的鲜活样板，将导入一批重大战略性新兴产业项目落地，打造全市转型升级的示范区、高质量发展的示范区、卓越城区建设的示范区。吴淞创新城将率先实践“四论英雄”的理念，创新土地利用方式，提高土地利用效率，提高经济密度。吴淞地区的产业结构、城市功能将脱胎换骨、全面升级，将重塑城市功能，实现从传统工业园区向国际化、现代化、精品化卓越城区的转变；将重塑区域产业品牌，打造经济高质量发展示范区；将重塑空间格局，打造高效“楼宇产业”标杆；将重塑服务生态，打造高水平营商环境新典范。这些转变，使得吴淞工业区由单一生产功能向城区综合服务功能转变，将进一步满足周边地区的就业、生活、娱乐等时空复合需求，带动宝山实现整体转型升级。

在市委市政府的关心指导下，我们对吴淞转型战略定位、规划愿景、转型路径和高质量发展潜力等方面有了越来越清晰的认识，具体从三个层面着力深化和加力推动。

第一个层面：适应高质量发展要求，把握好三对关系。

一是把握好整体规划和先行先试的关系。吴淞工业区比虹口区还大 2 平方公里，城市形态、产业发展在这么大的版图上，通过规划一锤定音不太现实，肯定有个层层递进、不断优化的过程。与其他四大地区相比，吴淞创新城开发建设面临着转型调整周期长、推进落实难度大等问题。首先，区域范围大（总面积约 26 平方公里）、利益主体多元和权属情况复杂（牵涉央企，市、区属企业及百姓等多方利益）、行政区划涉及单位多（涉及杨行镇、淞南镇、友谊路街道、吴淞街道、张庙街道 5 家单位）的现实。其次，区域规划定位高（总体规划中确定为城市副中心），规划中涉及多项市级大型市政交通及公共服务设施（北沿江铁路和上海北站、多条市域和市区轨道交通、大型公共绿地、医疗和文化类高等级设施），调整决策层面高、周期长、难度大。开发上也不可能全面开花，我们明确提出“规划引领、功能优先、项目突破”的总体转型思路，以及“市区联手、以区为主；统一规划、多种模式；政府主导、市场主体；重在启动、滚动开发”的推进原则，也做好了 20 年甚至更长时间的开发准备。所以，我们遵循整体规划、分步实施、滚动优化原则，对于看得准、想明白、条件成熟的地块，深化到控规深度，先行启动。2020 年在已初步形成“两规划、两方案和若干政策”等前期工作成果基础上，编制了吴淞创新城 2020 年开发建设工作要点，包括完善体制机制、推进规划编报、探索政策创新、完善基础配套、启动项目建设、促进产业集聚、明确管理职责等七方面 36 条工作任务要点，加快按要求实质性推动项目的开发建设，不断融合新的业态、新的规划理念、新的城市功能。

二是把握好静态平衡和动态平衡的关系。吴淞工业区是一个重化工业主导的传统老工业基地，产业结构偏重、经济效益偏低、规划布局混乱、配套设施陈旧、环境面貌恶化等老工业区“通病”十分突出。同时，作为一个起步时间较早、央企集聚、管理松散的工业区块，吴淞工业区转型发展还面临一些特有的内在约束。历史遗留问题、现实发展瓶颈、二次开发矛盾等错综交织、相互影响，使得吴淞工业区的转型发展与上海其他存量空间的二次开发乃至全国老工业区改造相比，情况更加复杂、任务更加艰巨、挑战更加严峻。从用地布局上来看，吴淞工业区从最初的一个老工业基地发展到具有一定城市服务功能的工业区过程中，为解决工人的就地生产、就近生活问题，根据产业空间分布将职工生活区与相应的市政配套设施建设在工业区周围。因此工业区内现状有大量工业、仓储用地，大型居住社区与产业区毗邻，许多国有大型企业、重要军事部门以及市政基础设施主要集聚在长江边和蕰藻浜两岸。这部分用地对社区生活的贡献较少，却给社区的管理带来诸多困难，其中一些没有得到有效利用的土地，由于缺乏开发动力和土地权属等复杂问题，也无法转化成为社区居民提供服务的积极空间。所以吴淞工业区转型既要考虑静态投资的平衡，但也要摆脱传统的完全依赖房地产出让金来平衡市政配套的思路。针对资金平衡问题，还是要坚持动态和静态“两条腿”走路，短期内靠房产解决一部分资金缺口，中长期要靠做大产业蛋糕来增加产业产出。我们将通过界定工作职责分工、健全管理运作机制、健全完善内部管理职责，细化管理团队和开发运作团队的工作职责，推动计划制定、规划编制、土地收储和管理、产业招商、市政建设和管理等，把握好开发时序，争取在开发进入一定阶段后就有产业的产出，再叠加土地出让收入共同来平衡建设支出。

三是把握好产业高地和政策集成的关系。上海市把吴淞工业区作为城市能级提升的战略空间，也作为打造科创中心的重要区域，优先考虑卡脖子的重大项目布局。吴淞工业区的转型发展应瞄准国际产业发展前沿，立足上海战略性新兴产业发展布局，站在更高起点上全面超前谋划新一轮产业发展，形成转型发展后新的发展动力和可持续发展能力，成为全市新兴产业发展的重要承载空间。同时也要加大政策集成和政策聚焦，要成为既能体现产业高度、投资强度、科创浓度的战新产业承载区，又能成为全面体现上海国际大都市形象功能的未来城市标杆。我们将在市级相关部门的支持和指导下，学习借鉴临港新片区发展经验，鼓励优质产业项目提升容积率，增加地下空间；简化产业用地规划调整程序，降低优质产业用地扩建成本，降低园区平台用地成本等，以利于优质企业提容增效。积极争取列入市级高质量发展试点，结合市委市政府推进的“四个论英雄”高质量发展的试点工作，会同宝武、临港和上实集团，积极与市级层面加强沟通对接，力争将吴淞创新城近期启动区域列入试点范围。研究制定申报土地利用新政试点，为利于优质企业增容提效，降低优质产业用地扩建成本和创新平台用地成本，有针对性地制定整板块低效产业用地盘活和促进产业功能混合的用地政策并试点实施，打造传承历史文脉和高品质发展的示范区域，创建企业和政府合作共赢的典范。研究过渡期土地和建设管理要求，进一步细化转型开发时序，原则按近期（3–5 年）、中期（6–10 年）和远期（10 年以后）细化分期开发（含收储）项目和区域，并研究制定针对性的过渡期土地和建设管理要求。确定土地开发基价，按照“低成本引入产业和大本平衡有余”的原则，以第三方市场评估为基准、以宝武投资经营成本价为参考、以市场接受价为依据、以合作方接受认定价为第一信号、以政府市政公建配套价为基本底线，采用“五价综合考虑法”确定公正合理、有利开发的土地基价。认定方式上，采用与开发节奏相匹配的分期分区认定转型成本的方式，即“分期分区认定法”。创新探索转型开发操作路径，根据宝武集团与市政府签订的协议，在制度层面明确二级平台公司作为开发主体的操作路径，以确保首发项目按计划实质启动。加快明确市政公建配套建设和管理要求，从厂区到城区的定位，要求各类市政和公建配套同步规划、建设、启用，兼顾后续区域开发、轨道和道路交通建设运营、公共绿地建设管理，聚焦首发区域，细化明确基础和公建配套设施的实施建设和维护管理的主体、标准和时序等。设立区域转型发展专项基金，联合有关国有企业和市级相关部门，共同推动设立吴淞创新城转型发展专项基金，积极推动现代服务业和战略性新兴产业的落地，提高区域转型发展的品质和影响力。探索建立园中园的发展模式，综合考虑区域现状特点，加强与高校、科研院所和大企业的对接，结合分期开发计划，探索区域内建立不同运营主体和方式、不同产业特色、不同配套政策的园中园发展模式。

第二个层面：坚持的三大开发理念，实现由传统制造业向科技创新与新兴服务业融合发展、协调发展、和谐发展的新型产业体系转变，塑造新型工业化发展新优势。

一是始终坚持高品质、高密度开发的导向，由重化工业向新型制造和研发创新转变。按照功能定位和未来可持续发展的要求，加快重化工企业关停并转进度，坚决淘汰落后产能，积极发展和引进产业链高端环节，以创新为动力，发展具有高附加值、高技术含量、高利润特征，轻型无污染的知识密集型和资金密集型产业，实现由重化向轻型智能的转变。围绕高质量发展，严把项目准入关和布局关，从容积率提升、土地复合利用、划小开发单元上挖潜增能，最大限度放大土地综合利用效益。

二是始终坚持产城融合、以产建城的思路，由工业制造向生产性服务和功能性服务转变。通过制造业产业链条的纵向延伸，拓展生产性服务业，促进二三产业融合发展，同时结合城市功能的打造，发展商务商业和生活性服务业，共同形成对新型制造、平台创新、研发策源、低碳示范和综合服务功能的支撑，实现由制造向服务的转变。在控规和专项规划以及城市设计的衔接过程中，始终突出产业、突出功能，体现职住平衡的要求，体现满足高端产业导入和优秀人才集聚的需求。

三是始终坚持配套商圈产业同步的策略，由单一生产功能向城区综合服务功能转变。通过构建多元产业体系，促进城市各项功能要素的集聚，形成新型制造功能与商务商业、娱乐休闲、教育培训、生活居住等各类功能的融合发展，实现区域功能体系由单一向综合的转变。对于市政配套、绿化水系、公共设施、用地结构、建筑用量等规划参数坚持通盘考虑、一同谋划，不断增强区域的吸引力和竞争力。对于已经对接好的产业项目，加快供地节奏；对于已经供地的项目全力支持，确保尽早开工；对于开工了的项目抢抓建设进度，力求早竣工、早产出。

第三个层面：立足吴淞工业区及宝山区产业发展的基础条件，明确转型发展体制机制，构建三宜互促（宜商、宜游、宜业）、三创协同（创意、创业、创新）、三生平衡（生产、生活、生态）的新型产业生态体系。

一是坚持机制为本，持续优化转型开发架构。我们于2016年成立了吴淞工业区转型发展推进领导小组，组长由区委、区政府主要领导担任。领导小组下设吴淞转型办，作为区委、区政府的工作机构。在此基础上，我们按照规划开发时序、建设开发进度加快组建“1个平台+2个公司”开发架构：“1个平台”即“吴淞地区转型发展平台公司”，“2个公司”即“上海宝地临港、上海宝地上实”两个开发公司（2018年9月28日，特钢、不锈钢先行启动区域合资公司揭牌成立。特钢区域成立上海宝地临港产城发展有限公司，不锈钢区域成立上海宝地上实产城发展有限公司，合资公司由宝武集团控股，以上实集团、临港集团为主选派优秀团队进行具体运作），负责推动特钢、不锈钢两个先行启动区域的开发。同时，我们与区域内的宝武集团、招商局集团、中节能集团、申能集团等分别签订战略合作框架协议，与宝武集团、中铝集团、华谊集团等大集团、大企业建立沟通联动机制。下一步，我们将在上海市重点区域转型发展领导小组的基础上，结合工作开展的实际需要，按照有利于区域加快建设的要求，进一步完善区级开发体制机制。充实完善区级领导小组，进一步完善组建由区主要领导挂帅的宝山区吴淞创新城开发建设领导小组，并下设由区分管领导负责的领导小组办公室（吴淞创新办），负责区域整体开发建设工作。细化分级决策和推进机制，根据市、区领导小组和市、区职能部门的工作职责和分工，细化分级决策的内容和程序。构建由市、区领导小组联席会议及区工作推进专题会议和例会等分层次协调推进机制。充实配强管理运行团队，进一步做强充实吴淞创新城开发建设领导小组办公室，配齐配强部门和人员，明确内部工作职责和分工。组建区级功能性平台公司，在前期研究的基础上，并参照上海市重点发展区域的经验，组建（或借用）区级功能性平台公司作为区政府代理平台，并面向社会招聘一批专业化人才。

二是坚持规划为纲，持续强化转型顶层设计。聚焦“产业耦合、环境融合、功能复合、空间叠合、机制整合”发展理念，强调专项规划的有效支撑性和拓展创新性，与后续工作组织开展相结合，涵盖综合交通、生态环境、市政基础、智慧城市、海绵城市等方面。基于吴淞创新城建设规划成果，启动开展 10 个专项规划编制，核心成果纳入控详规划。我们按照产城融合、以产定城、多规合一导向要求，在市规划资源局的悉心指导和大力支持下，加快规划体系研究与编制。产业发展规划方面，已形成《吴淞地区产业发展规划》，规划将吴淞地区总体定位为吴淞创新城，主要考虑以新材料和新硬件“两新”产业为引领、科创 + 文创“双创”产业为驱动、高端新兴商务商业和高品质特色旅游业为配套的“两新、双创、两高”产业发展格局。建设发展规划方面，目前形成了《吴淞工业区转型发展建设规划》，一方面突出产业为先，产业用地面积达 8.3 平方公里，占比 36%；另一方面突出生态特色，生态绿地面积达 6 平方公里，占比 26%，着力打造全国老工业基地转型发展和城市更新的示范区、国家创新创意创业功能的集聚区、国际文化旅游功能的承载区、未来美好生活城市的创新区。根据结构规划功能布局，进一步聚焦特钢、不锈钢两个先行启动地块，特钢区域 3.8 平方公里控详规划正在编制。不锈钢区域 6.4 平方公里正在进行控详规划研究。《上海市宝山区吴淞产业特定区 –3 单元（BSP0–0903）01 街坊控制性详细规划》《上海市宝山区吴淞工业区 N12–0501 单元 01、02、03、04 街坊控制性详细规划》自

2020年1月3日至2020年2月1日正式启动为期30日的规划公示。其中，吴淞产业特定区-3单元（BSP0-0903）以先进制造业与智能硬件等智能经济为引领，推进产城融合发展，树立区域智慧型产业社区标杆，打造“智造+创造”新产业平台；吴淞工业区N12-0501单元位于历史风貌保护街坊，坚持“以用促留”导向下对工业遗存的整体格局保护，营造具有工业遗存特色的高品质环境景观，同时，强化文化艺术新功能对地区转型的触媒作用，融入区域生态网、交通网等整体空间骨架，打造文化艺术产业集聚区。下一步，我们将围绕“追求卓越的全球城市”和“具有全球影响力的科技创新中心”的总体建设要求，大力推进相关规划的编制和研究工作。完成转型发展建设规划报批，按照“产业为先、产城融合、生态宜人”的原则，加快报批《吴淞创新城转型发展建设规划》，力争一季度完成。并考虑宝武集团转型成本，规划预留一定的弹性空间。加快首发地块控详规划报批，加快特钢、不锈钢区域控详规划和两个启动区域各1平方公里控详规划的编制工作，于2020年上半年形成上报方案。抓紧做好首发地块控详规划编制报批工作，并于2020年2月完成规划审批。有序推进专项规划编制，包括综合道路交通及轨交系统、生态绿化、环境影响评估、燃气系统、电力系统、水务系统、河道蓝线、地下空间、智慧城市信息基础设施、海绵城市等10个专项规划的编制研究已经启动，力争于2020年上半年形成规划成果，并做好与启动区控详规划的对接。同时，适时启动包括场地调查和公共设施布局等在内的其他专项规划和研究工作。启动有条件区域规划研究，选择吴淞创新城规划范围杨行镇域内，相对规整且具有近期转型开发条件的2-3平方公里区域，启动规划研究和编制工作。推进黄浦江、蕰藻浜沿线规划研究，按照“与国际接轨、打造新亮点”的要求，结合转型开发时序，整合环境综合整治、区域交通组织、滨水空间营造、历史文脉传承、地块功能开发等目标，开展吴淞创新城范围内黄浦江、蕰藻浜沿线地区规划研究，根据实施需要编制可指导项目操作的规划成果。开展重大市政项目前期研究，包括北沿江铁路枢纽周边地区规划预控研究、轨道交通19号线和22号线站点周边地区规划预控研究、跨蕰藻浜大桥规划和方案研究等。

加强区域本底和转型特色研究，建立包括土地性质权属、产业行业类别、建筑质量风貌、场地环境调查、企业经营情况等内容的区域现状数字化地图。开展包括高质量发展要素配置、建筑和重点区域风貌导则等专项研究，在前期工业遗存保护与城市更新策略研究的基础上，开展区域历史风貌保护建筑认定，并结合控详规划制定针对性的利用策略和方案，发挥资源禀赋和区域特色优势，打造高质量发展的“宝山新标杆”。

三是坚持全面提升核心领域的自主创新能力，形成规模化的战略性新兴产业研发创新集群。发挥宝山在新材料、新能源、高端装备等产业上的既有优势，积极争取国家和市级产业项目导入。重点在新材料、新能源领域，依托宝武、招商、中铝、中节能、中船、五矿等大型央属集团，以及华谊、申能、纺控等大型市级国有集团资源优势，着力吸引国际与国内的新材料龙头企业和创新企业总部集聚，打造世界知名、国内领先的新材料研发创新基地。围绕新型金属材料、复合材料，大力发展绿色、高效、低能耗、可回收再用的生态环境材料等领域，打造世界钢铁研发、交易平台及碳交易平台。在高端装备研发和制造领域，聚焦高端研发重点领域，依托宝钢高端与特种钢产品、特种金属、合金等产业基础，加强核心技术和装备的研发与攻关，推进在重点领域、重点行业应用示范。引进和培养高端产业人才，鼓励企业和相关的高端研发院所将研发部门和技术部门设立在吴淞地区，并建立产业公共平台和服务平台；加快实现制造业的自动化、智能化、精益化和绿色化，为吴淞及宝山的产业转型升级提供强大引擎。在平台经济领域，延伸发展钢铁贸易、新材料等大宗商品交易以及碳交易平台等，并健全区域的智能化管理服务平台，打造上海平台经济创新发展的示范园。在文化创意产业领域，利用区域内丰富的岸线资源及水域优势，打造具有国际影响力的文化创意中心。通过高端音乐、体育、演艺活动，拓展滨水文化旅游及邮轮产业链的领域，打造北部新城的高端文化中心。结合诸多钢铁工业遗迹，开展钢铁文化博物馆、工业遗址旅游等特色工业文化休闲游览。积极运用新型业态和服务模式，形成高端化和综合化的工业文化产业链，依托工业遗产建筑所特有的历史底蕴、想象空间和文化内涵，开发建设地标性景观、博物馆等工业文化项目，打造“中国传统文化”和“海派时尚文化”的集大成之地。

四是坚持项目为王，持续发挥先行启动效应。近年来，我们大力支持一批老厂房、老堆场、老仓库进行园区化改造，建成中成智谷（总占地面积156亩，建筑面积21万平方米，2018年税收达6000万元）、上海玻璃博物馆（被美国CNN评为中国最不容错过的三个博物馆之一，为国家4A级景区）、上海移动互联网创新园（建筑面积近11万平方米，税收亿元载体）、上海国际节能环保园（国内第一家以节能环保为主题的生产性服务业集聚区）等一批优质载体。在此基础上，为了加快开发节奏，我们继续支持一批项目先行先试。启动了500亩的两个首发地块，一块是宝武特钢区域350亩，规划建筑规模约48万平方米，定位为上海北部总部中心，将聚集宝武内部新材料核心企业和外部行业龙头企业，打造国家级新材料产业创新中心。另一块是不锈钢区域150亩，总建筑规模约11万平方米，主要承接不锈钢地区文创产业发展，形成文化特色主体街区和工业遗存特色的高品质环境景观。启动了一批厂房改造项目。宝杨路L型厂房改造项目是特钢首发地块一期启动项目，拟利用20世纪50年代钢铁生产厂房进行改造升级，建成7万平方米的高端商务办公载体。中铝上铜项目计划投资7.5亿元开展更新改造，打造20万平方米的“中铝尚同创智小镇”。启动了一批市政配套项目。积极配合推进轨交18号线（二期）建设、19号线和长江路快速路规划研究，做好铁山路–蕰藻浜大桥新建工程研究。启动江杨南路改建工程，疏解长江西路隧道和军工路快速路交通流量。加快完善基础路网，不锈钢厂区“三纵三横”贯通项目已开工建设，力争三季度竣工。下一步，确保首发项目年内开工，确保不锈钢20号组团文化项目和特钢宝杨路总部项目作为吴淞创新城首发项目年内实质性开工，其中不锈钢20号组团文化项目力争二季度开工。推进产业项目启动，启动冷轧成品库区域配套设施改造项目、不锈钢高炉区域钢铁会议中心、宝之云吴淞产业园，以及湄浦路智慧制造研发总部、一钢白玉兰文体中心、四元路文创产业园等项目，有条件推进项目开工建设。加大产业项目储备，加强对吴淞创新城范围内另有宝武集团权属以外用地，包括江南造船厂、中铝上铜、宝湾物流、上海申能、上海国际节能环保园、半岛1919产业园、安达路31号地块、新华造纸厂地块等项目和用地的分类指导和跟踪服务，按照符合规划导向和盘活利用的原则做好前期工作，有条件的力争实现开工。推动上大美院项目启动，针对上海美院项目，充分考虑周边配套等因素，会同市教委、市发改委、上海大学、宝武集团、上实集团等，力争于6月形成规划方案。全力支持宝武集团承办世界钢铁大会，针对宝武集团拟承办世界钢铁大会事宜，宝山区将予以全力支持，在前期周边道路和环境整治的基础上，配合做好会议期间的有关支持和配合工作。同时，不断完善吴淞地区路网改造各类基础配套设施同步和有序地推进。加快推进重大市政项目储备，力争于上半年完成铁力路、铁山路桥项目储备相关工作，并同步启动范围内电力、能源、泵站、交通枢纽、公共绿地及核心产业链关键配套等重大设施的项目储备。推进各项市级重大项目建设，推进轨道交通18号线（二期）、长江路快速路等项目建设，做好轨道交通19号线和铁山路（跨蕰藻浜大桥）等项目启动建设的各项前期工作。完善吴淞地区路网改造工作，推动厂区道路与市政道路贯通，并持续推进区域内环境综合整治工作，将长江路、长江西路、钢四路、水产路等周边道路列入区政府2020年度投资计划，并加快改造实施。持续开展区域环境综合整治，有序开展蕰藻浜、泗塘河沿线码头整治和差异化利用，持续开展区域内交通运输、企业生产、项目建设等的噪音、扬尘和水环境治理，并结合转型开发进度有条件地启动地块的土壤修复工作。有条件启动绿化和公共设施建设，结合首发地块和区域的规划，根据项目需要和同步配套的要求，开展配套市政道路、市政设施、公共绿地，以及教育、医疗、养老等公共设施建设的前期研究，有条件列入实施计划。

五是坚持整治为先，持续改善区域综合环境。针对吴淞工业区及周边“厂中村”“厂中厂”、扬尘码头、“五违”等脏乱差状况，以及蕰藻浜水环境、两侧码头岸线及企业生产排放等突出问题，近年来，我们启动了吴淞工业区、蕰藻浜沿线、江杨市场等三大重点区域整治，力争通过2–3年的努力，实现吴淞工业区及蕰藻浜两岸无违建、无污染、无垃圾以及沿线两岸整洁、水面清洁。截至目前，共拆除违法建筑9.6万平方米，整治违法排污企业47家、取缔违法经营户73家、清退违法居住人口7286人、消除安全隐患163处，关停6家易扬尘码头，吴淞工业区内重点“五违”问题和环境极度脏乱差现象基本消除。这也带动了区域整体环境的改善：区域AQI优良率达84.5%，较上海市总体水平高3.3个百分点，较去年同期上升5.5个百分点，列全市各区首位。PM2.5、PM10平均浓度分别为41、49微克/立方米，分别较去年同期下降10.9%、21.0%，降幅均列全市各区第2。2020年，我们将制定土地和物业租赁和改造管理办法，针对区域内存在的企业私自无序出租场地和厂房等物业、租赁户违规搭建、生产和排放等造成安全管理难度大、转型发展成本高等问题，研究制定针对性的管理办法和要求，防止产生新的“五违”现象。

为实现上述目标，需要扎实工作，稳妥推进、分步实施，分三个阶段逐步推进。近期2020–2025年：产业培育阶段，转型基础加快夯实，功能框架基本形成。完成宝钢的集中搬迁及土地资源的整合，通过重点产业与重点项目的引领作用，完成城市空间的拓展与产业结构的转型，形成产城融合、宜居宜业的上海北部城市副中心。中期2026–2030年：功能成熟阶段，全面推进吴淞工业区的功能转型和能级提升，完成空间布局与产业结构的优化，建成具有全国影响力和辐射效应的转型发展引领示范区。远期2031–2035年：功能多元融合，以世界全球城市倡导践行区为内涵，打造成具有国际知名度、全国影响力的上海新门户。总之，我们有信心、也有决心，在市委、市政府的领导下，以“二十年磨一剑”的韧劲和定力，一张蓝图画到底，一棒接着一棒干，加快推动吴淞工业区等重点转型板块早出形象、早见成效。

（陆继纲　上海市宝山区发展和改革委员会二级巡视员）

后记

智在心中　志在万里

2019 年 10 月底，刚刚参加完“前瞻、前行、前沿经济形势宝山峰会”的各位专家陆续离开上海。我和万里智库高级研究员王自强等几位专家决定晚走几天，在智库新近装修好的上海办公室畅谈下一步的规划。由于论坛刚刚闭幕，期间我们参观考察了上海宝山的城市规划馆、国际邮轮港、机器人产业园，大家对上海当前的经济发展，特别是实体经济和新兴产业的发展有着浓厚的兴趣。在王自强老师的动议下，一个把专家们对上海改革开放的实践经验和观点意见编辑成书的想法油然而生。考虑到 2020 年恰逢浦东改革开放 30 周年，而浦东乃至整个上海，在面向全球开放发展的道路上，在 2050 年建成中国特色社会主义现代化强国的重任里，都有着非同一般的重要意义。于是，我们决定把上海建设国际经济中心、国际贸易中心、国际金融中心、国际航运中心和科技创新中心这“五个中心”作为观测目标，面向万里智库的各位研究员征集稿件，邀请大家结合各自的研究领域，结合国内外可持续发展的趋势特征，以上海的实际情况为基准，发现问题、总结经验、提出建议和意见。

经过数月的资料整理和稿件撰写，特别是经历了史无前例的新冠病毒肺炎疫情，本书的初稿终于在 2020 年 2 月底初步成型，在各位专家的观察中，我们对上海五个中心建设的背景、目标和现实意义，以及在当前全球政经格局演化巨变的影响下，上海经济建设应该特别关注的几个侧面做出了分析研究，在书稿完成过程中，我要感谢为本书作序的高尚全、侯云春老师，高屋建瓴地对

“五个中心”建设的重要意义给出评价建议；感谢中国人民大学副校长吴晓求老师，作为中国金融市场泰斗级的专家，在接到约稿邀请后，特别推荐了他对中国资本市场建设有全局性思考的演讲稿，从更广阔的层面，对上海国际金融中心建设给予了参照意见。我要特别感谢中国银行原副行长张燕玲，国务院发展研究中心市场经济研究所原所长任兴洲两位老师，两位我非常尊重的大姐在新冠疫情蔓延的那些日子里，不辞辛苦执笔写下万字长文，分别从上海打造国际化最高的金融中心和国际消费中心城市的角度，凭借数十年专业学术研究的深厚功底，提出了富有建设性的意见。

我还要感谢刘志勤、钮文新、董希淼、董少鹏、王自强、冯奎、许正中、黄剑辉、鲁政委等老师。长期以来，他们给予万里智库研究工作极大的支持，在本书的编写中，给出了重要的建议和有分量的思考。我还要感谢汪泓女士和陆继刚先生，作为上海经济建设的实干者，他们结合数十年工作实践，给上海的开放搞活、发展建设提出了非常务实的思考，让我们对上海产业结构升级、扩大对外开放的明天心怀期待。当然我还要感谢经济日报出版社的黄芳芳老师为本书的策划、编纂给予了专业的建议和帮助。

关注上海，并不仅仅因为我的祖籍是上海，和我对上海有着特殊的感情，更重要的是，由于上海在国民经济建设中一贯的优异表现，人们对上海这座国际化城市的精致、优雅、务实、开放有很高的共识，特别是在一个跨时代的全球大格局中，面对金融危机、贸易保护、地缘纷争的当下，在全球化遭遇罕见逆潮的今天，上海能不能有所担当，在设定的历史目标面前披荆斩棘，完成好党和国家交给的重要任务，对中国发展的全局而言，都是至关重要的新棋局。

万里智库作为一家社会新型智库，近年来陆续就“一带一路国际合作”“企业社会责任”“区域经济战略”“绿水青山就是金山银山价值体系”“实体经济振兴”“金融可持续发展”“精准扶贫”“文教卫生体系建设”等课题举办了很多论坛会议、组织了不少课题研究，提交和发表了大量的智库咨询建议。未来，我们也将在社会各界的支持帮助下，在中国经济社会高质量发展的土壤上深耕，让思考茁壮成长，为祖国的繁荣昌盛贡献社会智库的一份力量。也非常感谢读者朋友对我们的关心爱护。时代在变，万里智库的使命始终不变——智在心中，志在万里！

赵悦

2020 年 4 月